LETTRES POLITIQUES.

Paris, Imprimerie de Poussielgue, rue du Croissant, 12.

LETTRES POLITIQUES

SUR LES COLONIES,

SUR L'ESCLAVAGE

ET SUR LES QUESTIONS QUI S'Y RATTACHENT;

PAR C. A. BISSETTE.

PARIS,

EBRARD, LIBRAIRE, PASSAGE DES PANORAMAS, 61.

—

1845

AVANT-PROPOS.

L'auteur de ces lettres a eu l'heureuse idée de les recueillir et de les soumettre au public, ce juge suprême, qui ratifiera ou infirmera, selon les cas, les actes de justice ou de politique qu'elles ont provoqués en appelant la sollicitude du gouvernement ou de M. le ministre de la Marine sur des faits et des questions d'un grand intérêt.

Quelles que soient les opinions sur l'esclavage, abolitionnistes ou adversaires de l'émancipation, tous le regardent au moins *comme un malheur*. Tous, ai-je dit, car si quelques plumes vénales, quelques *bravi* d'une mauvaise cause, soutiennent que l'esclavage soit un bien, une voie de progrès et de civilisation pour l'homme primitif, une condition heureuse pour l'esclave, il ne faut pas apparemment tenir compte de ces excentricités. C'est donc la cause des malheureux que M. Bisette a prise en mains, non pas d'hier, mais dès longtemps, du jour où, personnifiant lui-même une des plus regrettables infortunes qu'aient à se reprocher les ardents Séides du système colonial, il reçut cette noble mission de la Providence elle-même, qui peut-être n'avait permis un grand mal que pour produire un grand bien, car les réformes coloniales sont dues, assurément en grande partie, aux martyrs du 14 janvier 1824. Infatigable défenseur de ses frères, M. Bissette ne se borne pas aux efforts du publiciste, aux luttes de la presse dans les questions générales de droit social, d'organisation et d'économie, concernant les colonies. Il est chaque jour sur la brèche, pour obtenir la liberté de quelques pauvres noirs, ou le redressement de quelque iniquité particulière, exerçant ainsi le patronage des esclaves qui, dans les colonies, est confié aux magistrats du ministère public accusés de ne l'exercer qu'avec une ferveur très peu caractérisée. C'est ainsi que parmi les lettres publiées par M. Bissette, on en trouvera plusieurs adressées à M. le ministre de la Marine, ou à des hommes politiques éminents, comme l'illustre ami des noirs M. de Lamartine, en faveur d'esclaves amenés en France par leurs maîtres, et dont la liberté était néanmoins contestée. S'il est un beau et grand principe, une maxime honorable pour notre pays, c'est cette loi de l'ancienne monarchie elle-même qui veut que la terre de France ne puisse porter un esclave. Revendiquer ce privilége, *ce miracle du sol français*, selon l'heureuse expression de M. Bissette, en faveur de ceux qui souvent par ignorance, ou par impuissance de faire entendre leurs réclamations, n'en profiteraient pas, et retourneraient aux colonies déshérités d'une liberté acquise, ce n'est pas seulement servir l'humanité et faire de bonnes actions, c'est contribuer aussi à la bonne renommée, à la splendeur morale de son pays.

Ces lettres, aussi bien que les autres morceaux compris dans le recueil offert au public par M. Bissette, sont écrites avec cette chaleur d'âme et cette verve de style dont il fait toujours preuve, et dont le secret est dans l'individualité même de l'écrivain. Nous savons, et nous ne sommes pas sans regret à cet égard, que dans ce temps de divisions et d'entente cordiale souvent difficile entre hommes animés des mêmes sympathies, M. Bissette ne rencontre pas toujours des approbateurs; et pourtant des encouragements, des éloges sont dus sans aucun doute au soldat de la presse qui, seul pour ainsi dire, réduit à ses propres ressources, et sans autre appui que la cause même où il retrempe incessamment ses forces, soutient l'effort d'adversaires puissants, à qui la clef d'or ouvre si facilement certaines consciences et les feuilles de certains journaux.

Ce dévouement actif, désintéressé, chevaleresque même, répond à la fibre nationale qui s'émeut toujours, en France, aux grandes et belles choses, aux choses généreuses!

Telles sont les impressions que nous avons éprouvées à la lecture des lettres de M. Bissette. Beaucoup, nous l'espérons, voudront les lire aussi pour n'être étrangers à rien de ce qui touche à ces questions coloniales dont les chambres législatives vont se ressaisir à propos du projet de loi présenté par M. de Mackau dans la dernière session.

Ad. GATINE.

LETTRES POLITIQUES

SUR LES COLONIES, SUR L'ESCLAVAGE ET SUR LES QUESTIONS QUI S'Y RATTACHENT.

A M. A. DE LAMARTINE,

DÉPUTÉ DE SAONE-ET-LOIRE.

Paris, ce 25 janvier 1845.

MONSIEUR,

Permettez-moi de recommander à votre bienveillante protection la cause de deux pauvres esclaves de la Guadeloupe amenés en France, et qui réclament de l'administration de la marine le titre légal de leur liberté.

Libres par le miracle du sol français, qui affranchit quiconque peut le toucher, Emilie Sion et Philibert Lambert rentreraient dans l'esclavage s'ils retournaient aux colonies, où personne ne les protège, sans se faire délivrer ici ce titre de liberté.

Vous savez, Monsieur, qu'une ordonnance royale du 29 avril 1836, conforme du reste au droit public du royaume, déclare libre tout esclave qui sera amené ou envoyé en France : c'est l'exécution de cette ordonnance que réclament en leur faveur Philibert Lambert et Emilie Sion.

Cette ordonnance, qui est contresignée par M. l'amiral Duperré, avait en vue de remédier à ces fréquents abus, par suite desquels, aux colonies, on replaçait dans l'esclavage des personnes qui avaient été affranchies par le fait de leur séjour sur la terre de France.

Sous la précédente administration j'ai obtenu sans difficultés le titre légal de liberté de plusieurs esclaves amenés ou envoyés en France. La loi s'exécutait alors sans entraves, sans mauvais vouloir de la part de la direction des colonies à la marine.

Aujourd'hui il n'en est pas ainsi; M. Galos *ne veut pas*, c'est le mot, M. Galos *ne veut pas* que la France soit une terre de franchise et de délivrance pour l'esclave qui met le pied sur son territoire; il *ne veut pas* de cela, parceque les maîtres, les possesseurs d'esclaves, *ne veulent pas* que leurs *sujets* deviennent libres *sans leur consentement*.

En vain cette maxime antique du droit public de France proclame libre l'esclave au moment où il touche le sol du royaume : en vain les monuments de la législation, les annales de la jurisprudence, les souvenirs de l'histoire, les mœurs, publient que l'esclave, une fois libre, ne peut retourner dans l'esclavage; M. Galos répond, avec les possesseurs d'esclaves : « Vous serez libres en France, mais esclaves aux colonies, parceque la loi qui garantit votre liberté a été faite sans le consentement et la participation des colons, vos maîtres. »

Argument qui exciterait l'indignation s'il ne faisait pitié, car les esclaves pourraient, avec plus de raison, répliquer : « Nous ne devons pas céder à la force qui a été organisée sans notre consentement, sans notre adhésion, pour nous faire esclaves. Enfants de Dieu, du père commun de tous les hommes, comme vous, nous sommes nés libres. Votre droit de possession sur nous est un outrage à la Divinité. » Alors nous arriverions aux colonies à l'exercice *du plus saint des devoirs*. C'est la conséquence forcée de la conduite imprudente et déraisonnable des adversaires de l'abolition de l'esclavage, qui, comme M. Galos, ne veulent pas s'en rapporter à la prudence et à la justice de la France.

L'ordonnance d'avril 1836 s'exprime ainsi :

« Art. 1er A l'avenir, tout habitant des colonies qui voudra amener en France un esclave sera tenu de faire préalablement en sa faveur la déclaration d'affranchissement. En cas de départ avant l'expiration du délai accordé pour les oppositions, le déclarant devra, dans l'intérêt des tiers, fournir un cautionnement en numéraire, ou une caution agréée par le procureur du roi. »

Le délai accordé pour les oppositions des tiers, c'est-à-dire pour les oppositions des créanciers du maître, est de six mois. Vous voyez qu'ici l'homme, dans la personne de l'esclave, est fait *chose* pour garantir la dette de son maître vis-à-vis des créanciers.

Mais l'article 2 de ladite ordonnance fait de cette *chose* un homme, un citoyen français. Cet article est ainsi conçu :

« Tout esclave qui sera *amené* ou *envoyé* en France par

son maître sans l'accomplissement de la condition prescrite par l'article 1er *deviendra libre* de plein droit à compter de son débarquement dans la métropole et *recevra* en conséquence un titre de liberté. »

Vous voyez qu'il ne s'agit plus d'opposition, le miracle du sol français est plus fort que le droit des tiers, que le droit des créanciers; ce qui prouve l'absurdité de la possession de l'homme par l'homme, puisque cette possession cesse par le déplacement de la chose appelée *propriété pensante.*

Les deux malheureux qui réclament ici votre protection, Monsieur, afin d'obtenir leur titre de liberté ont été amenés en France par leurs maîtres. Emilie Sion l'a été par M. Augustin Salomon, de la Pointe-à-Pître, Guadeloupe; et Philibert Lambert, par Mme Devarrieux, du Moule, Guadeloupe.

Les droits des réclamants sont parfaitement établis; et cependant la direction des colonies, qui n'a aucune bonne raison à leur opposer, ne se donne pas la peine de contester, de discuter ces droits, mais refuse tout simplement d'exécuter la loi parceque tel est son bon plaisir.

J'ai dit que la direction des colonies refuse d'exécuter la loi concernant les esclaves amenés en France, je me trompe. Il est à ma connaissance qu'elle l'a exécutée deux fois. Voici dans quelle circonstance :

Je réclamais sans bruit, avec modération, le titre de liberté de Marie-Joseph-Joséphine, *envoyée* en France par ses maîtres. M. Galos ne voulait pas, comme aujourd'hui, faire délivrer ce titre. J'ai menacé de dénoncer un faux en matière de passeport, de supposition de nom, commis à la Guadeloupe, pour envoyer Joséphine en France. Alors on me délivra sans bruit le titre réclamé; Joséphine est retournée à la Guadeloupe, où elle jouit paisiblement de sa liberté, et elle en jouira toujours malgré les oppositions que pourraient faire les créanciers du maître, et malgré le faux commis dans son passeport pour favoriser sa sortie de la colonie.

Je réclamais encore le titre de liberté d'Edouard Calabar, *amené* de la Martinique en France par son maître, ancien *négrier*; et en même temps, pour arriver plus vite au but, je déclarais dans ma requête, qu'Edouard Calabar avait été introduit dans la colonie depuis l'abolition de la traite. Un certificat en forme et dûment légalisé appuyait cette déclaration. On me délivra encore sans bruit le titre de liberté d'Edouard Calabar. Mais plus tard M. Galos lui refusa le passage gratuit sollicité par lui personnellement pour retourner dans la colonie. Dans la lettre de refus de ce passage gratuit, signée de M. Galos, il est dit : « Je *regrette* d'avoir à vous répondre *que les dispositions des règlements ne me permettent pas de satisfaire* à cette demande. » Cette lettre porte la date du 27 février 1844, et est postérieure seulement d'un mois à celle que m'écrivait, le 24 janvier 1844, M. Galos, pour me transmettre le titre de liberté d'Edouard Calabar. Jamais avant cet incident on n'avait refusé ces sortes de passage; et, depuis, je tiens la preuve en mains qu'on en a accordé à d'autres personnes, en vertu *des dispositions des règlements* invoqués pour motiver le refus fait à l'esclave affranchi.

Voilà, Monsieur, dans quelle circonstance la loi sur les esclaves amenés ou envoyés en France a été exécutée.

Et maintenant que je n'ai ni crime ni délit à signaler pour appuyer la réclamation d'Emilie Sion et de Philibert Lambert, on élude, on viole la loi qui les protége, dans l'espérance sans doute de décourager celui qui sollicite pour eux l'exécution de cette loi. Mais je serais bien coupable si je me laissais décourager par ces résistances; si j'abandonnais la cause de mes frères de race, faibles et opprimés; si je ne tentais pas humainement tout ce qui est en mon pouvoir pour les arracher à leur triste sort.

C'est pour parvenir à ce but, Monsieur, que j'ai pris la liberté de placer cette cause sous votre protection, sous la protection de tous les hommes généreux, comme vous amis de la justice et de l'humanité. Que par votre intervention, soit auprès du ministre de la marine, soit à la tribune de la chambre des députés, vous me prêtiez secours, et la cause triomphera.

Je suis avec un profond respect,

Monsieur,

Votre très humble et très obéissant serviteur,

BISSETTE.

P. S. Voici un exemplaire de la requête que j'ai adressée à M. le Ministre de la Marine et des colonies.

REQUÊTE

A M. LE MINISTRE DE LA MARINE ET DES COLONIES.

Paris, ce 9 janvier 1843.

MONSIEUR LE MINISTRE,

Le 23 juin de l'année dernière, j'ai eu l'honneur de vous adresser, au nom de M. Philibert Lambert, une requête restée sans réponse.

Amené en France par Mme Devarieux, dont il était l'esclave à la Guadeloupe, M. Philibert Lambert réclame de votre département, par mon entremise, l'acte légal de son affranchissement, en vertu de l'article 2 de l'ordonnance du 29 avril 1836, ainsi conçu :

« Tout esclave qui *sera amené* ou envoyé en France par « son maître sans l'accomplissement de la condition « prescrite par l'article 1er, deviendra libre de plein « droit à compter de son débarquement dans la métro- « pole, et *recevra* en conséquence *un titre de liberté.* »

La condition prescrite par l'article 1er de ladite ordonnance est de faire préalablement dans la colonie, en faveur de l'esclave amené ou envoyé en France, la déclaration d'affranchissement.

Cette déclaration n'ayant point été faite à la Guadeloupe, en faveur de Philibert Lambert, son droit en touchant le sol de France est de réclamer *son titre de liberté ;* le devoir de l'administration est de lui remettre ce titre.

Philibert Lambert a réclamé ; mais l'administration n'a rien remis, parceque M. Galos, directeur des colonies, ne veut pas que l'ordonnance d'avril 1836 reçoive son exécution, et il fait tout ce qui est en son pouvoir pour l'éluder ou la violer.

Qu'il me soit permis de rappeler ici, à l'appui de cette assertion, que dans une précédente affaire de liberté, je n'ai vaincu le mauvais vouloir de M. le directeur des colonies, et les difficultés qu'il oppose à l'affranchissement, que par la menace d'une plainte en faux en matière de passeport. On avait délivré à la Guadeloupe un passeport, sous un nom supposé, à une esclave envoyée en France, afin de l'empêcher de constater son identité, et de la priver, par cette fraude, d'obtenir son titre de liberté.

Voici maintenant ce qui se passe au sujet de la réclamation de Philibert Lambert.

Comme la requête présentée par moi en son nom est restée jusqu'ici sans réponse, je n'ai point voulu avant l'expiration du délai moral qu'il faut, pour recevoir une réponse de la Guadeloupe, faire aucune nouvelle démarche auprès de l'administration. J'ai attendu, et, le 30 décembre dernier, je me suis présenté à la direction des colonies pour connaître le résultat de la demande que j'avais formée.

Il m'a été répondu, que depuis longtemps Philibert avait reçu *son titre;* que ce *titre* lui a été remis à lui-même. — J'ai demandé si l'acte de notoriété que j'avais joint à l'appui de la demande (pour complaire aux exigences de M. Galos), avait été remis en même temps à Philibert Lambert ? — Cet acte lui a été également remis, m'a-t-on répondu. — Très bien ! mais j'avais formé, le 21 juin de la même année, une semblable demande, dans l'intérêt de Mlle Emilie Sion, où en est cette affaire ? — M. le ministre a écrit de nouveau au gouverneur de la Guadeloupe, relativement à Emilie Sion ; il faut attendre, il vous sera donné connaissance aussitôt l'arrivée de l'acte d'affranchissement.

Là, s'est borné ma démarche au ministère de la marine, et voilà tout ce que j'ai obtenu, après six mois d'attente, en réponse à mes deux requêtes pour Philibert Lambert et Emilie Sion.

Mais, comme nul n'est tenu de prendre pour parole d'évangile ce qui se dit dans les bureaux de la direction des colonies, j'ai dû m'informer auprès de M. Philibert Lambert, s'il est vrai qu'il ait été appelé au ministère de la marine pour *recevoir son titre de liberté*, comme le prescrit l'art. 2 de l'ordonnance d'avril 1836.

Philibert Lambert m'a dit : « qu'il avait reçu, en effet, une lettre qui l'engageait à passer à la direction des colonies, qu'il s'y était rendu, et que là, cette lettre lui avait été reprise et changée contre un *papier*, et qu'on lui avait dit que c'était *son titre.* »

Ce malheureux s'était cru parfaitement en règle avec

ce *papier;* il ne sait pas lire, et il est loin de supposer que des hommes honorables qui font partie d'une administration peuvent se permettre de le tromper et de se jouer de sa crédulité et de son ignorance.

Je vous signale ce fait, Monsieur le ministre, et je vous laisse juge de cette conduite de la direction des colonies envers ce malheureux jeune homme.

En même temps, je viens réclamer itérativement l'acte légal d'affranchissement de M. Philibert Lambert, et celui de Mlle Emilie Sion, vous priant, Monsieur le ministre, de vouloir bien m'accuser réception des deux requêtes que je vous ai adressées en leur nom, les 21 et 23 juin 1844, et de vouloir bien aussi me faire connaître, si la direction des colonies est en droit de se jouer impunément des malheureux en violant à leur égard, comme elle le fait, les lois qui les protégent.

Je dis *les lois;* car le droit à la liberté de M. Philibert Lambert et de Mlle Emilie Sion ne repose pas seulement sur l'ordonnance d'avril 1836, ils sont fondés aussi dans leurs réclamations, sur le droit public de France, lequel veut que tout esclave qui touche le sol de la métropole soit libre par ce seul fait.

Votre prédécesseur, Monsieur le ministre, qui a contresigné l'ordonnance royale du 29 avril 1836, n'a violé aucune loi, il n'a point porté innovation au droit public de France; il n'a fait au contraire que consacrer ce droit. Il avait voulu réprimer de nombreux abus qui se commettent aux colonies, par suite desquels des esclaves devenus libres, par le fait de leur séjour en France, avaient été remis en esclavage à leur retour aux colonies.

C'est ce que la direction des colonies appelle aujourd'hui *les coups d'état de M. Saint-Hilaire;* et c'est ce que M. le directeur des colonies actuel veut réformer. Mais je ne pense pas qu'il y parvienne; vous y mettrez ordre, Monsieur le ministre. M. Galos peut bien éluder, violer l'ordonnance d'avril 1836, par son mauvais vouloir, ses résistances; mais il n'est pas en son pouvoir de réformer le droit public de France, qui veut que l'esclave qui touche le sol français devienne *franc,* c'est à dire *libre.*

Il y a en France, Monsieur le ministre, une justice égale pour le riche comme pour le pauvre, pour le fort comme pour le faible, et, quelque pauvres, quelque faibles que soient Philibert Lambert et Emilie Sion, ils trouveront des juges qui accueilleront leurs plaintes contre les forts et les riches qui les trompent et les oppriment. Je m'adresse donc d'abord à vous, Monsieur le ministre, pour que vous fassiez cesser les prétentions de M. le directeur des colonies et les difficultés qu'il suscite pour ne pas faire droit aux justes réclamations de ces deux pétitionnaires. Il y a dix-huit mois que Mlle Emilie Sion est en instance, qu'elle réclame le titre officiel de sa liberté. Je puis prouver que, sous le prédécesseur de M. Galos, ces sortes d'affaires se terminaient dans six mois, tout au plus.

Cette violation flagrante de l'ordonnance du 29 avril 1836, me prouve combien j'ai raison de critiquer et de combattre le système d'ordonnance que vous voudriez, Monsieur le ministre, substituer au régime des lois pour les colonies, contrairement à l'article 64 de la charte, qui veut que les colonies soient régies par des LOIS. Si le directeur des colonies actuel peut violer à son aise l'ordonnance d'avril 1836, de votre prédécesseur, ordonnance qui est conforme aux lois, au droit public de France, que ne pourrait-il pas après vous, contre vos ordonnances; car, vous le savez, les ministres ne sont pas inamovibles (Hélas! ils passent comme les beaux jours!) Que ne pourrait pas M. le directeur des colonies, après vous, contre votre système d'ordonnance, qui serait, malgré le vote des chambres, une violation de la charte et de la loi d'avril 1833, sur le régime législatif des colonies; puisque la sanction des chambres ne suffirait pas pour couvrir la responsabilité ministérielle, si cette responsabilité était accusée, je suppose, par une nouvelle législature, d'avoir violé l'article 64 de la charte.

Ce langage, ce ton de franchise ne vous déplaira pas, Monsieur le ministre, vous, amiral de France, car vous êtes marin avant d'être ministre, et les marins aiment la franchise; à plus forte raison, lorsqu'il s'agit de droit, de justice, les formes ministérielles et diplomatiques doivent faire place à la vérité; et puis d'ailleurs, il serait souverainement injuste de vouloir exiger de nous autres nègres, *hommes de la nature*, un autre langage que celui de la vérité.

En terminant, Monsieur le ministre, je réitère ma demande, à ce qu'il vous plaise faire délivrer à Philibert Lambert et Emilie Sion les titres de liberté qui leur sont dus, conformément à l'article 2 de l'ordonnance du 29 avril 1836, et, ce faisant, vous ferez justice.

Je suis, avec respect,

Monsieur le ministre,

Votre très humble et obéissant serviteur

BISSETTE.

A M. LE MARQUIS DE LAROCHEFOUCAULD-LIANCOURT,

DÉPUTÉ DU CHER.

Paris, le 15 mars 1845

MONSIEUR,

Malade depuis un mois, je n'ai pu répondre plus tôt à la lettre obligeante que vous m'avez fait l'honneur de m'écrire relativement à ma réclamation pour Philibert Lambert et Emilie Sion, ni vous donner les explications que nécessite cette lettre écrite à leur sujet; je viens aujourd'hui remplir ce devoir.

Avant tout, permettez-moi, Monsieur, de vous remercier de vos bons offices et de vous témoigner ma reconnaissance pour votre obligeante et bienveillante intervention dans cette affaire. Et, puisque vous avez bien voulu vous y intéresser, je crois devoir vous dire, Monsieur, que vous avez été, à votre insu, induit en erreur, et sur les faits et sur la marche suivie par moi pour obtenir de l'administration de la marine le titre légal d'affranchissement de ces deux anciens esclaves.

Pour vous édifier, Monsieur, et vous mettre à même de juger de quel côté se trouvent la bonne foi et la modération dans les formes employées, et de quel côté ne se trouvent pas la bonne foi et le bon vouloir pour exécuter la loi sur l'affranchissement des esclaves, je vais produire, ici, sous vos yeux, la première requête que j'ai eu l'honneur d'adresser à Monsieur le ministre de la marine en faveur d'Emilie. Cette requête la voici :

Paris, 28 juillet 1843.

« Monsieur le ministre,

« C'est encore une nouvelle contravention en matière de liberté que je viens signaler à votre département, dans l'intérêt d'une esclave amenée en France.

« La demoiselle Emilie Sion, âgée de 29 ans, était esclave à la Pointe-à-Pitre, Guadeloupe, de M. Augustin Salomon. Amenée de cette colonie en France par son maître, en juin 1839, sur le navire l'*Olinda*, capitaine Leroy, il n'a point été fait de déclaration d'affranchissement en sa faveur avant de quitter la Guadeloupe; de telle sorte que si elle retournait aux colonies, elle ne pourrait pas justifier de son séjour en France, à l'aide de son passeport, pour réclamer l'acte légal de sa liberté.

« La demoiselle Emilie est placée dans la catégorie des nombreux esclaves amenés en fraude en France, par les maîtres qui ne veulent pas affranchir préalablement dans la colonie, lieu du départ, comme le prescrit l'ordonnance du 29 avril 1836.

« Dans cette position précaire, elle me charge de réclamer de votre département, sa patente de liberté.

« Veuillez, je vous prie, Monsieur le ministre, transmettre sa requête à M. le Gouverneur de la Guadeloupe, pour qu'il soit fait droit à sa très juste réclamation.

« J'ai l'honneur d'être avec respect,

« BISSETTE. »

Vous voyez, Monsieur, que rien ne peut m'être reproché quant à la forme employée dans cette pièce; elle est aussi modérée que convenable. Cependant cette réclamation est restée, contre l'usage, sans accusé de réception. Je me trompe, M. le directeur des Colonies me fit l'honneur de m'écrire le billet suivant.

Paris, le 1er août 1843.

« Le maître des requêtes, directeur des Colonies aura « l'honneur de recevoir M. Bissette demain 2 août à « midi. »

Je n'avais pas sollicité cette audience; je pouvais à la rigueur me dispenser d'y répondre. Mais par déférence personnelle pour M. Galos, je crus devoir me rendre à l'invitation de M. le directeur des Colonies.

Là, Monsieur Galos me fit connaître le motif pour lequel il m'avait écrit, et je sus alors qu'il s'agissait de ma requête au ministre en faveur d'Emilie.

M. le directeur des Colonies ne me dissimula pas son opinion à l'endroit de l'affranchissement des esclaves amenés ou envoyés en France. Je dois vous déclarer, Monsieur, que cette opinion était diamétralement opposée à l'ordonnance du 29 avril 1836, sur les affranchissements, et au droit public du royaume sur les esclaves qui touchent le sol de France. Je ne sais si cette opinion de M. le directeur des Colonies a changé depuis; si cela est, nous l'en félicitons de tout notre cœur.

Quoi qu'il en soit le 2 août 1843, M. Galos me parlait d'esclaves *marrons* qui pourraient s'échapper de leurs maîtres, et venir des Colonies en France réclamer le bénéfice de la loi sur les affranchissements.

Comme cette digression nous écartait du sujet principal, et qu'une discussion sur cette matière me semblait tout à fait oiseuse, puisque le directeur des Colonies me paraissait avoir des idées bien arrêtées en faveur de l'esclavage, tandis que les miennes sont bien arrêtées en faveur de la liberté; seuls, en présence de nous-mêmes, sans un tiers, ou un juge arbitre, pour nous départager, j'ai prié M. le directeur des Colonies, de vouloir bien replacer la question sur l'objet de ma requête, sur Emilie Sion, esclave à la Guadeloupe amenée en France, par son maître.

Alors, M. Galos, croyant sans doute m'embarrasser, me demanda, si je pourrais certifier que la personne en faveur de laquelle je réclame la liberté s'appelle Emilie Sion; qu'elle était esclave à la Guadeloupe; et qu'elle a été amenée en France par son maître.

J'ai répondu qu'elle s'est présentée à moi sous le nom d'Emilie Sion; qu'elle s'est déclarée esclave, et que je l'ai cru sur parole parcequ'elle porte la couleur qui est vouée dans les Colonies à l'esclavage; que si elle était libre, elle ne se dirait pas esclave, n'ayant aucun intérêt et rien à gagner à ce changement d'état; et, que pour trancher toute difficulté, j'allais satisfaire aux exigences de M. le directeur des Colonies, en m'adressant directement, pour certifier ces faits, au maître qui avait amené Emilie en France; que celui-ci mieux que personne pouvait constater l'identité de son ancienne esclave.

En effet, je m'adressai à M. A. Salomon, ancien maître d'Emilie. — Ce Monsieur était déjà prévenu de ma visite. — Il me dit même avoir eu connaissance à la marine, de la lettre que j'avais adressée au ministre *contre lui*. — Ce monsieur voulait dire, sans doute, *en faveur* de son ancienne esclave, car je ne sache pas avoir jamais écrit une seule ligne contre M. A Salomon. — Je réclamai de lui le certificat d'identité démandé par le directeur des colonies. M. Salomon me répondit qu'il s'était déjà entendu à ce sujet avec M. Galos, qu'il avait donné son attestation, et que l'acte d'affranchissement d'Emilie allait être demandé au gouverneur de la Guadeloupe.

Dans cette occurence que devais-je faire ? Attendre l'envoi de cette pièce. C'est ce que je fis, j'ai attendu onze mois; c'est à dire trois fois plus de temps qu'il eût fallu pour recevoir cet acte d'affranchissement de la

Guadeloupe, s'il avait plu au ministère de la marine et à la Direction des Colonies, de le réclamer du gouverneur de cette colonie.

Après un aussi long délai, sans solution, je me crus suffisamment autorisé à me plaindre. J'adressai donc la requête suivante à M. le ministre de la marine :

Paris, le 21 juin 1844.

« Monsieur le ministre,

« Le 28 juillet de l'année dernière, j'ai adressé à votre département une requête au nom de Mademoiselle Emilie Sion, esclave à la Pointe-à-Pitre, Guadeloupe, amenée de cette colonie en France par M. A Salomon, et dont l'acte légal d'affranchissement n'a pas été délivré préalablement dans la colonie.

« Je réclamais de votre ministère cet acte d'affranchissement ou patente de liberté, en vertu de l'ordonnance du 29 avril 1836.

« Sur cette requête, restée sans réponse officielle, j'ai reçu le 1er août de M. le directeur des Colonies, une lettre d'audience pour le 2 août.

« Comme je n'avais demandé aucune audience à M. Galos, je n'ai pas deviné qu'il s'agissait de m'entretenir de la demande que j'avais adressée dans l'intérêt de mademoiselle Emilie. Ce n'est qu'à la direction des Colonies, que j'appris de M. le directeur, qu'il fallait justifier à l'appui de la demande de mademoiselle Emilie, 1° son identité; 2° son arrivée en France par le fait de son maître, M. Salomon. — M. le directeur des Colonies me parla du *marronnage* des esclaves; ce dont je n'ai pas à m'occuper ici. Mais j'ai parfaitement compris, par ces difficultés soulevées verbalement, et que j'eusse préféré avoir à débattre par écrit, que la direction des Colonies n'est pas favorablement disposée pour l'affranchissement des esclaves amenés en France, soit par les maîtres, soit tout autrement que par le fait des maîtres.

« Néanmoins pour satisfaire à la demande de M. Galos, j'ai dû m'adresser directement à la famille Salomon, seule capable de faire la justification réclamée par le directeur des Colonies.

« M. Salomon m'a dit, qu'ayant eu connaissance au ministère de la marine de la demande que j'avais formée *contre lui*, dans l'intérêt de son ancienne esclave, il avait, dans une conversation avec M. Galos, affirmé sur l'honneur que la déclaration d'affranchissement dont il s'agit avait été faite à la Guadeloupe, au moment même de son départ de cette colonie; que l'acte n'avait pu être délivré dans un si court délai : qu'il n'y avait qu'à le faire réclamer du gouverneur de la colonie.

« Le délai moral pour avoir cette pièce de la Guadeloupe étant expiré depuis longtemps, et ne l'ayant pas reçue de votre département, non plus que la réponse à ma première requête, je viens, Monsieur le ministre, renouveller ici ma réclamation et demander par l'entremise de l'administration de la marine et des colonies, que M. le gouverneur de la Guadeloupe soit engagé à faire délivrer l'acte de liberté d'Emilie Sion, dans le cas où la déclaration d'affranchissement aurait été faite, par M. Salomon; et, dans le cas contraire, que cet acte soit également délivré sans retard, en conformité de l'article 2, de l'ordonnance du 29 avril 1836.

« Je suis avec respect, etc.

« BISSETTE. »

A cette nouvelle requête, je ne reçus aucune réponse; et ce n'est que par la lettre de M. Galos, du 7 février dernier, que vous avez la bonté de me transmettre, que j'apprends qu'une dépêche du 19 juillet 1844, de M. le ministre de la marine, invite M. le gouverneur de la Guadeloupe à lui adresser le titre de liberté d'Emilie.

Donc, ma première requête pour Emilie ayant été adressée à M. le ministre le 28 juillet 1843, c'est un an après la réception de cette requête que le ministère y a donné suite. Comment et à quel propos, le ministère de la marine s'est-il enfin décidé à faire venir ce titre de liberté? Je dois croire qu'il ne s'y est décidé que parceque j'ai réitéré ma demande, dans la requête du 24 juin 1844, requête dans laquelle je me plains du retard, calculé ou non, porté à cette affaire.

Je crois, Monsieur, que cette démonstration est sans réplique. J'ai écrit d'abord le 28 juillet 1843. Le ministère de la marine ne s'en est pas occupé. Le 24 juin 1844, j'ai écrit de nouveau. Alors le ministère s'est décidé à écrire, un mois après, le 19 juillet, au gouverneur de la Guadeloupe, pour lui demander le titre de liberté que je réclamais.

Voilà pour Émilie. Passons maintenant à Philibert.

Voici dans quels termes était rédigée la requête présentée, en son nom, par moi, au ministre de la marine, pour réclamer son acte de liberté.

Paris, 23 juin 1844.

« Monsieur le ministre,

« Dans l'intérêt de M. Philibert Lambert, né à la Guadeloupe en 1818, où il était esclave de madame Devarieux, j'ai l'honneur de vous adresser cette requête pour réclamer de votre département l'acte légal de sa liberté conformément à l'ordonnance du 29 avril 1836.

« M. Philibert-Lambert a été amené en France depuis plusieurs années par madame Devarieux ; il est encore au service de cette dame, à Paris, rue Notre-Dame de-Lorette, 37.

« La déclaration préalable d'affranchissement n'ayant pas été faite dans la colonie en faveur du réclamant, comme le prescrit l'article 1er de l'ordonnance sus-citée, M. Philibert-Lambert a droit de solliciter de votre ministère que sa patente d'affranchissement lui soit délivrée.

« Je produis ici à l'appui de cette demande un acte de notoriété qu'à fait dresser le sieur Lambert, par devant le juge de paix du deuxième arrondissement de Paris, en vertu des articles 70 et 71 du code civil, pour suppléer à son acte de naissance.

« Je suis avec respect, etc.

« BISSETTE. »

Assurément, Monsieur, personne ne verra dans la forme de cette requête, aucune expression blessante pour qui que ce soit. Eh bien, jusqu'au 9 janvier dernier, je n'avais pas adressé d'autres requêtes à M. le ministre, relatives à Philibert; jusqu'au 30 décembre, aussi dernier, je n'avais fait aucune démarche pour avoir réponse à cette requête, qui comptait six mois de date. Cette réponse je ne l'ai eue que verbale.

Voulez-vous savoir la vérité, Monsieur ? Voulez-vous savoir ce qui blesse la direction des Colonies, dans ces réclamations de liberté? Ce n'est pas la forme que j'emploie pour la rédaction de ces requêtes. Non, ne croyez pas cela, Monsieur, car la forme est toujours polie, modérée et convenable. Ce qui blesse, et qu'on n'avoue pas, c'est mon intervention; c'est l'appui que je prête en toutes circonstances à mes malheureux frères de race; c'est la persévérance, l'insistance que je mets à réclamer en leur faveur une liberté qu'on leur conteste, même en France; c'est la mission que je me suis imposée de défendre ces malheureux contre l'arbitraire d'hommes puissants; de les éclairer sur leurs droits à la liberté, partout et toujours, et d'empêcher qu'on en fasse des esclaves, après qu'ils ont été affranchis par le fait de leur séjour en France. *Indè iræ...* Voilà, Monsieur, tout mon crime! Et vous comprendrez facilement combien je dois me complaire dans la récidive, et combien peu je dois me préoccuper de savoir, par exemple, si la direction des Colonies est ou n'est pas blessée, importunée ou ennuyée de mes incessantes démarches auprès d'elle.

Permettez-moi, Monsieur, de remonter à quelques années pour vous faire connaître ce qui s'est passé à propos d'une semblable demande de liberté.

Une esclave du nom de Joséphine-Marie-Joseph, avait été séparée de son jeune enfant, et envoyée de la Guadeloupe en France à une dame Devilliers, sa maîtresse. Embarquée de la Pointe-à-Pitre, le 18 avril 1841, avec un faux passeport, sur le navire l'*Industriel*, elle fut adressée, comme marchandise de contrebande, à la consignation de M. E. Hart, négociant au Havre. A l'arrivée de ce navire, dans ce port, le négociant consignataire fit débarquer Joséphine et l'adressa à la nouvelle consignation de madame Devilliers, rue Bourdaloue, 7. Joséphine resta au service de cette dame, jusqu'au mois d'août 1842. A cette date, ne pouvant supporter davantage les mauvais traitements qu'elle essuyait, elle quitta sa maîtresse, et réclama simultanément son titre de liberté et les gages qui lui étaient dus depuis son arrivée à Paris.

La question des gages fut portée devant le juge de paix du deuxième arrondissement. M. et Madame Devilliers comparurent en personne, et soutinrent à l'audience que Joséphine, étant leur esclave, ils ne lui devaient aucuns gages. Ce moyen fut écarté; mais le serment ayant été déféré à M. et Mme Devilliers, pour échapper à la condamnation d'une modique somme d'argent due bien légitimement à la pauvre négresse, ils jurèrent, en levant la main devant Dieu, en public, et en présence de leur ancienne esclave, qu'ils ne lui devaient rien.

Voici le jugement qui fut rendu à ce sujet :

« Attendu qu'en touchant le sol Français la fille Joséphine, native des colonies, a acquis sa liberté, et que si « elle est restée au service des sieur et dame Devilliers, « c'est à titre de domestique;

« Attendu qu'aux termes de l'article 1781 du code civil « le maître est cru sur son affirmation sur les gages en « général réclamés par les domestiques;

« Attendu que les sieur et dame Devilliers, présents à « la barre, *affirment sous la foi du serment qu'ils ne doivent aucuns gages*, à quelque titre que ce soit, à la fille « Joseph;

« Donne acte aux défendeurs de leur serment, en con-

« séquence déclare la fille Joseph non recevable en sa « demande en paiement de 300 fr. pour gage. »

Dans ces entrefaites, la réclamation de l'acte d'affranchissement se poursuivait devant le ministre de la marine; et voici dans quels termes je présentais cette réclamation au nom de Joséphine.

Paris, ce 19 août 1843.

« MONSIEUR LE MINISTRE,

« Je suis chargé de réclamer l'application de l'article 2 de l'ordonnance du 29 avril 1836, en faveur de la demoiselle Joséphine Marie Joseph, esclave de la Guadeloupe, présentement à Paris.

« La demoiselle Joséphine, âgée de 22 ans, née à la Pointe-à-Pitre, a été envoyée en France l'année dernière à Mme Devilliers, sans que préalablement il ait été fait en sa faveur la déclaration d'affranchissement prescrite par l'article 1er de l'ordonnance du 29 avril 1836. Elle me charge de réclamer le titre de son affranchissement, afin qu'elle puisse, quand bon lui semblera, retourner aux colonies, sans péril pour sa liberté.

« Je vous, prie M. le Ministre, de vouloir bien transmettre cette requête à M. le gouverneur de la Guadeloupe, pour qu'il soit fait droit à la juste réclamation de mademoiselle Joséphine.

« Je suis avec respect, etc.

« BISSETTE. »

Certes, on ne m'accusera pas d'hostilité, d'inconvenance, dans la forme de cette requête. Je pouvais signaler le faux passeport délivré à la Guadeloupe, pour embarquer Joséphine; je m'abstins de le faire, parceque cette dénonciation ne pouvait rien ajouter au droit de Joséphine à la liberté. Je me borne, purement et simplement, à énoncer le fait de son séjour en France pour constater son droit à la liberté, laissant de côté, par esprit de bienveillance, tout ce qui peut irriter les esprits et faire supposer que je sois animé par la passion. Eh bien, vous allez voir ce que la direction des Colonies va me faire répondre par le ministre :

« A MONSIEUR BISSETTE,

Paris, le 9 septembre 1842.

« Monsieur, vous m'avez adressé, le 19 août dernier, une requête tendant à ce qu'aux termes de l'ordonnance royale du 29 avril 1836, il soit fait remise d'une patente de liberté à la nommée Joséphine-Marie Joseph, qui, en 1841, aurait été amenée en France, de la Guadeloupe, où elle était esclave, sans qu'il y ait eu préalablement déclaration d'affranchissement en sa faveur.

« Je transmets copie de votre requête à M. le gouverneur de la Guadeloupe, avec invitation de faire vérifier les faits qui y sont relatés, et de m'adresser, S'IL Y A LIEU, la patente de liberté destinée à la demoiselle Joséphine Marie Joseph.

« Recevez, M. le *Gouverneur* (1), l'assurance de ma parfaite considération.

« Le ministre secrétaire d'État, de la marine et des colonies,

« DUPERRÉ. »

S'il y a lieu! peut-on émettre ce doute, en présence de l'ordonnance du 29 avril 1836, sur les affranchissements des esclaves amenés ou envoyés en France? Joséphine est en France, elle réclame son acte de liberté, en vertu de l'art. 2 de cette ordonnance, et on lui répond: « J'écris au gouverneur de la Guadeloupe, qui vérifiera *les faits, et* m'adressera, *s'il y a lieu,* votre acte de liberté. » — Quels faits, puisque Joséphine est en France? Evidemment, si M. l'amiral Duperré avait lu cette lettre, il ne l'eût pas signée avec cette restriction qui est une dérogation à l'ordonnance d'avril 1836, contresignée par M. l'amiral Duperré lui-même.

On prévoit à l'avance la réponse du gouverneur de la Guadeloupe; elle est tracée dans l'invitation qui lui est faite par le ministre. En effet. M. Goubeyre a répondu qu'*il n'y a pas lieu.* Lisez plutôt :

« A MONSIEUR BISSETTE,

Paris, le 17 janvier 1843.

« Monsieur, je vous ai informé, le 9 septembre dernier, que je transmettais à M. le gouverneur de la Guadeloupe

---

(1) Bon me voilà *gouverneur,* de par M. L'amiral Duperré, ministre de la marine et des colonies. Si ce n'est pas une malice de l'amiral, c'est au moins la preuve que le ministre a signé de confiance, et sans lire, la lettre préparée par la direction des colonies. C'est ainsi que le *s'il y a lieu* a été glissé sous sa responsabilité ministérielle. C. A. B.

copie de la requête par laquelle vous sollicitiez la remise d'une patente de liberté à la nommée Joséphine-Marie Joseph, que vous représentiez comme ayant, en 1841, été amenée en France, de la Guadeloupe, où elle était esclave.

« M. le gouverneur de la colonie me répond, sous la date du 10 novembre dernier, que l'on n'a pu retrouver à la Guadeloupe aucune trace du passage en France de la nommée Joséphine Marie Joseph; qu'il est en conséquence nécessaire, pour obtenir de l'administration locale le titre de liberté qu'elle réclame, que la preuve de sa résidence en France soit constatée par son passeport, ou par un certificat; du reste, comme cette personne n'aurait besoin d'un titre de liberté qu'autant qu'elle retournerait à la Guadeloupe, c'est dans ce cas seulement et dans la colonie même, qu'elle aurait à administrer la preuve de son séjour en France ainsi qu'il vient d'être dit.

« Recevez, etc.

« DUPERRÉ. »

A cette fin de non recevoir opposée à la réclamation de Joséphine, j'ai répondu à M. le ministre par la requête suivante :

« Paris, le 19 janvier 1843.

« MONSIEUR LE MINISTRE,

« Le 12 juillet 1841, j'ai eu l'honneur de réclamer de votre département la patente de liberté de la demoiselle Félicité Julie, esclave à la Guadeloupe, qui fut embarquée en *fraude*, et amenée en France par ses maîtres; c'est à dire sans passeport et sans qu'on eût rempli en sa faveur dans la colonie les formalités voulues par l'ordonnance du 29 avril 1836, sur les déclarations d'affranchissement des esclaves amenés en France.

« Vous m'avez fait l'honneur de me répondre le 23 juillet suivant, que les titres de liberté n'étant délivrés que par les gouverneurs des Colonies, vous alliez transmettre ma requête à M. le gouverneur de la Guadeloupe, avec invitation de *faire parvenir* la patente d'affranchissement réclamée par Mlle Félicité Julie.

« En effet, le 22 janvier 1842, le gouverneur de la Guadeloupe a fait droit à la réclamation de mademoiselle Julie. Il n'en pouvait être autrement. Et le 28 mars suivant, vous m'avez adressé l'acte d'affranchissement de mademoiselle Julie, signé de ce gouverneur.

« Vous avez fait plus, M. le ministre, en faveur du bon droit de Julie. Par une nouvelle lettre de votre département, datée du 9 août 1842, et sans que je l'aie provoquée, vous m'avez adressé une ampliation de l'arrêté du gouverneur de la Guadeloupe, ordonnant la délivrance de ladite patente et son inscription sur les registres de l'état civil; dernière formalité qui n'avait pas été remplie à l'égard de l'acte primitif que vous m'aviez transmis pour Mlle Julie, par votre lettre du 28 mars.

« Dans tout ceci, M. le ministre, il y a eu non seulement justice à reconnaître un droit acquis, mais bon vouloir de votre administration pour l'exécution de la loi; par conséquent, bon vouloir aussi du gouverneur de la Guadeloupe. J'ai dû vous remercier, M. le ministre, de ce bon vouloir que votre département avait mis dans la transmission de la requête de mademoiselle Julie, et de votre intervention pour lui faire rendre justice.

« Depuis une nouvelle réclamation identique à la première s'est présentée.

« Le 19 août dernier, j'ai eu l'honneur de vous écrire en faveur de mademoiselle Joséphine, placée dans la même condition que mademoiselle Julie, c'est à dire embarquée en *fraude* et envoyée en France par ses maîtres, sans passeport de la Guadeloupe, et sans qu'on eût rempli à son égard les prescriptions de l'ordonnance du 29 avril 1836.

« Mademoiselle Joséphine se trouvant dans le même cas que mademoiselle Julie, elle devait s'attendre à la même protection de votre département, et à ce que sa requête reçût le même accueil.

« Mais vous m'avez fait l'honneur de me répondre le 9 septembre 1843, que, « votre département transmettait « copie de ma requête à M. le gouverneur de la Guadeloupe, avec invitation de faire vérifier les faits qui y « sont relatés, et d'adresser, *s'il y a lieu*, la patente de « liberté destinée à la Dlle Joséphine-Marie Joseph. »

« Par votre lettre en date du 17 de ce mois, vous m'annoncez que, « le gouverneur de la Guadeloupe n'a pu « trouver aucune trace du passage en France de la nom- « mée Joséphine-Marie Joseph, qu'il est *en conséquence* « *nécessaire* pour obtenir de l'administration locale le « titre de liberté qu'elle réclame, que la preuve de sa ré- « sidence en France soit constatée par son passeport ou « par un certificat; *du reste*, comme cette personne *n'au-* « *rait besoin* d'un titre de liberté *qu'autant* qu'elle *retour-* « *nerait* à la Guadeloupe, c'est dans *ce cas seulement* et « *dans la colonie même qu'elle aurait à administrer la* « *preuve de son séjour en France.* »

« Permettez-moi, M. le ministre, de vous dire que je m'attendais à cette réponse du gouverneur de la Guadeloupe. Je l'avais entrevue dans le *s'il y a lieu* du paragraphe de la lettre du 9 septembre dernier. Je n'en suis pas surpris.

« Mais comme la justice et le bon droit sont de notre côté, je ne m'arrêterai pas devant la fin de non recevoir de M. le gouverneur de la Guadeloupe. Je réclamerai donc de nouveau votre intervention, M. le ministre, en faveur de cette pauvre femme; je vous demanderai de faire pour elle ce que vous avez fait pour sa compatriote, Julie. La loi est égale pour tous, et je ne sache pas qu'elle soit modifiée depuis votre intervention en faveur de mademoiselle Julie. Quoique la réaction qui semble s'opérer maintenant en faveur de l'esclavage contre la liberté, nous menace de plus grands obstacles, ce n'est pas une raison, M. le ministre, pour que nous cédions à l'arbitraire de quelques gouverneurs, qui généralement, disons-le franchement, sont aux Colonies plutôt les agents des maîtres que les protecteurs des esclaves.

« M. le gouverneur de la Guadeloupe, sait aussi bien que moi, et mieux que vous, M. le ministre, dont la bonne foi et la loyauté sont trompées par vos agents, que mademoiselle Joséphine ne peut produire un passeport, puisqu'elle a été embarquée en FRAUDE et que ses maîtres avaient l'intention de la ramener dans la colonie et de la maintenir dans l'esclavage; ce que j'ai empêché, en la faisant mettre *en liberté* ici même, où ses *maîtres qui la maltraitaient ont refusé, devant le juge de paix, de lui payer ses gages*, disant que *c'est une esclave!* Comment voulez-vous, M. le ministre, qu'elle produise son passeport, puisqu'elle a été embarquée par *dessus-bord*? C'est demander l'impossible, et à l'impossible nul n'est tenu.

« Quant à cette autre prétention du gouverneur de la Guadeloupe, que Joséphine n'a besoin de son titre qu'autant qu'elle reviendrait à la Guadeloupe, c'est une dérision; car le gouverneur de la Guadeloupe ne doit pas ignorer que les esclaves n'ayant pas d'état civil aux Colonies, l'acte d'affranchissement et la transcription de cet acte sur les registres de l'état civil tiennent lieu d'acte de naissance à l'esclave affranchi. Ainsi donc, en quelque lieu que se trouve l'esclave affranchi, il a besoin de cet acte de l'état civil. C'est ce que vous avez reconnu vous-même, M. le ministre, dans ma réclamation en faveur de mademoiselle Julie, lorsqu'en me transmettant sa patente enregistrée, vous m'écriviez le 9 août dernier : « La formule imprimée qui terminait cette pièce (l'acte « d'affranchissement), ne se trouvait point remplie et l'on

« pouvait en induire que l'acte n'avait point été inscrit « sur les registres de l'état civil; j'avais signalé cette « omission à M. le gouverneur de la Guadeloupe, qui me « répond que c'est par erreur que la patente m'a été en- « voyée sans avoir été préalablement soumise à cette « formalité. »

« En résumé, il s'agit d'obtenir pour mademoiselle Joséphine ce que votre département a fait obtenir à mademoiselle Julie, placée dans la même condition et sous la même législation, et sous l'autorité de ce même gouverneur. Ce n'est donc pas une innovation que nous sollicitons, c'est justice; et, il ne peut pas y avoir deux poids et deux mesures. — M. le gouverneur de la Guadeloupe veut que mademoiselle Joséphine aille réclamer son titre d'affranchissement dans la colonie; mais je me donnerai bien garde de transmettre un pareil conseil à cette pauvre femme. Si, en France, elle ne peut obtenir de votre département ce qu'elle réclame, qui la protégera à la Guadeloupe? Certes, ce n'est pas le gouverneur, et encore bien moins les autres autorités. Toutes les protections du monde iraient se briser contre ces défenseurs de l'esclavage, si nous n'obtenions, dès à présent même, un ORDRE de vous, M. le ministre, ou *plutôt de la direction des Colonies*, et c'est cet ORDRE que nous sollicitons, non comme une faveur, mais comme un acte de justice.

« Comme un acte de justice, car la loi est positive. L'article 2 de l'ordonnance du 29 avril 1836, s'exprime ainsi : « Tout esclave amené ou envoyé en France par « son maître sans déclaration préalable d'affranchisse- « ment deviendra libre de plein droit à compter du jour « de son débarquement dans la métropole et *recevra un* « *titre de liberté*. »

« RECEVRA, et non pas, comme le veut le gouverneur de la Guadeloupe, *ira administrer dans la colonie la preuve de son séjour en France*. Le droit de mademoiselle Joséphine est acquis du moment qu'elle a touché le sol français de la métropole; elle est libre; elle ne peut pas aller se placer dans l'esclavage à la Guadeloupe pour justifier de son droit à la liberté. C'est ici en France qu'elle doit recevoir son titre d'affranchissement, peu nous importe de qui, pourvu qu'elle le reçoive. Après avoir été libre, elle ne peut devenir esclave, et la prétention du gouverneur de la Guadeloupe ne tend à rien moins qu'à faire cesser dans la colonie, cette condition de *libre* dans la personne de mademoiselle Joséphine, jusqu'à ce qu'elle ait administré à la Guadeloupe la preuve de son séjour en France.

« Dans une question aussi grave, plus grave qu'on ne

feint de le croire, parcequ'il s'agit d'une pauvre négresse, je ne dois pas négliger de signaler toutes les conséquences qui peuvent résulter de la prétention du gouverneur de la Guadeloupe.

« Vous savez, M. le ministre, que les esclaves ne peuvent hériter aux Colonies. Je suppose qu'il plaise à un individu à la Guadeloupe de faire un legs à mademoiselle Joséphine; que la succession soit ouverte dès à présent; elle ne pourrait être admise à recueillir son legs ou toute une succession, qu'en justifiant de son état civil; cet état civil ne peut se justifier que par la production de son titre d'affranchissement, transcrit sur les registres de l'état civil de la Guadeloupe. Les héritiers admettraient-ils la possession d'état de mademoiselle Joséphine, en vertu d'un titre d'affranchissement qui ne serait délivré et enregistré à l'état civil qu'après la mort du testateur? Je ne le pense pas, ou du moins ce serait matière à procès, et l'on doit éviter les procès.

« S'il plaisait à mademoiselle Joséphine de se marier en France, il lui faudrait produire son acte de naissance, ou le titre qui en tient lieu. Devrait-elle, au refus du gouverneur de la Guadeloupe de lui délivrer ce titre, procéder à un acte de notoriété qui induirait à des dépenses d'argent, lorsqu'elle peut avoir *gratis*, d'après la loi, l'acte qu'elle réclame par votre intervention? Et si elle n'a pas d'argent, le gouverneur de la Guadeloupe sera-t-il assez généreux pour faire pour elle les frais de cette instance? Je n'en crois rien.

« Par toutes ces considérations, je persiste dans la réclamation que j'ai eu l'honneur de vous adresser le 19 août dernier, dans l'intérêt de mademoiselle Joséphine, et je vous prie, Monsieur le ministre, de faire donner des *ordres* au gouverneur de la Guadeloupe, pour qu'il se conforme à la loi *au moins*, en faveur de ma cliente.

« Je suis, etc.

« BISSETTE. »

J'ai évité encore dans cette seconde requête, de parler du faux commis à la Guadeloupe dans le passeport de Joséphine; et, si plus tard, je vais être pour ainsi dire, contraint et forcé de dénoncer ce délit punissable par les lois, c'est que je n'aurais que ce seul moyen pour vaincre la résistance de la direction des Colonies, qui soutenait les ridicules prétentions du gouverneur de la Guadeloupe. On ne m'avait pas caché au ministère, qu'il ne serait point donné suite à ma seconde requête. Sur cet avis verbal, j'adressai cette troisième requête à M. le ministre de la marine :

Paris, ce 27 janvier 1843.

« Monsieur le Ministre,

« A l'appui de la requête que j'ai eu l'honneur de vous adresser dans l'intérêt de mademoiselle Joséphine Marie Joseph, réclamant son titre de liberté, je viens produire quelques faits relatifs au voyage de mademoiselle Joséphine et à son départ de la Guadeloupe.

« J'ai dit que Joséphine avait été embarquée en fraude et envoyée en France, sans qu'il y ait eu déclaration d'affranchissement en sa faveur, comme le veut l'ordonnance d'avril 1836. Je vais prouver cette assertion.

« C'est par une supposition de nom que M. Devilliers a pris au bureau des passeports de la Pointe-à-Pitre, le passeport qui servit à embarquer Joséphine pour l'envoyer en France à Mme Devilliers.

« Ce faux passeport pris sous le nom de *Rosalie Commère* avait pour but d'empêcher Joséphine de pouvoir jamais justifier à la Guadeloupe de son départ pour la France, et de réclamer sa patente de liberté à son retour dans la colonie, où ses maîtres avaient l'intention de la ramener.

« Voilà pourquoi, M. le ministre, nous réclamons ici même, avec instance, la patente de liberté qui est due à mademoiselle Joséphine. C'est parcequ'il y a eu *fraude, contravention*, que nous voulons nous mettre en règle; c'est parce qu'il n'y a pas eu déclaration préalable d'affranchissement dans la colonie que nous insistons sur les fins de notre première requête.

« C'est sur le navire l'*Industriel*, capitaine Samson, parti de la Pointe-à-Pitre le 18 avril 1841 et arrivé au Havre le 25 mai suivant, que M. Devilliers expédia à Mme Devilliers, sous le faux nom de *Rosalie Commère*, Mademoiselle Joséphine munie d'un passeport qui lui ordonnait de porter ce nom.

« Le registre du navire l'*Industriel* mentionne le nom de Rosalie Commère; mais il sera facile de découvrir cette fraude, en faisant interroger à la Guadeloupe, la dite Rosalie Commère. Ceci regarde M. le gouverneur. Il pourra savoir comment Joséphine Marie Joseph, qui n'a point pris de passeport, se trouve en France, et comment Rosalie Commère, à qui on délivra un passeport, n'a jamais quitté la Guadeloupe. Mademoiselle Rosalie pourra dire qui l'engagea à prêter son nom ou son passeport à Joséphine.

« Joséphine fut recommandée au Hâvre, à M. Hart, négociant, qui la reçut au débarquement et l'expédia par la diligence, pour Paris, à Mme Devilliers.

« Joséphine est en instance devant les tribunaux pour réclamer ses gages à M. et Mme Devilliers, qui voulaient la maintenir dans l'esclavage ici-même, sur la terre de France, et qui lui ont refusé tout salaire pour ses services, sous prétexte que c'est ainsi que se passent les choses aux colonies, où *l'esclave improprement appelé esclave, reçoit la nourriture et le logement en guise du salaire en argent que reçoit l'ouvrier de France.*

« Joséphine recevait de ses maîtres, outre la nourriture et le logement, *des coups* et des *mauvais traitements*, avantage que n'ont pas les malheureux ouvriers en France !

« Si Joséphine n'est pas recensée à la Guadeloupe dans le dénombrement de M. et Mme Devilliers, elle doit être inscrite dans le dénombrement de Mme Thilorier Pautrizel, mère de Mme Devilliers; car bien que Joséphine ait été constamment à la Pointe-à-Pitre, au service de Mme Devilliers, elle dépendait de l'habitation l'*Espérance*, au quartier des Abîmes de la Grande terre, propriété de Mme T. Pautrizel.

« Pour tenir lieu de certificat demandé par le gouverneur de la Guadeloupe, à l'effet de constater la preuve du séjour en France de Joséphine, je produis :

« Une expédition du jugement de la justice de paix du 2e arrondissement; tribunal devant lequel a comparu en personne Mlle Joséphine, le 23 septembre dernier, contradictoirement avec M. et Mme Devilliers en réclamation de gages.

« De plus, l'expédition d'un acte notarié passé par devant M. Bargé Delisle et son collègue A. Leger, notaires à la Pointe-à-Pitre, Guadeloupe, en date du 15 avril 1841, et dans lequel on lit ceci : .... « *Joséphine Joseph, es-* « *clave de Mme Thilorier Pautrizel*, dans ce moment *sur* « *son départ pour la France, où elle est envoyée, auprès de Mme Devilliers, fille de Mme de Pautrizel.*

« Sur le registre du navire l'*Industriel*, déposé au bureau de la marine du Hâvre, on voit figurer en guise du nom de Joséphine, celui de Rosalie Commère, qui n'est jamais venue en France.

« Voilà des faits et des documents qu'on ne peut récuser, et qui prouvent jusqu'à la dernière évidence, qu'il y a eu supposition de nom pour obtenir le passeport de

Joséphine, cas prévu par l'art. 154 du code pénal ainsi conçu :

« Quiconque prendra, dans un passeport, un nom « supposé, ou aura concouru comme témoin à faire dé- « livrer le passeport sous la nom supposé sera puni « d'un emprisonnement de trois mois à un an.

« Et l'article 155 : « Si l'officier public instruit de la sup- « position du nom, a néanmoins délivré le passeport sous « le nom supposé, il sera puni de bannissement. «

« La poursuite des faux en matière de passeports ne nous regarde pas; nous nous bornons à signaler le faux commis dans le passeport délivré à Joséphine. Nous n'avons pas non plus à défendre Joséphine de s'être servie d'un faux passeport sachant qu'il était faux; car, esclave à la Guadeloupe, Joséphine ne pouvait être responsable des faits de ceux qui avaient tout pouvoir sur elle; si donc nous dénonçons ici ces faits que nous voulions taire, c'est parcequ'on nous y contraint en nous contestant le droit de Mlle Joséphine.

« Dans notre première requête du 19 août dernier, nous avions reclamé dans des termes modérés, la patente de liberté de Mlle Joséphine, nous bornant simplement à énoncer le fait de son séjour en France, comme justifiant cette réclamation; nous nous étions abstenu d'entrer dans tous les détails qui ont précédé et accompagné ce fait, afin qu'on ne nous accusât pas de mettre de la passion dans nos réclamations lorsqu'il s'agit de nos adversaires.

« On a méconnu, avec notre droit, notre réserve au lieu de l'apprécier et de nous en savoir gré. Aujourd'hui, M. le ministre, nous ne devons plus user de ménagements; nous vous dénonçons les faits tels qu'ils sont; et maintenant que vous les connaissez, vous ferez tout ce qui vous semblera convenable à cet égard. Mais avant tout, vous nous ferez délivrer l'acte légal d'affranchissement de Mlle Joséphine; c'est là le but de nos efforts, le reste n'est plus de notre compétence.

« J'ai l'honneur, etc.

BISSETTE.

Il est triste d'avoir à dire, qu'il a fallu que j'en vienne là pour obtenir justice.

Voici la lettre du ministre, qui reconnaît que mes réclamations sont fondées :

A MONSIEUR BISSETTE,

Paris, le 24 février 1843.

« J'ai reçu, Monsieur, vos lettres des 19 et 27 janvier, relatives à la réponse que l'administration de la Guadeloupe a faite à la demande d'un titre de liberté, présentée par vous au nom de la demoiselle Joséphine Marie Joseph.

« Quelque peu convenables que soient les termes du premier de vos deux mémoires, (1) vos réclamations me paraissent fondées en ce qui concerne la position de la demanderesse; et j'adresse à M. le gouverneur de la Guadeloupe, L'ORDRE de m'envoyer pour elle un titre de liberté!

ROUSSIN.

Je l'avais dit dans ma requête du 19 janvier. Il fallait un *ordre*; cet *ordre* a été donné; et, cinq mois après je recevais, avec la lettre suivante, l'acte d'affranchissement de Joséphine :

A MONSIEUR BISSETTE,

Paris, le 14 juillet 1843.

« Monsieur, je vous ai fait connaître le 24 février dernier, que je chargeais M. le gouverneur de la Guadeloupe de me transmettre le titre de liberté que vous aviez réclamé pour la demoiselle Joséphine Marie Joseph.

« Vous trouverez ci-joint cet acte, que je viens de recevoir de l'administration de la Colonie.

« Pour le ministre et par son ordre,
« Le maître des requêtes directeur des colonies,
HENRY GALOS.

D'après ces faits, on reconnaîtra que les provocations ne sont jamais parties de moi; et que j'ai raison d'accuser le directeur des colonies actuel, d'être hostile à l'affranchissement des esclaves, d'éluder et de violer la loi sur l'affranchissement, autant qu'il est en son pouvoir de la violer et de l'éluder.

Je suis avec un profond respect,

BISSETTE.

P. S. Aujourd'hui même il m'a été remis au ministère, les deux actes d'affranchissement d'Émilie et de Philibert.

---

(1) Il fallait bien, après l'avoir provoqué, trouver quelque chose à reprendre dans les termes de ce mémoire. C'est un moyen comme un autre de se tirer d'embarras et de cacher une défaite. C. A. B.

A MONSIEUR MERILHOU,

PAIR DE FRANCE.

Paris, ce 22 mars 1845.

MONSIEUR,

Plein de souvenirs d'une époque déjà loin de nous, où vous me prêtiez, comme avocat, dans une affaire qui eut quelque retentissement, l'appui généreux et désintéressé de votre talent, j'ai conservé pour votre personne, vous le savez, la reconnaissance la plus vive et la plus méritée. Cette reconnaissance, je n'ai pas besoin de l'exprimer ici davantage, votre modestie s'en offenserait; et, comme tous les cœurs généreux, comme tous les esprits élevés, vous m'en voudriez peut-être de vous rappeler que je suis resté votre obligé. Quoi qu'il en soit, Monsieur, j'ai la mémoire du cœur, et je ne sais pas oublier les services qu'on m'a rendus, ni l'appui indirect que ces services personnels ont pu prêter à la cause générale de mes frères de race.

Dans cette disposition je me plais à croire, Monsieur, que vous accueillerez avec bonté et bienveillance, les observations que je vais avoir l'honneur de vous soumettre dans l'intérêt de mes frères.

A la fin de la session dernière, M. le ministre de la marine et des Colonies a présenté, à la chambre des Pairs, un projet de loi destiné à modifier la loi du 24 avril 1833, sur le régime législatif des colonies. Ce projet sur lequel vous avez fait un rapport au nom de la commission de la Chambre des Pairs, n'ayant pas été voté, a été repris à cette session; il est à l'ordre du jour et doit être bientôt discuté.

Qu'il me soit permis de vous féliciter d'avoir supprimé et rejeté du projet de loi ministériel, les articles qui voulaient retirer au pouvoir législatif ses attributions pour les donner au pouvoir administratif.

Vouloir ainsi substituer le régime des ordonnances au régime des lois, demander aux chambres la délégation d'un tel pouvoir, me paraît une violation de l'article 64 de la charte, qui dispose *que les colonies seront régies par des lois*, et de la loi organique d'avril 1833, qui détermine les matières réservées exclusivement à l'autorité législative, et celles laissées au pouvoir réglementaire.

La commission de la Chambre des Pairs ne pouvait déléguer au ministre le droit de statuer par voie d'ordonnance sur des matières qui ressortent du domaine législatif, donc en refusant cette délégation, la commission a renversé tout le projet de loi ménistériel : votre rapport en ce point mérite toute la reconnaissance des amis des Colonies.

Pourquoi faut-il que je n'aie pas à vous exprimer le même sentiment pour les autres parties de votre travail? Pourquoi la commission de la Chambre des Pairs n'a-t-elle pas cru devoir faire de tout le projet de loi ministériel, ce qu'elle a fait des deux premiers articles et des six premiers paragraphes de l'article 3? En d'autres termes, pourquoi n'avoir pas supprimé, purement et simplement, sans modification, sans amendement, ces dispositions qui ne doivent produire aucun bien pour les Colonies.

J'avoue, Monsieur, que je ne saurais partager avec la commission, l'opinion exprimée dans son rapport, « *que* « *les mesures qu'elle soumet à la chambre*, par amende- « ment au projet du gouvernement, *amélioreront immé-* « *diatement le sort des esclaves, amèneront à la liberté ceux* « *qui sont dignes de l'obtenir et capables de la supporter.* »

D'abord, ma conviction est que tout homme quelle que soit sa couleur, *est capable de supporter la liberté*. Or, les esclaves sont des hommes, des chrétiens, par conséquent ils sont tous dignes, à ce seul titre, de l'obtenir. Il n'y a, dans ma conviction, que les fers de l'esclavage qui pèsent aux noirs, et dont ils ne peuvent plus supporter le poids. Cette vérité, Monsieur, est devenue encore plus palpable depuis que des ministres du roi ont pris solennellement l'engagement, en face de la France, et du monde chrétien, d'abolir l'esclavage; depuis que des ministres du roi, des hommes graves, sérieux, appelant la religion à leur aide, ont annoncé pompeusement au clergé de France, à toute la chrétienté, que « L'OEUVRE « DE LA SUPPRESSION DE L'ESCLAVAGE EST SUR LE POINT DE « S'ACCOMPLIR! QUE L'HEURE DE L'ÉMANCIPATION VA SONNER!»

Ma conviction est encore, Monsieur, que les mesures proposées par le ministre de la marine ne répondent pas aux promesses de ses prédécesseurs; que loin d'accomplir l'œuvre de la suppression de l'esclavage, ces mesures ne peuvent que retarder indéfiniment l'heure de l'émancipation qui allait sonner.

Et, quant aux mesures que vous proposez à la Chambre des Pairs, au nom de la commission, je me fais un devoir de vous dire, Monsieur, qu'elles n'amélioreront en aucune manière le sort des esclaves; au contraire, elles ne feront que leur rendre l'esclavage plus insupportable; elles n'amèneront pas à la liberté un seul esclave, et loin d'augmenter la sécurité des Colonies, ces mesures ne feront que les agiter et les troubler, car les esclaves n'y verront qu'une dérision et une cruelle déception pour eux.

Au point de vue de la commission, qui ne veut point voir dans le projet de loi du gouvernement un *acte préparatoire*, ni un *système intermédiaire* devant servir de passage à un système plus large et plus complet d'affranchissement, je dois avouer que je trouve les amendements proposés dans votre rapport parfaitement conséquents et pleins de logique. En effet, que veut-on? Ou plutôt, que ne veut-on pas?—On ne veut pas déterminer un système d'affranchissement. On ne veut pas proclamer le principe de l'abolition de l'esclavage, ni en préparer la réalisation. En un mot, on ne veut que maintenir et organiser ce qui est : l'esclavage. Le ministre veut que la chose se fasse par voie d'ordonnance. La commission, dont vous êtes le rapporteur, veut que ce soit par voie législative. Voilà toute la différence entre les deux opinions.

Alors, puisque la chose est ainsi entendue, pourquoi la commission de la Chambre des Pairs n'a-t-elle pas, par humanité, cherché un moyen de rendre l'esclavage moins dur, moins insupportable, sa charité et son courage n'allant pas jusqu'à en proposer l'abolition?

Je vous le dis sincèrement, Monsieur, les amendements de la commission ne produiront aucun changement en bien-être dans la malheureuse condition des esclaves; ces amendements n'opéreront aucune préparation pour eux, quoiqu'en dise votre rapport; l'avenir sera pour eux pire que le présent, et cet avenir que leur prépare votre projet de loi leur fera regretter le passé, parcequ'en l'absence de cette loi ils avaient au moins l'espérance que vous leur ôtez législativement.

Je ne puis donc, Monsieur, qu'éprouver un vif chagrin de voir votre nom et celui de M. le duc de Broglie, à qui je dois tant de reconnaissance, attachés a une loi qui doit servir à river les fers de mes malheureux frères. Et je me crois obligé par devoir, par reconnaissance envers vous, Monsieur, qui m'avez guidé, conseillé et défendu dans une affaire où il s'agissait de droit, de jurisprudence, toutes matières sur lesquelles j'avoue mon ignorance, de consigner ici quelques aperçus sur des questions qui me sont familières, pour les avoir étudiées sur les lieux mêmes, dans la Colonie, où je suis né (toutes les Colonies du reste se ressemblent à l'endroit de l'esclavage) et pour m'être occupé constamment et sérieusement depuis vingt-cinq ans, de tout ce qui intéresse les besoins et le bien-être de mon pays et de ses populations.

Croyez-moi, Monsieur, renoncez au projet de la commission au nom de laquelle vous avez fait le rapport. Demandez au nom de l'humanité, que la Chambre des Pairs rejette les trois articles du projet de loi présenté par M. le ministre de la marine, comme vous demandez la suppression et le rejet des deux premiers articles et de quelques paragraphes du troisième. Substituez au projet du gouvernement une proposition formelle dans le sens de la liberté. Faites cela, et vous aurez plus contribué à la gloire et à la renommée de votre pays, vous aurez servi bien plus efficacement la cause des malheureux esclaves, qu'avec les amendements proposés pour modifier un projet de loi, qui organise l'esclavage au lieu de chercher à l'abolir. Ne secondez pas un projet qui empire le sort des esclaves, s'il n'est pas en votre pouvoir de l'améliorer. Ne donnez pas au monde ce désolant spectacle, cette triste opinion que les législateurs d'une grande nation, d'un peuple libre, appelés, au dix-neuvième siècle, à prononcer sur le sort d'hommes qu'on tient en esclavage depuis plus de deux cents ans, d'hommes à qui on a donné le baptême pour les faire esclaves, que ces législateurs d'un peuple libre, d'un peuple de chrétiens, n'aient trouvé rien de mieux à faire que de légiférer sur la *discipline des ateliers ou le régime du fouet et des trois piquets;* sur la nourriture et le vêtement; sur le pécule, sans salaire, et sur le rachat, laissé à la charge de l'esclave! Ne laissez pas l'histoire et la postérité accuser notre siècle d'égoïsme, et nos législateurs d'avoir manqué en même temps de religion et d'humanité : que la loi qui doit sortir enfin de la discussion des chambres ne soit pas une *loi athée !*

Je devrais peut-être terminer ici cette lettre ; mais des esprits moins bien disposés que vous, Monsieur, ne se trouveraient peut-être pas satisfaits ; Je vais donc discuter deux des articles introduits par la commission de la chambre des Pairs dans le projet de loi du gouvernement: le pécule et le rachat.

Le pécule existe de fait aux Colonies. Ici vous en faites un droit ; mais vous en limitez tellement l'exercice, qu'il y a beaucoup plus d'avantage pour l'esclave à se passer de ce droit. En assimilant l'esclave au mineur émancipé, et en lui donnant pour curateur son maître, pensez-vous satisfaire l'esclave ? Nullement. *Notre ennemi, c'est notre maître*, vous dit l'esclave, et nous ne voulons pas lui confier notre pécule, puisqu'il nous possède déjà en chair et en os! » Et vous le ferez maudire la loi, qui, sous prétexte d'améliorer sa position, lui reconnaît le droit de propriété sur son pécule, mais l'oblige en même temps à en donner la gestion à son maître. Législateurs d'un peuple libre, faites donc des lois pour des hommes libres, et ne vous occupez d'esclaves que pour les rendre à la liberté!

Louis XIV, souverain absolu, était plus libéral pour l'esclave, dans son code noir qui date presque de deux cents ans. Louis XIV permettait à l'esclave d'être tuteur, curateur des enfants de son maître. Votre commission ne veut pas que l'esclave puisse être son propre curateur.

Aujourd'hui, en l'absence de toute loi qui confère le droit de propriété aux esclaves, celui qui possède un pécule est son propre caissier, son curateur à lui-même; il peut confier à qui bon lui semble ce pécule sans en rendre compte à personne. Demain avec la loi, telle que vous la proposez, vous privez l'esclave de toutes ces facultés; vous éveillez ses soupçons, ses craintes; vous le mettez en défiance contre son maître et contre vous-mêmes, législateurs. L'esclave ne verra dans votre loi qu'une entrave à l'exercice de son droit de propriété sur son pécule; et on ne manquera pas de lui dire : « Avant la loi qui vous donne le droit de posséder, vous pouviez librement disposer de ce qui vous appartenait; vous pouviez vendre votre *manioc*, vos légumes, vos cochons et vos volailles : Aujourd'hui vous ne le pouvez pas sans l'intervention de votre maître, sans son assistance. Vous avez plus de droit, mais moins de liberté. » Et ce langage sera tenu par ceux qui ont intérêt à prouver à l'esclave que les législateurs de France ne comprennent ni leurs besoins, ni leur bien-être; par ceux qui veulent prouver à l'esclave, qu'eux seuls peuvent alléger le poids de leurs chaînes, et que s'ils ne le font pas, c'est que *la condition des esclaves est préférable à l'état de liberté*.

Ajoutez que certains maîtres, qui, dans l'état actuel des choses, ne pensent pas à s'approprier le pécule de leurs esclaves, profiteront de la curatelle que leur donne la loi, pour faire du pécule de leurs esclaves ce que certains tuteurs font des biens de leurs pupilles. Et alors vous n'en finirez pas avec les plaintes et les contestations devant la justice de paix. C'est vouloir créer des embarras mal à propos. Et, si l'on pense que quelques esclaves seulement pourront se faire un pécule, on ne conçois pas que des législateurs aient occupé leurs moments à une semblable discussion; car, la masse des esclaves ne se formera pas apparemment ce pécule, par la seule puissance de la loi qui l'aura reconnu et décrété D'abord pour se former un pécule, il faut avoir un salaire, et, comment voulez-vous que l'esclave qui travaille toute la vie pour rien, puisse s'amasser un pécule. Autant vaudrait couper les deux jambes à un homme, et lui dire de marcher; c'est à peu près la même chose.

Quant à l'intervention du juge royal, qui pourrait nommer à l'esclave un curateur autre que son maître, il en sera comme du patronage des esclaves confié aux officiers du ministère public. Vous connaissez, Monsieur, la protection qu'accordent ces patrons à ceux qu'ils sont chargés de protéger.

Si du pécule nous passons au rachat, nous trouvons encore, que le projet de loi est moins favorable à l'esclave qui voudra racheter sa liberté, que l'état actuel des choses; c'est à dire l'absence de toutes dispositions législatives sur la matière.

En effet, quel est l'état actuel des choses aux Colonies, relativement au rachat de la liberté?

Aucune disposition de lois n'oblige le maître à vendre son esclave, si celui-ci veut se racheter. Cependant il faut reconnaître que des marchés se font entre maîtres et esclaves, et que des esclaves se rachètent. Le jour du rachat, c'est le jour de la délivrance. Le maître reçoit le prix convenu, et l'esclave est maître de son temps, de ses actions et de sa personne. Il change de condition, il change d'état, et il est libre d'adopter un métier à sa convenance, et de se livrer au genre d'industrie qui lui paraît le plus profitable à son bien-être. Voilà l'état actuel.

D'après le projet de loi, l'esclave aura le droit de se racheter, le maître sera obligé de le vendre; mais « l'es« clave ainsi affranchi devra, après son affranchisse« ment, rester pendant cinq ans au service de son maî« tre sous les conditions de salaire qui auront été déter« minées par la commission chargée de fixer le prix »

Je vous assure, Monsieur, qu'à cette condition, vous n'aurez pas un seul rachat, car vous commencez par déclarer le rachat permis, et puis vous le rendez impossible. Vous faites regretter à l'esclave l'ordre de choses qui ne lui permettait pas de se racheter, en vertu d'un texte de loi écrit sur le papier; mais qui n'empêchait pas son maître de traiter avec lui à des conditions meilleures et plus favorables que celles que vous lui faites par la loi. L'esclave n'a pas étudié le droit romain, ni le code Napoléon; il ne peut pas apprécier l'excellence d'une loi; mais ne jugeant que par comparaison, d'après les faits, car il ne s'agit que d'un fait pour lui ; en rapprochant les deux positions, celle que lui fait la loi, et celle qu'il avait avant la loi ; il aimera mieux l'ancien ordre de choses, le pouvoir absolu du maître, qui pouvait, si tel était son bon plaisir, lui permettre de se racheter et de se libérer entièrement, que cette espèce de protection de la loi écrite, qui consiste à lui faire donner son argent pour se racheter et pour n'être pas maître de lui, puisque vous l'enchaînez à son maître pendant cinq ans. Le noir vous dira avec raison : « Rachetez-moi, avec votre argent, et je travaillerai pour vous, ou pour mon maître, pendant cinq ans ; mais ne me prenez pas mon argent pour me racheter, et pour m'obliger à travailler encore pour vous, même au prix d'un salaire. Si l'argent prix de l'achat vient de moi, je dois être libre de disposer de mon temps et de ma personne comme mon camarade Azor qui s'est racheté avant-hier, la veille du jour où la loi, qui *nous protége* et qui nous permet, à cette heure, de nous racheter a été publiée. »

Une autre disposition de cet article relatif au rachat, entraînera aussi bien des abus et donnera lieu à plus d'un tripotages de *bourse*.

Le projet de loi dit : « que le prix du rachat, s'il n'est « pas convenu amiablement entre le maître et l'esclave, « sera fixé par une commission composée du président « de la cour royale et d'un conseiller de la même cour. »

Il est a regretter qu'on fasse intervenir ici la magistrature ; elle devrait être en dehors de ces transactions pour plus d'un motifs. Voici le principal :

L'organisation actuelle de la magistrature coloniale, on le sait, ne jouit pas aux Colonies de toute la considération qu'elle devrait inspirer. A quelques nobles et honorables exceptions près, qui sont reconnues de tous les partis, on rencontre dans le personnel de cette magistrature des hommes qui n'inspirent confiance à personne. Des plaintes nombreuses se sont élevées contre ces magistrats, parmi lesquels on en compte de haut placés dans la hiérarchie judiciaire aux Colonies. Quelques-uns ont été accusés de tripotages d'argent, de faits scandaleux d'usure ; de prêter à la *petite semaine* ; de vendre un arrêt pour prix de l'escompte d'une traite sans valeur. Ces faits ont été dénoncés au ministère de la marine, et moi-même, je les ai publiés dans des mémoires adressés à M. le minitre.

Et vous allez fournir un nouvel aliment à la cupidité de tels hommes, éveillée par des marchés à traiter, et des *pots de vin* à recevoir qu'ils se feront allouer par les acheteurs et les vendeurs! Car enfin, des hommes qui dans l'exercice de leur ministère de magistrat n'ont pas rougi de vendre la justice, n'éprouveront aucune répugnance, dans les fonctions extrajudiciaires à se faire donner des *pots de vin*, par de pauvres nègres, qui voudraient racheter leur liberté; ils ne rougiront pas de se faire courtier-*marron* pour s'assurer un bénéfice d'argent quelqu'en soit la source.

Pour l'honneur de la magistrature toute entière vous devez éviter de placer certains hommes en contact avec les moyens d'acquérir honteusement.

Je ne discuterai pas les autres articles de ce projet de loi; leurs dispositions n'ont pas à mes yeux l'importance qui s'attache à la question de l'abolition de l'esclavage. Que nous importe en effet, que cette loi prononce un emprisonnement de un jour à quinze jours, et une amende de 50 fr. à 300 fr. contre le maître qui ne pourvoit pas à la nourriture de son esclave Ceci me préoccupe fort peu, à côté du sort malheureux de ce noir, que vous maintenez encore esclave par votre loi, et que vous laissez, comme par le passé, au pouvoir de ce maître, soupçonné, par vous, capable de ne pas pourvoir *à sa nourriture, à son entretien, et au soulagement de ses maux, dans la vieillesse, ou dans la maladie.*

J'avoue que cette prévision de l'art. 7 du projet de loi, en faveur de l'esclave me touche fort peu. C'est même une superfétation, puisque dans le rapport de la commission qui précède le projet de loi, vous dites :

« Il est heureux pour une chambre française d'ap-« prendre que, *les rapports arrivés au ministère de la ma-« rine* constatent qu'en général les esclaves *sont pourvus « abondamment et convenablement pour le vêtement et la « nourriture*, ils sont traités avec douceur..... Presque « partout les procédés des maîtres envers leurs esclaves « offrent un progrès toujours croissant de douceur et de « bienveillance dont il faut faire honneur à la générosité « de notre caractère national, qui s'est transmis avec le « sang chez les français de nos Colonies. »

Hélas! Monsieur, *la générosité du caractère national*, me semble bien compromise dans ce paragraphe du rapport. Je ne veux pas rappeler des faits récents de sévices, de mauvais traitements, de meurtres commis par les maîtres sur la personne de leurs esclaves; ces faits ont suffisamment occupé l'opinion publique, pour que chacun les ait encore présents à l'esprit; et franchement je ne vois par là, que le caractère national puisse s'en glorifier ni en être fier. Surtout encore lorsqu'à côté des souffrances de tant de malheureux, des hommes d'élite d'une grande nation, des législateurs, se réunissent pour y porter remède, ne trouvent d'autres moyens de soulager ces infortunes, que de proposer que la loi permette à ces malheureux de se racheter, laissant le prix de l'achat à leur charge, comme les *trois piquets* que la loi ne supprime pas.

Si vous voulez savoir à quoi vous en tenir, Monsieur, sur les communications officielles qui ont été faites à la commission, par M. le ministre de la marine, à l'occasion *du progrès toujours croissant de douceur et de bienveillance* des maîtres envers leurs esclaves, je vous engage à lire un livre qui vient de paraître, intitulé : *Situation des esclaves dans les Colonies françaises.* L'auteur de ce livre, M. Rouvellat de Cussac est un respectable vieillard, homme de bien, ancien magistrat, à l'abri par son caractère honorable et son indépendance, de tout soupçon de partialité. Il a occupé noblement pendant seize ans, à la Guadeloupe, et à la Martinique, un siége de conseiller aux cours royales de ces deux colonies; c'est un de ces magistrats intègres qui peut dire : « *Ma probité a passé et repassé le tropique.* » Lisez son livre, Monsieur, et vous y verrez que les nobles sentiments qui y sont exprimés donnent à sa parole ce caractère de vérité qu'on rencontre chez l'homme de cœur. Vous en saurez bien plus par ce livre que par tous les rapports officiels qui ont été communiqués à votre commission. Vous saurez par le livre de M. de Cussac, comment et par qui ces rapports officiels sont faits aux colonies. Vous saurez enfin la vérité; et, s'il vous arrive encore une fois, d'être appelé à faire un nouveau rapport, sur la question de l'esclavage, vos amis ne seront plus affligés de vous voir tomber, à votre insu, dans des erreurs, telles que celles, que vous ont fait commettre les documens officiels. Et pour ma part, je ne doute pas Monsieur, que vos nouvelles conclusions ne soient plus favorables aux malheureux esclaves, que celles de votre rapport d'aujourd'hui, et que vous ne vous hâtiez de demander à la Chambre des Pairs, de prendre l'initiative d'une proposition formelle en faveur de l'abolition de l'esclavage.

Une telle résolution, Monsieur, serait digne de votre cœur, digne du rapporteur de la commission, qui, malgré ses erreurs sur l'esclavage des noirs, ne mérite pas moins l'estime et la confiance des noirs, de leurs amis et de leurs frères. Cette résolution serait digne du rapporteur qui n'a pas hésité à blâmer hautement le langage tenu dans des circulaires ministérielles, parceque ce langage n'était pas sincère; ces promesses décevantes faites à la tribune de la Chambre, parcequ'elles donnaient des espérances qu'on ne devait pas voir réaliser; ces engagements pris sans loyauté, parcequ'on savait bien ne jamais les tenir. J'aime, Monsieur, à relire cette dernière page de votre rapport, parcequ'elle condamne cette politique de déception; parceque vos paroles ont un sens moral, que les amis de l'abolition de l'esclavage ne doivent pas perdre de vue; elles leur tracent leur devoir, car elles contiennent un haut enseignement des mœurs politiques de notre époque.

Oui Monsieur, c'est parceque des engagements ont été pris, que des promesses sans résultat ont été faites, que des espérances ont été données, sans avoir appelé les chambres à les sanctionner par une loi; c'est pour cela que vous blâmez, que vous condamnez tous ces mensonges politiques!

Eh bien, procédons à nouveau; laissons dans l'oubli toutes ces paroles sans portée, toutes ces promesses sans foi, et transcrivons ici cette belle page de votre rapport, pour que nous en fassions chacun notre profit, et pour qu'elle serve de règle à notre conduite.

« Quelque soit le langage tenu à telle ou telle époque, « dans des circulaires ministérielles, ou à la tribune « d'une autre chambre, votre commission ne saurait « admettre, et la chambre n'admettra sans doute pas da- « vantage, qu'il y ait, en dehors des deux Chambres, un « engagement quelconque, au sujet de l'esclavage, et « qu'il n'y ait plus à délibérer pour nous que sur le « mode d'exécution. Le jour où la Charte de 1830 a soumis « les Colonies à l'autorité de la loi, il est devenu impos- « sible de disposer par un simple acte gouvernemental, « directement ou indirectement, soit des Colonies elles- « mêmes, soit du sort des populations qu'elles renfer- « ment. Ainsi, c'est à la puissance législative *seule* qu'ap- « partient le droit de régler, soit quant au principe « soit quant au temps, soit quant au mode, toutes me- « sures qui peuvent affecter les rapports des diverses « classes de la population coloniale. Tous projets, toutes « promesses sur cette matière, sont pour les Chambres « comme s'ils n'existaient pas, tant que les Chambres « ne les ont pas sanctionnés. »

Oui Monsieur, à la puissance législative *seule*, appartient le droit d'abolir l'esclavage, et je considère comme vous, tous projets, toutes promesses sur cette matière, en dehors des chambres, comme s'ils n'existaient pas.

J'apprécie comme vous, à leur juste valeur, ces projets, ces promesses, et c'est pourquoi, j'insiste ici pour que les Chambres n'accordent pas à M. le ministre de la Marine, *le blanc-seing* qu'il sollicite d'elles, la délégation qu'il demande, pour agir en dehors des Chambres, et par voie d'ordonnance, dans des questions et sur des matières qui ressortent de la puissance législative.

Vous vous rappelez, Monsieur, ce qui s'est passé l'année dernière à la chambre des députés, à l'occasion d'une de ces promesses ministérielles. Interpellé par M. le comte de Sade, sur les intentions du ministère relatives à l'abolition de l'esclavage, M. l'amiral Mackau répondit d'une manière qui parût satisfaire les amis de l'abolition. Mais le lendemain, et à la suite d'une conférence avec le ministre, et d'accord avec le ministre, M. Ch. Dupin, délégué des colons, écrivit aux gouverneurs des colonies, pour leur dire de ne pas croire aux *paroles* de tribune du ministre. Voici cette lettre :

Paris, le 25 Janvier 1844.

« MONSIEUR LE GOUVERNEUR,

« Dans la crainte que M. le ministre de la marine ne vous écrive pas, dès aujourd'hui, par la voie la plus accélérée, je le devance. Vous pouvez calmer l'agitation qui serait produite par la version infidèle de certains journaux, au sujet de la réponse du ministre à l'interpellation d'un député sur les mesures à prendre en conséquence du rapport de M. de Broglie sur l'émancipation. Voici les paroles du ministre extraites du *Moniteur* : « Il ne s'écoulera pas plusieurs semaines, sans que le gouvernement soit en mesure de s'expliquer devant cette chambre sur ce qu'il aura arrêté d'également favorable à l'intérêt des colonies et au vœu de la Métropole. » J'ai eu une longue conférence officielle avec M. le baron de Mackau. Il lutte dans le cabinet, pour qu'on n'y prenne aucune mesure intempestive et compromettante sur l'émancipation. J'espère que, dans cette session, le ministre ne compromettra rien à cet égard. Le ministre est plein de bonnes intentions. Ses intentions et son caractère doivent rassurer les colons.

« Je rédige un mémoire pour démontrer au gouvernement que, dans l'état actuel des choses il est impossible, sans compromettre l'avenir des colonies, de procéder à l'émancipation, même à dix ans de date, comme le veut la commission de Broglie, et moins encore, en procédant à l'émancipation par les enfants, mesure inhumaine dont j'ai déjà démontré les dangers, l'injustice et la barbarie, lorsque M. Passy l'a proposée sous le ministère de M. Molé.

« Je crois pouvoir vous annoncer de *bonne part*, que la commission des affaires coloniales est *dissoute*. Ce pouvoir anormal et monstrueux a disparu; les affaires reprennent leur marche régulière et les bureaux des colonies à la marine vont s'en ressentir. Les délégués cessent d'être suspects, et les intérêts d'outre-mer ne seront plus jugés d'après un esprit de secte et de parti. Il paraît que, par ménagement pour le duc de Broglie, on ne veut pas publier la suppression de la commission qu'il présidait et qu'on n'a plus une seule fois réunie depuis que la marine a pour ministre M. le baron de Mackau. Je recommande à la fois aux colons de ne pas se laisser abattre par la peur de mauvaises mesures que nous espérons conjurer, et de ne pas se laisser égarer par l'idée qu'ils n'ont plus rien à craindre : le danger subsiste, mais n'est pas insurmontable; *il sera long*, il exigera de la constance, du sang-froid, de la vigueur et pourtant de la modération. Je leur recommande en ami sincère, la conciliation, la bonne harmonie, plus que jamais nécessaire au milieu des graves circonstances qui peuvent marquer la présente session.

« Si je puis avoir obtenu quelque résultat précieux lors du prochain paquebot, je m'empresserai de vous en informer.

(Signé) Baron CH. DUPIN. »

Vous voyez par cette lettre, que M. le délégué des colons est dans la confidence de M. le ministre de la marine. Ce n'est pas avec ses commettants qu'il correspond; c'est avec les quatre gouverneurs des colonies, les agens du pouvoir, placés directement et immédiatement dans la dépendance du ministre de la marine. M. le ministre de la Marine abdique pour ainsi dire, en faveur du délégué des colons. Et, c'est M. le baron Dupin qui, tenant le portefeuille de la Marine dans la journée du 25 janvier 1844, écrit aux gouverneurs des colonies, pour expliquer les paroles de M. de Mackau.

A propos de M. Ch. Dupin, et de ses confidences intimes, voici une autre lettre écrite par lui, il y a quelques années, à M. le général Ambert, président du conseil des colons de la Guadeloupe, qui peut trouver ici sa place :

Paris, le 26 décembre 1837.

« MONSIEUR LE PRÉSIDENT,

« L'honorable M. Mauguin, vu l'importance et la multiplicité de ses occupations n'a pas cru pouvoir conserver la présidence du conseil des délégués des colons. Sur sa démission, mes collègues m'ont fait l'honneur de de me nommer à *l'unanimité* (1) pour le remplacer. J'ai trouvé votre éloquente adresse du 10 août qui *n'était pas encore présentée au Roi. J'ai sur le champ* écrit à sa Majesté pour lui demander audience (2); je ne l'ai eue qu'aujourd'hui.

« Au retour même des Tuileries *je m'empresse* de vous instruire des résultats de cette audience. (3) *Le Roi veut être pour les colons* et l'état social actuel des colonies, protecteur aussi ferme qu'éclairé : il veut rester *conservateur de vos droits*, de vos fortunes, de votre sécurité. Son esprit supérieur ne se laisse abuser par aucune *vaine utopie*. Il connaît les Antilles qu'il a visitées ; il apprécie vos intérêts qu'il n'a jamais perdu de vue; il compatit à vos souffrances qu'il souhaite vivement de voir soulager.

« Ne redoutez donc plus, à l'avenir, aucune mesure brusque, imprévue, intempestive et désastreuse. La sagesse du roi n'en permettrait pas de telles.

« Après avoir entendu de la bouche de sa Majesté des assurances si consolentes pour l'état actuel de nos établissements d'outre-mer, je me suis empressé de lui demander la permission de faire connaître aux conseils coloniaux *ses hautes pensées et ses déterminations généreuses*. La permission m'est accordée de la manière la plus gracieuse. Ainsi M. le président, *vous pouvez faire imprimer ma lettre entière*, ou telle partie qu'il vous plaira d'en extraire. Quant à moi, ainsi que mes collègues, ces rassurantes paroles du chef de l'état, vont nous rendre beaucoup plus hardis pour *défendre la fortune et les droits des colons*, afin de garantir de toute atteinte subversive leur établissement industriel et social. Depuis ma nomination à la présidence du conseil des délégués, je me suis empressé d'écrire au ministre du commerce en faveur des colons. Sa réponse est pleine de bienveillance et me semble satisfaire parfaitement à la dernière partie de votre adresse au Roi. Je suis heureux, M. le président, d'avoir cette occasion de correspondre officiellement

---

(1) *A l'unanimité!* C'est avouer que M. le baron Dupin s'est donné sa voix ; qu'il a voté pour lui-même dans le conseil des délégués.

(2) C'est une manière adroite de dénoncer la négligence de son collègue et de se faire valoir aux dépens de M. Mauguin. M. le baron Dupin fait admirablement la *réclame*.

(3) Cet empressement mérite vraiment une récompense ! Et dire que M. Mauguin avait laissé dans la poussière des cartons cette *éloquente adresse*, trouvée par M. le baron Dupin !

avec vous. Vous me trouverez prêt à seconder le conseil à la tête duquel vous êtes placé, par tous *les moyens dont je puis disposer près du Roi, des ministres et des chambres.*

(Signé) Baron Ch. DUPIN.

Cette lettre a quelque chose de regrettable. S'il est vrai que S. M. le Roi des Français se soit exprimé avec M. le baron Dupin dans les termes qu'il dit; si M. le baron Dupin ne se vante pas auprès de ses commettants, pour servir ses intérêts privés, l'intérêt de sa candidature: il reste ceci: que S. M. qui connaît les Antilles, qui a vu l'esclavage et qui en connaît toutes les horreurs, ne se laisse pas abuser par *l'utopie de l'abolition*; *qu'elle veut être pour les colons*, comme M. le baron Dupin; c'est à dire, pour l'esclavage contre la liberté, pour les maîtres qui torturent contre les esclaves qui souffrent. C'est donner une étrange idée de la majesté royale! Et M. le baron invite ses amis à publier cette lettre!

Généralement aux colonies tous les esclaves sont royalistes, *plus royalistes que le Roi.* Ils aiment le Roi, n'importe lequel, pourvu que ce soit un roi. Ils sont donc royalistes dans toute l'acception du mot. Pas un esclave qui, dans ses souffrances de chaque jour, de chaque heure, de chaque minute ne dise: « *Ah! si le Roi le savait!* »

C'est sous ce rapport que nous trouvons regrettable la lettre de M. le baron Ch. Dupin; car elle détruit pour l'esclave tout ce prestige de la royauté, toute cette foi qui lui fait dire dans ses fers: *Ah! si le Roi le savait!* Elle fait disparaître pour lui toute illusion, et il est réduit à ne plus croire à rien, à douter de tout; puisqu'un pair de France si bien accrédité *près du Roi, des ministres et des chambres*, lui fait savoir qu'il n'y a ni pitié, ni émotion pour sa misère, pour sa dignité d'homme et de chrétien ravalée à l'instar de la bête, et que ses ardentes aspirations vers la liberté ne sont pour le Roi qu'une *vaine utopie.*

En tout et toujours, le mieux est de jouer cartes sur table. Voilà pourquoi j'ai publié les lettres de M. le baron Ch. Dupin. Elles dévoilent un système de politique coloniale dont la commission de la Chambre des Pairs et son loyal rapporteur n'entendent aucunement sans doute accepter la solidarité.

Je suis avec un profond respect,

Votre très humble et très obéissant serviteur.

BISSETTE.

A MONSIEUR LEDRU-ROLLIN,

DÉPUTÉ DE LA SARTHE.

Paris, le 24 avril 1845.

MONSIEUR,

Au moment où le projet de loi concernant le régime des esclaves est soumis aux délibérations de la chambre des députés, j'aime à me rappeler votre éloquent discours, dans la séance du 4 mai de l'année dernière, à propos de la pétition des ouvriers de Paris, demandant l'abolition de l'esclavage. La part que vous avez prise à cette discussion, les généreux sentiments que vous y avez exprimés, ne me permettent pas de douter que vous ne vous empressiez, dans cette nouvelle occurence, d'accorder aux malheureux esclaves l'appui que vous ne refusez jamais de prêter dans les grandes questions sociales; surtout lorsqu'il s'agit, comme ici, du droit des hommes à la liberté naturelle. Permettez, Monsieur, que je vous convie à prendre en main la défense de mes frères noirs esclaves, et que je vous soumette quelques simples observations sur ce projet de loi déjà voté par la chambre des pairs.

Vous allez encore rencontrer sous vos pas l'agent salarié des possesseurs d'esclaves. — Les colons en ont un à l'une et l'autre chambre. — Il faut bien que ces Démosthènes à gages gagnent leur argent et travaillent pour ceux qui les paient. L'un d'eux n'a-t-il pas dit un jour à la tribune de la chambre, qu'il renoncerait volontiers à ses gages, qu'il abdiquerait de grand cœur ses fonctions de délégué, si le traitement alloué aux délégués était supprimé par la nomination de colons se défendant eux-mêmes. Assurément M. de La Palisse n'eût pas mieux dit, et il faut convenir que l'argument de ce délégué des possesseurs d'esclaves fait honneur à son désintéressement.

Ne vous étonnez donc pas, Monsieur, si vous entendez débiter de nouveau à la tribune de la chambre, les mêmes plaidoyers fastidieux en faveur du maintien de l'esclavage et sur le bien-être et la félicité des noirs, des noirs qui ont le bonheur de vivre aux colonies sous le fouet des colons.

Ne vous étonnez pas si vous entendez bourdonner à vos oreilles pour la centième fois, l'éternel refrain de messieurs les délégués ; à savoir que les esclaves qui s'évadent de la Martinique et de la Guadeloupe, pour aller jouir de leur liberté dans les colonies anglaises, à Sainte-Lucie, à la Dominique ou à Antigue, sont bientôt dégoûtés de la liberté dont jouissent les nègres anglais émancipés par le bill d'abolition, et qu'ils s'empressent de retourner tout aussitôt chez leurs maîtres, *les priant de vouloir bien leur accorder la permission de reprendre leurs fers.* Cet éternel refrain est chose convenue entre M. le baron Ch. Dupin et son collègue M. Jollivet. Et je défie qu'on me montre dans ce que ces messieurs sont aussi convenus d'appeler leur *discours en faveur des colonies*, un seul de ces *discours*, puisque discours il y a, balbutié par eux, depuis dix ans, soit à l'une soit à l'autre chambre, où ne se trouve cette anecdote ridicule, composée à la Martinique par un avocat facétieux, qui en avait fait hommage dans le temps à M. Mauguin, lequel en fit cadeau à ses successeurs en donnant sa démission de délégué.

C'est sans doute à cause de ces retours chez les maîtres, après évasion à l'étranger, que messieurs les délégués de l'esclavage, qui ne manquent certes pas de logique, comme vous savez, ne veulent pas que les esclaves possèdent des bateaux. Avec des bateaux en leur possession, disent-ils, ces pauvres esclaves pourraient tenter de s'évader aux colonies anglaises, où ils se trouveraient fort mal, puisqu'ils seraient libres à l'anglaise, et que la liberté anglaise ne vaut pas l'esclavage de la Martinique et de la Guadeloupe.

C'est encore pour empêcher ces pauvres nègres d'être malheureux à la façon des affranchis anglais, que messieurs les délégués sollicitent du gouvernement le maintien de fortes garnisons aux colonies ; que les administrations de la Martinique et de la Guadeloupe entretiennent à grands frais des postes militaires sur tous les points du litoral où peut aborder une barque ; c'est pour que ces pauvres nègres, qui sont plus heureux esclaves que les paysans français avec toute leur liberté, ne se trouvent pas réduits à l'état *de barbarie des affranchis anglais*, que ces administrations locales établissent sur toutes les côtes, dans les anses et *marigots*, ces rondes et ces patrouilles de nuit qui causent chaque année une mortalité si effrayante dans les garnisons des colonies. C'est dans l'intérêt de ces pauvres nègres esclaves que toutes ces précautions sont prises. Donc ils sont plus heureux que les paysans de France, puisque ceux-ci sont voués à la mort, pour maintenir ces pauvres nègres dans l'esclavage où ils sont fort heureux ! Ces paysans français sont exposés sous le climat dévorant des tropiques à un service pénible de veilles continues, mis en péril à toutes les minutes par l'intempérie des saisons, la chaleur du jour et l'humidité de la nuit, pour garder de pauvres noirs *inintelligents*, et empêcher qu'ils ne deviennent malheureux par leur propre faute, en courant après l'*utopie* de la liberté des colonies anglaises.

Vous connaissez sans doute, Monsieur, les belles paroles prononcées, il y a dix ans, à la tribune de la chambre des pairs. C'était, il m'en souvient, dans la séance du 15 juin 1835. Un partisan de l'esclavage, un homme célèbre, dont la vie fut dévouée à l'apologie du système féodal, et qui écrivit je ne sais combien de volumes pour démontrer que les petits châteaux et l'esclavage de la glèbe étaient le *nec plus ultra* des sociétés humaines, faisait, lui aussi, l'apologie de l'esclavage colonial, en comparant la condition de l'esclave à la condition de l'ouvrier d'Europe : M. le baron Mounier, ce fervent abolitioniste, cet ami des noirs, dont nous honorons la mémoire et regrettons la mort, demanda la parole, et fit cette magnifique protestation, aux applaudissements de l'assemblée :

« Quelque part que ce soit, il n'y a aucun rapport entre « la condition d'un homme libre qui vit de son travail et « celle du noir esclave.

« Dans tous les pays de l'Europe, même dans les mo« narchies les plus absolues, le dernier ouvrier est votre « égal à l'église, à sa naissance; il est votre égal à sa « mort; tandis qu'aux colonies, même affranchi, le nè« gre ne l'est pas. Serait-ce en France que l'on pourrait « faire cette comparaison ? Dans ce pays où vous avez vu « sortir de la classe des plus simples ouvriers, des hom« mes, on peut le dire à leur gloire, qui par eux ou leurs « enfants, sont venus prendre place dans les premiers « rangs de la société ? En France une telle assimilation est « ce qu'il y a de plus blessant et de plus contraire à la « vérité. Nous devons protester contre cette assimilation « de ceux de nos concitoyens qui vivent du labeur de « leurs mains. Chacun travaille; les uns de leurs mains, « les autres de leur esprit. Tous les hommes sont nés « pour le travail, chacun dans la condition où le sort l'a « placé; mais cette condition dépend beaucoup de la vo« lonté de chacun. L'ouvrier commence par être bon ap« prenti; il est bon ouvrier, et comme l'a si bien repré« senté l'ingénieux Hogarth, il devient lord-maire de « Londres. Chez nous la voie est encore plus large, tous « les rangs lui sont ouverts; économe et laborieux, il de« vient chef d'atelier. Vous avez entendu parler de la con« dition des ouvriers; vous les avez entendu traiter des

« questions d'économie politique, comme beaucoup d'en-
« tre nous, comme moi en particulier, je me trouverais
« heureux de le faire. De chef d'atelier il deviendra fabri-
« cant; par là, membre de la chambre de commerce,
« d'où il peut atteindre à l'une et l'autre chambre. Je vous
« demande si l'on peut établir un rapport quelconque
« entre des hommes qui travaillent dans de pareilles con-
« ditions et de malheureux esclaves? Ce rapprochement
« est blessant, il est injurieux, il pourrait faire naître les
« plus fausses idées. J'adjure le préopinant de retirer ces
« paroles qui lui sont échappées sans doute dans la cha-
« leur de l'improvisation. Du reste je n'ai pris la parole
« que pour protester contre de telles opinions. »

Cette protestation n'a pas empêché les délégués de l'esclavage de nous répéter depuis dix ans, que le nègre esclave est plus heureux, sous le fouet du colon, que le paysan et l'ouvrier libres de France ne le sont, sous MM. le baron Charles Dupin et Jollivet, législateurs, l'un pair de France, et l'autre député de Rennes, tous deux soutenant le maintien de l'esclavage des noirs et ne faisant aucune proposition aux chambres, comme ils en ont le droit, en faveur de leurs compatriotes, paysans et ouvriers de France, pour améliorer leur condition avouée, par eux législateurs, inférieure à celle de l'esclave. Est-ce que par hasard le paysan et l'ouvrier ne paient pas..... l'impôt?

Ce qui ne laisse pas de nous surprendre, connaissant les sympathies bien prononcées de ces messieurs en faveur de l'esclavage, c'est que, déjà au service à gages des colons, ces messieurs n'imitent pas ces esclaves qui, *après s'être sauvés, reviennent solliciter la permission de reprendre leurs fers, et de travailler gratis pour leurs maîtres.* Pourquoi ne sollicitent-ils pas eux aussi la permission de transformer cette espèce de domesticité à laquelle ils se sont voués, en esclavage pur et simple, sans gages, sans autre salaire que la nourriture ou le *samedi blanc*, avec la caze et le jardin, pour se former un pécule? — Pas si bête! vous dira l'honorable M. le baron Charles. Comment! il me faut à moi, à moi seul, douze places rétribuées largement par le trésor, indépendamment de la délégation coloniale, pour n'être pas malheureux comme les paysans et les ouvriers, mes compatriotes; et vous voulez que je sacrifie cela pour le pécule! D'ailleurs je combats le pécule, je n'en veux pas pour le nègre; donc je n'en veux pas pour moi. Je veux bien être au service des colons; mais doucement, mes gages avant tout!

Quant à l'honorable M. Jollivet, il nous répétera ce

qu'il a déjà dit dans une occasion semblable. Apostrophé un jour, à la tribune de la chambre des députés, par l'honorable M. Piscatory, qui en appelait à M. Jollivet luimême, d'avoir à déclarer : « si, dans sa situation de mandataire, de délégué payé par les colons, venant défendre *obligatoirement* leurs intérêts, ses paroles pouvaient conserver une autorité suffisante dans la chambre, et s'il ne voyait rien d'affligeant dans cette situation pour la dignité de la chambre ; » M. Jollivet répondit à cette rude apostrophe : « Alors, que les colons choisissent des délégués créoles ! Le jour où ils pourront se défendre eux-mêmes, j'abdiquerai de grand cœur mes fonctions de délégué. En attendant, je continuerai à les défendre. »

Cette petite digression, Monsieur, n'est pas sans à propos, au moment où messieurs les délégués des colons s'occupent avec tant *de désintéressement et d'indépendance*, du régime et du *bien-être* des esclaves. Mais me voici arrivé aux observations sur ce projet de loi si débattu dans les journaux et qui pourtant est loin de satisfaire les amis de la liberté et de l'abolition de l'esclavage.

Connaissant les colonies, leurs mœurs et leurs habitants, je suis loin de partager l'illusion de ceux qui prétendent que ce projet est un grand pas de fait dans la question, le principe de l'abolition de l'esclavage y étant proclamé.

Comme il ne peut exister de droit contre le droit ; que le droit de liberté est une émanation du droit naturel, et que, par conséquent, le droit de l'esclave à la liberté est inamissible, que m'importe que le principe de l'abolition soit ou non reconnu dans une loi, si en fait on tient en esclavage des hommes comme soi, faits à l'image de Dieu ; qu'on les vende comme de vils animaux ; qu'on les fustige suivant les caprices du maître ; qu'on en use et en abuse, comme ce colon immoral qui, à la Martinique, tortura et maltraita une jeune esclave noire, parce que, par respect pour sa maîtresse, la femme de son maître, comme elle l'a déclaré devant la justice, elle repoussait les attaques de son maître, et ne voulut pas se laisser souiller par cet être dégoûtant, malgré ses mauvais traitements. Que m'importe encore qu'on proclame de grands principes de moralité dans les exposés de motifs et les rapports des projets de loi, si des faits d'immoralité trop connus ne sont pas réprimés et sont, au contraire, tolérés ; si l'on donne des témoignages d'encouragement aux magistrats qui absolvent ou ne condamnent les criminels qui les commettent qu'à une amende dérisoire de 200 francs, tandis qu'on abreuve de dégoûts et d'ennui, lorsqu'ils ne sont pas renvoyés des colonies, les magistrats honorables qui remplissent leurs devoirs, soit en faisant respecter les droits de l'humanité, même dans la personne des *esclaves*, soit en faisant exécuter la loi dans l'application des dispositions qui protégent ces malheureux contre les sévices et les violences des maîtres!

Il est donc vraiment regrettable qu'à l'heure qu'il est, les chambres françaises soient encore appelées à discuter, quoi? un projet de loi *concernant le régime des esclaves;* c'est à dire l'organisation de l'esclavage sur d'autres bases que celles du code noir.

Dans l'article 1er, paragraphe 2, de ce projet de loi, on lit ceci :

« Il sera statué par ordonnance du roi sur le régime disciplinaire des ateliers. »

Savez-vous bien, Monsieur, ce que c'est que ce régime? C'est le régime des *trois piquets;* le régime du fouet, symbole du travail forcé, châtiment disciplinaire qui consiste, aux colonies, à étendre par terre un esclave, quel que soit son sexe, les pieds attachés à un piquet de fer, les deux mains également attachées chacune séparément à deux autres piquets ; le patient, qui, dans cette position, représente un crucifié, est flagellé par l'exécuteur de ce supplice, lequel est armé d'un long fouet, et en frappe la victime, à intervalles mesurés, de vingt-neuf coups à volée. Chaque coup enlève un lambeau de chair, et le sang ruissèle. Cette flagellation meurtrière, ce supplice dégradant s'exécute en public, à nu, sur la femme comme sur l'homme.

Ecoutez, sur ce régime disciplinaire, un colon de la Martinique ; son témoignage n'est pas suspect; il ne sera pas récusé par les délégués; c'est un ancien rédacteur du *Globe :*

« *Vingt-neuf coups de fouet*, telle est la conclusion de
« tous les arrêtés locaux de police ou d'administration
« concernant les esclaves. Ce châtiment est appliqué à
« la geôle, ou *en place publique;* et, malgré sa violence,
« c'est la punition réservée aux petites fautes, *le système*
« *colonial n'admettant pas qu'un nègre puisse avoir raison*
« *contre un blanc.* Ni les femmes, ni les vieillards ne
« sont à l'abri de ce rude supplice. »

Voilà, Monsieur, ce que l'on entend par le régime disciplinaire des ateliers aux colonies ; ajoutez les accessoires, tels que le *cachot, le cep, le bloc, les fers, le carcan à branches*, et autres instruments de supplices inventés à l'usage des esclaves, pour le régime disciplinaire des ateliers.

C'est donc sur ces instruments de torture qu'on demande un vote à la chambre, pour que le roi puisse y statuer par ordonnance. Ce n'est pas pour les supprimer, ces tortures, car on l'eût dit; mais c'est pour les réglémenter, les organiser avec la sanction législative.

C'est là, il faut en convenir, un excellent moyen de civilisation pour l'esclave; c'est une bonne préparation pour son *instruction religieuse et élémentaire.*

Dans le même article qui dispose, paragraphe 4, sur le mariage des esclaves, il y est dit qu'un décret colonial règlera les moyens de réunir, soit le mari à la femme, soit la femme au mari, dans les cas de mariage entre esclaves appartenant à des maîtres différents.

C'est une fort bonne chose que cette réunion des époux; elle est toute morale; mais elle ne se fera pas sans de grandes difficultés. Aussi la loi laisse-t-elle au conseil colonial le soin de trancher le nœud gordien; ce qui n'est pas trop facile dans une société à esclaves. L'honorable rapporteur du projet de loi, à la chambre des pairs, a répondu ceci à mon objection: « Le conseil colonial autorisera le rachat de l'esclave de celui des deux maîtres qui ne voudra pas consentir au mariage de son esclave. »

Je conçois parfaitement que la toute-puissance de la loi intervienne pour imposer silence à l'intérêt privé, devant les exigences de la morale et de l'humanité; je conçois dans ce cas l'expropriation, le rachat forcé; le conseil colonial autorisera ce rachat, et le maître qui s'opposerait au mariage de son esclave sera contraint de vendre l'un des époux à l'autre maître qui consent au mariage et veut acheter pour opérer la réunion des deux époux.

Mais le cas se présentera plus fréquemment où les deux maîtres seront disposés à vendre, et ne voudront pas ou ne pourront pas acheter, faute d'argent; que fera alors le conseil colonial en présence de cette *bonne disposition* des maîtres en faveur du mariage de leurs esclaves? Obligera-t-il à acheter celui qui veut vendre, qui consent au rachat, mais qui ne peut ou ne veut acheter? Vous voyez dès lors dans quel embarras vous placez le conseil.

Obligez-moi de vendre, lui dira-t-on; vous en avez le droit, comme en cas d'utilité publique; mais m'obliger d'acheter, vous n'en avez pas le droit; cela ne s'est jamais vu.

Vous voyez dès lors que le mariage est impossible dans l'état d'esclavage.

L'article 4 du projet de loi accorde à l'esclave le droit de posséder des choses mobilières, mais à la charge de justifier de la légitimité de l'origine de ces objets, sommes ou valeurs.

M. le comte Beugnot avait proposé un amendement à la Chambre des Pairs, tendant à la suppression de cette justification ; il est à regretter que cet amendement n'ait pas passé, et que la disposition de la loi prive l'esclave du bénéfice de l'article 2279 du code civil. Avec toutes les restrictions du projet de loi, et l'intervention, à tout propos, du conseil colonial, il sera impossible d'atteindre le but auquel on veut arriver. Si l'on veut améliorer et entrer dans une voie de progrès, avant l'affranchissement définitif, il faut entrer franchement dans cette voie, et ne pas faire de réserve quant à la manière de posséder et à la possession elle-même. Puisque, en fait de meubles, la possession vaut titre, ce titre doit suffire à l'esclave comme il suffit aux autres hommes.

L'article 5 du projet de loi autorise le rachat forcé. Non seulement le prix du rachat n'est pas fixé dans la loi, mais il est laissé à l'arbitraire d'une commission composée du président de la cour royale, d'un conseiller de la même cour et d'un membre du conseil colonial.

Avant de m'expliquer sur les dispositions accessoires de cet étrange article, je vais discuter le principe même du rachat forcé laissé à la charge de l'esclave.

D'abord, entre le maître et l'esclave, il ne peut pas être question d'indemnité. Et cependant ici, l'on veut que ce soit l'esclave qui indemnise son maître par le prix du rachat de sa liberté. En bonne justice, ce serait le maître qui devrait une indemnité à l'esclave en l'affranchissant, pour réparation de la violence physique et morale qu'il a exercée contre lui.

Quant au principe de l'indemnité, il ne peut être débattu qu'entre la société française et les propriétaires coloniaux. L'esclave doit être en dehors de ce marché; car sa personne qui a été volée et vendue contre la loi divine, l'a été sans son aveu, sans sa participation. Les acquéreurs et vendeurs ont traité réciproquement un marché nul et de mauvaise foi; les uns en vendant une *chose* volée, les autres en achetant cette *chose* volée. La liberté de l'homme ne pouvant se vendre ni s'acquérir, puisqu'elle existe à tout jamais, partout et pour tous, le malheureux qu'on réduit en esclavage ne la perd pas plus sous le fouet d'un colon, que ce colon ne l'achète à beaux deniers comptant. Cette façon de l'acquérir porterait plus d'atteinte à son principe que les violences matérielles qui la font perdre de fait, celles-ci laissant le droit intact. Donc la disposition de l'indemnité du rachat à la charge de l'esclave est une disposition immorale qui doit disparaître d'une loi française.

Maintenant sur les dispositions accessoires qui laissent à une commission composée de magistrats le droit de fixer le prix du rachat, pour chaque cas où ce prix ne sera pas convenu amiablement entre le maître et l'esclave, j'y vois surgir une foule d'entraves et de difficultés. Je puis citer d'abord, la composition même de cette commission où sont appelés *des magistrats* et des membres du conseil colonial.

Nul n'ignore que le personnel actuel de la magistrature coloniale est composé en majorité de créoles ou de colons propriétaires d'esclaves, presque tous opposés à l'émancipation; et que les membres des conseils coloniaux sont les plus grands adversaires de toutes réformes, de tous progrès aux colonies.

A l'égard de la magistrature des colonies, j'ai déjà exprimé une opinion très peu flatteuse sur quelques-uns de ses membres à M. le ministre de la marine, et dans la lettre à M. le rapporteur de ce projet de loi à la chambre des pairs. Ce que j'ai dit et que je maintiens ici ne peut être taxé d'exagération, car aux colonies tous les partis sont d'accord sur la conduite de ces magistrats qui font peu d'honneur à leur corps.

Voici à ce sujet ce qu'on lit dans un discours prononcé au conseil des colons de la Martinique, le 10 décembre 1844. Ce discours est de M. Huc, l'un des membres, disent ses amis, *le plus considérable* de ce conseil. Les opinions de M. Huc sur l'esclavage des noirs ne sont pas les miennes, bien entendu; et je dois, en m'appuyant ici de son opinion sur la magistrature coloniale, faire observer la différence qui existe d'ailleurs entre nous. — C'est M. Huc qui a entrepris de justifier l'esclavage par le droit divin, et qui trouve cette institution profondément religieuse, parceque Dieu a permis, dit-il, qu'elle existât sur la terre. Ce doit être, sans doute, à cause de cette opinion sur l'esclavage des noirs, que le sieur Huc est réputé, parmi ses amis, *le plus considérable* de sa compagnie. *Ab uno disce omnes.*

Mais laissons là M. Huc, avec son droit divin de l'esclavage, et écoutons-le sur la magistrature coloniale.

« Ceux des magistrats contre qui avaient dû s'élever « nos justes plaintes, sûrs que le résultat ne serait pour « eux qu'une recrudescence de faveurs, qu'une aug- « mentation de grades et de salaires, se sont efforcés de « les mériter tous les jours davantage. Ils ont porté si loin « l'oubli de toute mesure, de toute décence, de toute « pudeur, que les représentants du pays ont dû faire de

« leurs actes journaliers l'objet d'une enquête, qui, sans « doute, ne manquera pas d'embellir le dossier de cha« cun d'eux au ministère; mais qui livrée, comme elle va « l'être, à la publicité, achèvera sans doute aussi de leur « assigner la place qu'ils doivent occuper dans l'opinion « de ceux pour qui la sainteté de la justice, la dignité, « l'honneur du magistrat, ne sont pas de vains mots. »

Vous jugerez d'après cela, Monsieur, s'il ne serait pas prudent de ne point confier aux magistrats actuels le soin de statuer en dernier ressort sur le prix du rachat des esclaves.

Le dernier paragraphe de l'article 5, dispose ainsi :

« En cas de crimes et délits envers son ancien maître, « les peines prononcées contre l'affranchi ne pourront « jamais être moindres du double du minimum de la « peine qui serait appliquée si le crime ou délit était « commis envers un autre individu. »

Ici on voit encore le même esprit qui a présidé à la rédaction de ce projet de loi. C'est toujours la négation absolue du droit de l'homme dans la personne du noir esclave. On veut qu'il se souvienne qu'il a été esclave; qu'il a subi la loi du plus fort. Cependant, « *il y a une loi fondamentale contre laquelle tout ce qui se fait est nul de soi.* » S'il n'en est pas ainsi, alors pourquoi s'arrêter en chemin? pourquoi ne pas ajouter au projet de loi le paragraphe suivant ;

« Il sera rétabli sur la patente de liberté délivrée à l'esclave affranchi, afin qu'il n'oublie pas le respect qu'il doit à son maître, la prescription qui y était insérée avant la révolution de juillet, et sur laquelle reposent les principes constitutifs du régime colonial : « *Lui recom-« mandons le respect aux blancs et un dévouement sans « bornes à la colonie.* »

Ce qui veut dire, *respect aux blancs* et *dévouement aux blancs*, car par le mot *colonie* les colons entendent les blancs à l'exclusion du pays.

Je vous assure, Monsieur, qu'une telle disposition ne serait ni plus choquante, ni plus absurde que tout le reste du projet; car, puisque l'on reconnaît que l'esclavage est un mal, par cela seul il doit être proscrit par tout bon gouvernement. Or le remède proposé par le projet de loi ne détruit pas le mal, et il ne peut être comparé qu'aux spécifiques des charlatans.

Contre tout droit, contre toute équité et justice, pourra dire au législateur le noir, esclave-affranchi. — Contre tout droit, vous m'avez dépouillé de la dignité d'homme, dégradé à l'égal de la bête, en me faisant l'esclave de mon semblable. Contre toute équité, vous avez brisé les ressorts de mon âme ; vous avez cherché à étouffer en moi tout sentiment, et vous n'avez réussi qu'à demi, bien que vous m'ayez privé de toutes lumières, mêmes des lumières de la religion ; vous avez souffert que je fusse abruti, plongé dans les ténèbres, pour que je ne sentisse pas l'état avilissant où j'étais tenu. Mais tout à coup, saisi par un remords de conscience, vous vous êtes rappelé que je suis *homme* ; que, comme homme, je procède du père commun de tous les hommes, avec vous, avec celui dont vous avez permis, contre toute justice, que je fusse l'esclave. Alors vous m'avez rendu à la liberté, tout mutilé par les fers de l'esclavage ! Et, en me réintégrant dans mes DROITS, vous me condamnez encore en quelque sorte à un autre esclavage ! Car, vis-à-vis du maître qui m'a abruti, qui a souillé ma femme et mes filles, vous me placez vis-à-vis de cet homme dans la position du forçat libéré qui a subi sa peine, et qui rentre dans la société qu'il avait outragée. Quel crime ai-je donc commis envers cet homme monstre, dont j'ai été l'esclave ? Envers cet homme qui m'a doublement déshonoré, moi et les miens, pour que je sois doublement coupable et frappé, en cas de crimes ou délits envers lui, de la peine des repris de justice ! c'est à dire du double de la peine qui me serait appliquée, si, par exemple, manquant de reconnaissance, puisque vous n'avez pas permis, qu'esclave on m'éclairât l'esprit, on me dirigeât le cœur vers le bien, je me rendais coupable, du même crime ou délit, envers un bienfaiteur qui m'aurait éclairé l'esprit, formé le cœur, et m'aurait en outre aidé de sa bourse pour sortir de l'esclavage ! Est-ce ainsi, législateur, que vous entendez me civiliser, me moraliser, m'instruire et me prouver votre supériorité sur ma race ? Votre loi, dites-vous, est une loi politique ! Mais vous est-il donc impossible d'appliquer la morale à votre politique ? Et la justice doit-elle être bannie éternellement de votre politique ?

C'est encore ce qui semble découler de l'article 9 du projet de loi.

« Art. 9. Tout maître qui aura infligé à son esclave un « traitement illégal, ou qui aura exercé ou fait exercer « sur lui des sévices, violences ou voies de fait, en dehors « des limites du pouvoir disciplinaire, sera puni d'un « emprisonnement de seize jours à deux ans, et d'une « amende de 101 francs à 300 fr., ou de l'une de ces deux « peines seulement.

« S'il y a eu préméditation ou guet-apens, la peine sera « de deux ans à cinq ans, et l'amende de 200 fr. à « 1000 fr. »

Cet article comme vous voyez, est en parfaite harmonie avec le paragraphe de l'article 5, dont nous venons, plus haut, de transcrire le texte.

Ainsi l'affranchi qui se rend coupable envers son ancien maître, celui qui a été son bourreau pendant toute sa jeunesse, est doublement coupable, et doit être puni du double de la peine qui lui serait applicable s'il se fut rendu coupable d'un crime quelconque envers un autre individu.

Et le maître qui exerce sur son esclave des *sévices* ou des *violences* en dehors du droit qu'il a d'exercer sur cet esclave *certains sévices* et *certaines violences*, n'est coupable qu'envers le fisc, et passible d'une amende de 101 f. à 300 fr., s'il dépasse les violences et les sévices qui lui sont permis!

S'il y a eu guet-apens, le maître paiera 200 f. à 1,000 f., et continuera de garder en son pouvoir cet esclave, sur la personne duquel il pourra renouveler les sévices et les violences que lui permet *le régime disciplinaire des ateliers!*

Ainsi, s'il sait se modérer, se renfermer dans les limites du pouvoir disciplinaire, le fisc n'aura rien à lui demander, satisfait qu'il sera de la première amende ; et la société coloniale, et l'humanité coloniale tout entière, seront satisfaites aussi ; quant à la peine de l'emprisonnement, ce sera une vaine menace, une faculté laissée à la convenance des juges-colons et possesseurs d'esclaves qui distribuent la justice aux Colonies au nom du Roi des Français.

Mais le pauvre esclave, auquel un maître cruel aura crevé un œil, cassé un bras ou une jambe, auquel il aura fallu faire l'amputation d'un membre, n'aura aucune indemnité ; rien ne lui sera dû par ce maître, parce qu'un maître ne peut être coupable de quoi que ce soit envers son esclave, « *le système colonial n'admettant pas qu'un nègre puisse avoir raison contre un blanc.* »

Et lorsque cet esclave aura obtenu sa liberté ; lorsqu'il se sera racheté de l'esclavage avec un pécule amassé à grand'peine ; lorsqu'il se sera dépouillé de son dernier sou au profit de son maître, en échange d'une liberté qui lui avait été volée, l'article 16 du projet de loi en discussion lui viendra dire : — « Halte-là, esclave affranchi. Quels sont tes moyens d'existence? As-tu un engagement de travail avec un propriétaire rural? De qui es-tu domestique? Justifie l'une ou l'autre de ces trois choses, sinon tu vas travailler dans un atelier colonial, qui te sera indiqué par l'autorité administrative, représentée pour le quart d'heure par ton ancien maître, M. Bruno, et par quelques autres de ses amis. Réponds,

— « Mes moyens d'existence, je les avais gagnés ; mais en vertu de la loi sur le rachat forcé, qui oblige le maître de vendre son esclave, je me suis racheté ; et j'ai été forcé moi-même, pour avoir ma liberté, de donner à mon maître, qui était forcé de me vendre, tout ce que je possédais d'argent ; encore m'a-t-il fallu emprunter d'un de mes camarades ce qui me manquait pour compléter la somme. M. Londe, M. Selles, magistrats, et M. Delhorme, membre du conseil des colons, qui sont les amis de mon ancien maître, m'ont estimé plus que je n'avais d'argent. J'ai tout payé : maintenant je suis libre, mais j'ai le bras gauche luxé, par suite des mauvais traitements de mon ancien maître. Pourtant je travaille de mon mieux, quand je ne souffre pas trop, et quand je peux ; je fais aujourd'hui pour moi-même, ce que je faisais pour mon maître ; je gagne ma vie, je n'ai pas d'autres moyens d'existence.

— « Tout cela est bel et bon, mais ne répond pas à l'article 16. Affranchi, sais-tu lire ?

— « Non, Monsieur, mon maître m'avait défendu d'apprendre ; il me faisait fouetter quand il me voyait causer avec un mulâtre. — Eh bien ! écoute :

« Article 16. Tout individu âgé de moins de soixante « ans, qui ne justifiera pas, devant l'autorité administra-« tive, de moyens suffisants d'existence, ou bien d'un « engagement de travail avec un propriétaire ou chef « d'entreprise industrielle, ou bien de son état de domes-« ticité, sera tenu de travailler dans un atelier colonial « qui lui sera indiqué.

« En cas de refus de déférer à cette injonction, il « pourra être déclaré vagabond, et puni comme tel, dans « chaque colonie, suivant les lois qui y sont en vi-« gueur. »

Vous voyez, Monsieur, que cet article 16 change toutes les lois existantes ; la loi sur le vagabondage ne peut suffire au régime colonial. Digne corollaire de tout ce qui précède, cet article va donner une nouvelle force aux préjugés des blancs. Eh ! disons-le sans détours, cet article contient essentiellement tout le germe de ce vieux système d'oppression de l'aristocratie de la peau, qui se meurt, et que, par mille voies indirectes, on s'efforce de rajeunir et de rappeler à la vie. J'y vois une arme entre les mains des blancs pour opprimer les hommes d'une autre race, pour en faire de nouveaux parias, malgré la loi qui a rétabli l'égalité entre tous les hommes libres.

Ne croyez pas, Monsieur, que ce soit ici, de ma part, des craintes exagérées, des suppositions nées d'un esprit soupçonneux. Ce changement aux lois existantes n'était pas dans le projet du gouvernement présenté à la Chambre des pairs. Ce changement ne se trouvait pas non plus indiqué aux amendements proposés, dans le premier rapport, du 3 juillet 1844, de la commission de la Chambre des pairs. Ce n'est qu'après coup, et par suite de certaines influences trop connues, qu'il a été introduit dans le rapport supplémentaire, présenté par la commission de la chambre des pairs, le 3 mars 1845.

Ce qui justifie mes prévisions, c'est la précaution oratoire employée par l'honorable rapporteur de la chambre des pairs, pour justifier le changement introduit dans les lois existantes. Cette précaution était inutile si cet article 16 n'avait pas pour objet, pour but principal, d'opprimer les seuls affranchis nouveaux, anciens, ou leurs descendants à quelque degré que ce soit.

« Ce n'est pas, a dit l'honorable rapporteur de la chambre des pairs, ce n'est pas une loi d'exception contre une classe, car *toutes les classes d'habitants* y seront assujetties. »

Je dis, moi, que c'est une loi d'exception, et que toutes les classes d'habitants n'y seront pas assujetties; qu'on persuadera difficilement aux hommes de bonne foi, qui connaissent les Colonies, que cette loi atteindra le moindre *petit blanc*, quelque petit qu'il soit dans l'échelle sociale; ce ne sera jamais un *petit blanc* qui sera envoyé à l'atelier colonial; ce sera toujours, le mulâtre ou le noir, *même domicilié*, et ayant *un domicile certain*; et qui, se trouvant momentanément sans travail, se sera pris de querelle précisément en ce moment, avec un de ces *petits blancs*, sans *domicile certain*. Celui-ci sera envoyé... dans un bureau de l'administration coloniale. Le nègre ou le mulâtre sera envoyé à l'atelier colonial.

Encore une fois, il ne faut pas se faire illusion, ni s'abuser: la précaution oratoire de l'honorable rapporteur de la chambre des pairs prouve en faveur de l'opinion que j'émets ici. Cette opinion a dû être débattue dans la commission; sans cela le rapporteur se serait abstenu de dire : *toutes les classes d'habitants* puisque la loi est censée faite pour tout le monde. Il est remarquable qu'on a évité, partout, dans le rapport, comme dans les amendements de la commission, sur tous les autres points et sur les articles de ce projet de loi, de dire une seule fois; *toutes les classes d'habitants*. Ces mots ne se trouvent dans la loi que précisément là où, dans son application, il sera fait exception en faveur d'une classe.

Le passé doit nous servir d'expérience; il ne justifie que trop, malheureusement, nos appréhensions.

C'était aussi une loi, si je ne me trompe, que le code

noir de Louis XIV. Les articles 57 et 59 de ce code disposaient ainsi ;

« Art. 57. Déclarons l'affranchissement fait dans nos « îles *tenir lieu de naissance, et les esclaves affranchis* n'a« voir besoin de nos lettres de naturalité, pour jouir de « l'avantage de nos *sujets naturels du royaume*, encore « qu'ils soient nés dans les pays étrangers.

« Art. 59. Octroyons aux affranchis les *mêmes droits*, « *privilèges et immunités* dont jouissent les personnes li« bres ; voulons que le mérite d'une liberté acquise pro« duise en eux, tant pour leurs personnes que pour leurs « biens, les mêmes effets que le bonheur de la liberté « naturelle cause à nos autres sujets. »

Eh bien, qu'est-il arrivé ? N'en a-t-on pas fait une loi d'exception dans son exécution ? Pendant des siècles, les blancs seuls n'ont-ils pas joui aux Colonies, de ces avantages, de ces droits, de ces privilèges, de ces immunités, à l'exclusion des affranchis et de leur descendants ? A quelles terribles extrémités, mais nécessaires, n'a-t-il pas fallu arriver à Saint-Domingue, pour que les affranchis de cette ancienne colonie française parvinssent à jouir à leur tour des droits, des privilèges et des immunités que la nature, avant le code noir, leur avait reconnus comme aux blancs !

Vous voyez, Monsieur, que l'exemple du passé n'a pas profité ; les Colonies sont aujourd'hui ce qu'elles étaient il y a cinquante ans : les maîtres avec leur domination, les esclaves avec leurs fers ! Et puis, la France tricolore, discutant un projet de loi qui maintient l'esclavage, l'esclavage que la France du drapeau blanc avait établi aux Colonies, il y a plus de deux siècles, comme le moyen le plus sûr de faire chrétiens les noirs, c'est à dire *de sauver leur âme, et de leur procurer le paradis, en leur faisant essuyer ici-bas toutes les tortures de l'enfer.*

Un tel état de choses peut-il toujours durer ? N'est-il pas à craindre que les mêmes causes ne produisent ailleurs les mêmes effets, et que cet article du projet de loi, qu'on peut considérer comme un fléau contre la tranquillité des colonies, ne serve d'instrument aux uns pour opprimer, aux autres de légitimes motifs pour repousser l'oppression ? Car enfin la résistance à l'oppression est un droit émané de Dieu.

Il y a tout à redouter, tout à craindre avec le système qui domine aux colonies. Veuillez donc, je vous prie, Monsieur, en attendant que la toute-puissance divine, illuminant les chambres françaises, leur fasse reconnaître que l'esclavage est une chose hideuse et détestable, qu'elles doivent s'empresser d'abolir à tout jamais, puisque déjà elles ont déclaré criminelle, dans une loi, la traite des noirs, ce commerce d'hommes qui se fait aux colonies, puisque l'esclavage y existe, qui s'y fera sous la protection d'une loi autorisant le rachat forcé ; en attendant que les chambres fassent cette grande chose, veuillez, Monsieur, formuler une proposition dans ce sens, ou au moins proposer des modifications au projet de loi, de manière à ce que l'esclave y trouve une amélioration dans son état.

Pour cela, Monsieur, combattez de toutes vos forces cette funeste influence de ceux qui veulent et demandent, en dépit du bon sens et de la raison, le concours des conseils coloniaux pour arriver à la solution de l'abolition de l'esclavage.

Rappelez à la chambre les diverses protestations de ces conseils coloniaux contre tout progrès, contre toutes améliorations. Rappelez à la chambre que ces conseils ont déclaré, dans leurs adresses au gouvernement et à la France, — à la France à laquelle ils ont jeté le défi, — que L'ABOLITION DE L'ESCLAVAGE EST IMPOSSIBLE !

Dites à ceux qui se laissent souffler aujourd'hui par les défenseurs à gages du système colonial, qu'ils s'abusent et abusent le pays en accréditant cette opinion, que les conseils coloniaux ne manqueront pas de faire, si on réclame leur concours, tout ce qui peut concilier les intérêts des maîtres et des esclaves, afin d'arriver à un résultat satisfaisant pour tous.

Dites bien, Monsieur, à la chambre, à la France, que le néant d'un pareil espoir ne peut être douteux que pour ceux qui ne connaissent pas les invincibles préjugés que la souveraineté domestique a inspirés à presque tous les possesseurs d'esclaves ; et que le pouvoir législatif *seul* peut opérer la grande réforme sociale de l'abolition de l'esclavage aux colonies.

Je vous prie d'agréer, Monsieur, mes très humbles salutations.

BISSETTE.

Post-Scriptum. Dans son éloquent discours, sur l'abolition de l'esclavage, prononcé à la séance de la chambre des pairs, le 3 avril dernier, M. le comte Beugnot rappelait plusieurs faits de résistance et d'actes de protestation des colons, contre l'ordonnance du 5 janvier 1840, desquels il résulte que les lois sur le patronage des esclaves et sur la visite des habitations sont aux Colonies à l'etat de lettre morte. M. le ministre de la Marine se leva et demanda à l'orateur la permission de l'interrompre pour un moment.

« Je craindrais, a dit M. le Ministre, que la chambre « s'arrêtât d'une manière trop absolue sur les exemples « que cite, et avec une parfaite autorité, M. le comte « Beugnot. Ces exemples se sont produits dans les *pre-* « *miers moments* de la promulgation des ordonnances sur « le patronage des esclaves et au moment où elles trou- « vaient des maîtres étonnés de voir s'établir un régime « pareil, et dans des magistrats, *de jeunes magistrats*, des « personnes *qui apportaient à l'accomplissement de leurs* « *obligations plus de zèle que de prudence.*

« Mais ce que je veux dire à la chambre, et c'est pour « cela que j'ai demandé à l'honorable comte Beugnot la « permission de l'interrompre, c'est qu'il ne faudrait pas « croire que la société coloniale est dans cet état de bou- « leversement, de crise qu'indiqueront les citations. « Voici le fait que je voudrais produire à la chambre : « Les *correspondances qui nous arrivent des Colonies* (*je les* « *ai ici dans mon portefeuille;* j'ai celles de M. Mathieu, « à la date d'un mois), *prouvent que les dispositions sur le* « *patronage* ont fait de tels progrès, qu'elles ont été sui- « vies de telles mesures d'ordre, *que les maîtres s'y sont* « *soumis;* qu'elles sont exécutées par les magistrats avec « une telle prudence, que *les dernières inspections faites* « *sur tous les points de la Martinique se sont passées à la* « *satisfaction des maîtres comme à la satisfaction des ma-* « *gistrats qui étaient chargés de les faire.* »

Certes, voilà, je crois, une affirmation positive; M. le Ministre possède dans son portefeuille la preuve de ce qu'il avance, et cette preuve ressort de la correspondance même de M. Mathieu, gouverneur de la Martinique, à la date d'un mois.

Que répondre à une telle affirmation, appuyée de telle preuve, lorsqu'on a cité, soi-même, des faits vrais, existants encore à la date indiquée, précisément par le ministre?

Sinon que le ministre n'est pas exactement renseigné par ses agents, ou qu'il cache lui-même la vérité, qu'il déclare posséder dans son portefeuille.

C'est ce que je vais démontrer.

L'honorable M. le comte Beugnot, ayant demandé après cette interruption de M. le ministre de la marine, à continuer son discours à la séance suivante; le lendemain 4 avril, il répondit dans ces termes, à M. le baron de Mackau, ministre de la marine :

« Lorsque hier la séance a été levée, je finissais de dé- « montrer que les actes, soit du pouvoir législatif, soit « du gouvernement, qui ont eu depuis trente ans pour « objet l'amélioration de l'état des colonies, avaient pro-

« duit un effet tout à fait contraire à celui que l'on en at-
« tendait, par cette raison, que l'esclavage ne se corrige
« pas, et que la seule manière de l'améliorer est de le
« supprimer.

« Je vais maintenant passer à des explications particu-
« lières sur quelques-unes des idées que j'ai exprimées,
« et que je n'ai pu indiquer que d'une manière générale.
« Mais avant tout, qu'il me soit permis de revenir sur un
« incident qui a marqué la fin du discours que j'ai eu
« l'honneur de prononcer devant vous.

« J'avais établi que l'ordonnance du 5 janvier 1840, re-
« lative au patronage, avait rencontré, et probablement
« rencontrait encore une grande résistance dans la vo-
« lonté des colons. M. le ministre de la marine s'est levé
« et a fait observer à la chambre que cette résistance était
« naturelle à une époque où les colons et les magistrats
« étaient encore inhabitués à la mesure nouvelle qui ve-
« nait d'être établie; et le ministre a ajouté qu'il avait
« dans son portefeuille des rapports récents des procu-
« reurs généraux des colonies, qui constatent qu'en ce
« moment l'opération du patronage s'exécute sans ren-
« contrer d'opposition, et aux applaudissements com-
« muns des maîtres et des esclaves.

« Si M. le ministre de la marine a en effet dans son
« portefeuille tous les rapports qui sont récemment arri-
« vés des colonies, il doit en posséder un qui émane de
« M. Chevalier, procureur du roi à la Martinique, et qui
« est adressé à M. le procureur général de cette colonie,
« *à la date du mois de février* 1845. Je ne pense pas qu'il
« soit venu des Colonies aucun acte d'une date plus ré-
« cente. Eh bien, dans ce rapport se trouve la preuve des
« faits d'une résistance obstinée qui a été opposée par un
« colon du nom de Bruno, à l'exécution de l'ordonnance
« relative au patronage sur son habitation.

« Je ne citerai point toutes les particularités de cette
« regrettable affaire; je ne rapporterai qu'un seul mot,
« qui suffira pour faire connaître à la chambre l'opinion
« que se sont formée les colons sur le mérite de l'ordon-
« nance du 5 janvier 1840. Le procureur du roi demande
« à cet habitant :

« Voulez-vous, il en est temps encore, me prêter votre
« concours et me donner les renseignements nécessai-
« res? — Non, Monsieur, faites ce que vous voudrez;
« vous avez pour vous la force; je ne puis y résister. —
« Ce n'est pas avec la force, répond le procureur du roi,
« que j'ai demandé à visiter votre habitation; je vous ai
« parlé d'abord de mon droit fondé sur la loi. — Votre
« loi est une loi infâme. »

A cette réplique de M. le comte Beugnot, à laquelle sans doute ne s'attendait pas M. de Mackau, M. le ministre de la marine s'est vivement agité sur son banc, n'a rien répondu, et il continue encore à garder le silence le plus profond sur ce fait de résistance, qui a produit plus d'un scandale à la Martinique.

Voici du reste un extrait de ce rapport, qui prouve que les renseignements de M. le comte Beugnot (qui n'ont plus été contestés par M. le ministre de la marine), sont d'une parfaite exactitude, et que les lois sus-citées ne s'exécutent pas à la Martinique sans une vive opposition de la part des propriétaires d'esclaves.

RAPPORT DE M. CHEVALIER,

SUBSTITUT DU PROCUREUR DU ROI AU FORT-ROYAL,

A Monsieur le procureur général du roi de la Martinique,

Février 1845.

« MONSIEUR LE PROCUREUR GÉNÉRAL,

« La mission que je viens de remplir était délicate et difficile. Il était à craindre qu'une protestation récente et solennelle (1), réveillant des passions qui sommeillent, produisît le désordre, la résistance à la loi.

. . . .

« Le seul obstacle sérieux qui m'ait été opposé, et sur lequel, Monsieur le procureur général, je dois appeler vivement votre attention, non seulement dans l'intérêt de la loi outrageusement méconnue, mais encore dans l'intérêt des officiers du ministère public qui tiennent tous à conserver la dignité de leur caractère, cet obstacle, je l'ai trouvé sur l'habitation La Marly aux héritiers Bayardelle. M. Delhorme, conseiller colonial, est l'un de ces héritiers.

(1) L'adresse du conseil colonial à M. Mathieu, gouverneur (6 décembre 1844), où il est dit : « L'ordonnance du 5 janvier 1840, attentatoire « aux droits du maître, n'a dû paraître aux conseils coloniaux que l'in- « terposition inutile d'un magistrat amovible et *stipendié* entre le colon « et l'esclave ; elle a inspiré à celui-ci l'idée de l'insubordination, à l'au- « tre le sentiment d'une défiance restrictive de ses meilleures intentions. « En présence de ces faits, sous le coup d'une persécution décorée des « titres pompeux *d'amélioration et progrès*, que pouvaient, que devaient « faire les colons ? Leur devoir était la résistance, et le conseil colonial « de la Martinique n'a point failli à cette obligation de son mandat. »

« C'était le lundi 3 février, huitième jour de mon arrivée dans la commune du Lamentin, à l'heure de midi. Je me présentai, accompagné d'un guide, sur l'habitation La Marly, et, m'adressant à l'économe Charles, qui lisait un journal dans la galerie au devant de la maison du maître. Je lui demandai à parler au géreur de l'habitation. — L'économe me répondit que M. Bruno dormait. — Je le priai de lui faire savoir qu'un substitut de M. le procureur du roi venait visiter l'habitation et lui demander son concours. — Je ne puis me permettre d'éveiller M. Bruno, dit encore l'économe; il faut que vous attendiez son réveil. — Mais M. le procureur du roi vous invite à prévenir M. Bruno de sa présence. — Je n'en ferai rien.

« A cet instant, une servante qui était auprès de l'économe courut vers un pavillon voisin, en me disant qu'elle allait prévenir M. Bruno. — La réponse que cette femme me rapporta fut celle-ci : M. Bruno est malade; il vous attend dans sa chambre.

« Introduit dans le pavillon du géreur, je vis M. Bruno; enveloppé d'une robe de chambre, il était étendu sur un canapé et lisait un journal. — Je venais à peine de décliner l'objet de ma visite, que M. Bruno, quittant la position qu'il occupait et se mettant debout, me déclara qu'il se refusait à l'exercice du droit que je prétendais avoir et ne répondrait à aucune des questions que je pourrais lui adresser. — Mais, Monsieur, lui dis-je, votre opposition à l'exercice d'un droit écrit dans les anciens édits, rappelé par l'ordonnance du 5 janvier 1840, qui s'appuie elle-même sur la loi de 1833, est compromettante pour les intérêts du maître, et je crois devoir vous engager à ne pas persister. — *J'ai reçu des instructions de M. Dethorme;* employez la violence...

« Ne pouvant triompher de la force d'inertie qui m'était opposée, je me retirai en déclarant au géreur que j'allais revenir avec la gendarmerie pour assurer l'obéissance à la loi.

« Je venais de faire quelques pas, lorsque, dans l'intention d'amoindrir autant que possible l'effet moral que la présence de la gendarmerie pourrait produire sur l'esprit des esclaves, je m'adressai de nouveau au géreur et lui demandai si la présence d'un seul gendarme serait suffisante pour qu'il se considérât comme obligé à me laisser visiter l'habitation et à me donner les renseignements nécessaires. — Venez avec deux, trois ou quatre gendarmes, cela importe peu, répondit M. Bruno; vous n'en obtiendrez pas davantage. — Je me retirai alors et je requis immédiatement l'assistance de la gendarmerie. — La Marly est à une distance du bourg telle que moins de vingt minutes suffisent pour parcourir cette distance; aussi me fut-il possible de me représenter sur cette habitation avec la force armée vers une heure après midi.

« M. Bruno n'était pas dans sa chambre; il se promenait dans la galerie où j'avais d'abord rencontré l'économe. Je mis pied à terre avec les quatre gendarmes en face de cette galerie. M. Bruno fit semblant de ne pas m'apercevoir; je fus à lui; M. Bruno ne s'arrêta point et, continuant sa promenade, il ne me répondit que lorsque, arrivé à l'extrémité de la galerie, il ne lui fut plus possible de m'éviter. — Me voici de retour avec la gendarmerie, dis-je aussitôt à M. Bruno; voulez-vous, il en est temps encore, me prêter votre concours et me donner les renseignements nécessaires. — Non, Monsieur; faites ce que vous voudrez: vous avez pour vous la force; je ne puis résister. — Ce n'est pas avec la force que j'ai demandé à visiter votre habitation; je vous ai parlé d'abord de mon droit fondé sur la loi. — Votre loi est une loi infâme. — Ces expressions sont au moins peu convenables. Où est votre atelier, ou tout au moins quelqu'un à qui je puisse m'adresser? — L'atelier n'y est pas; il est au jardin. — Cependant, Monsieur, il n'est qu'une heure, et les esclaves ne peuvent avoir recommencé une tâche qu'ils ne doivent reprendre qu'à deux heures (1). — Je n'ai rien à répondre. — A ce moment un gendarme me fit remarquer un conducteur de bestiaux qui s'éloignait avec son troupeau. Je donnai l'ordre à ce gendarme de m'amener cet esclave, et je fus moi-même à sa rencontre, pour que la présence du géreur ne l'empêchât pas de répondre à mes questions. — Je lui demandai s'il savait où était l'atelier et s'il y avait un cachot sur l'habitation. — L'atelier, le voilà, me répondit l'esclave en me désignant un champ de cannes que traversaient en ce moment les esclaves; puis, me conduisant auprès d'un pavillon en bois : Là, me dit-il, sont les cachots de l'habitation.

« Je donnai l'ordre à deux gendarmes d'aller chercher le commandeur et quelques nègres de l'atelier, pendant qu'avec les deux autres j'examinai les cachots. Le pavillon où l'on renferme disciplinairement les esclaves de l'habitation présentait, dans la partie qui fait face au pavillon du géreur, deux portes basses assujetties extérieurement par une barre de fer fixée à l'une de leurs extrémités par un cadenas. Sur les parties latérales, je remarquai quelques petits trous carrés, ayant chacun un pouce carré, que je crus d'abord destinés à donner de l'air dans l'intérieur du cachot; mais, ayant sondé ces

(1) Art. 1er, tit. 2, ordonnance du 15 novembre 1785.

trous, j'éprouvai de la résistance et je reconnus qu'ils ne communiquaient point. L'un de ces cachots était vide; le second renfermait un vase de nuit rempli d'excréments, une chemise bleue et une culotte. Ces objets indiquaient suffisamment qu'un esclave venait d'en sortir, et je fus m'informer auprès du géreur du motif qui l'avait déterminé à libérer cet esclave précisément au moment de ma visite. — Cet esclave est sorti du cachot pour aller au travail, répondit le géreur; il a été enfermé à midi; il le sera ce soir, l'heure du repos venue, jusqu'à l'heure où le travail devra recommencer demain. En voilà plus que je ne devrais en dire.

« J'examinai le cachot et, après en avoir déterminé les proportions à vue d'œil (1), je fus au-devant du commandeur et des esclaves. — La première question que j'adressai au commandeur fut celle-ci : Un esclave était au cachot, il n'y a qu'un instant; où est-il? quel est son nom? — Cet esclave s'appelle Félix; il est avec nous au jardin. — Je donnai l'ordre aux gendarmes d'aller le chercher et de l'amener devant moi. — Les deux gendarmes qui furent exécuter cet ordre eurent de la peine à le remplir, l'économe se refusant à livrer l'esclave.

« Lorsque Félix parut, je le vis marcher avec peine; une infirmité grave, une hernie inguinale monstrueusement développée, gênait sa marche; deux gros anneaux de fer, fixés au bas de chaque jambe et réunis par une chaîne la rendaient bien plus pénible encore (2).

« J'interpellai cet esclave en ces termes : Tu es donc un mauvais sujet pour devenir l'objet d'un pareil châtiment? — Non, me répondit-il, mais j'étais gardien des bestiaux, et trois bœufs confiés à ma garde étant venus malheureusement à mourir, le géreur m'a accusé de les avoir empoisonnés. Il a ordonné au commandeur de me donner vingt-cinq coups de fouet, et, pour me soustraire à cet injuste châtiment, j'ai pris la fuite. Mon marronage a duré quatre semaines, à l'expiration desquelles j'ai été saisi sur l'habitation la Place d'armes à M. de Sanois. Depuis lors, il y a aujourd'hui neuf semaines, M. Bruno me tient enchaîné dans l'un des cachots de l'habitation et ne m'en fait sortir que pour me livrer à un travail pénible.

« Me défiant un peu de la sincérité de cette réponse, je m'adressai au commandeur, que la gendarmerie m'avait désigné comme un excellent sujet nouvellement acquis par M. Delhorme, et je lui demandai ce qu'il y

(1) Longueur et largeur 2 mètres; hauteur 1 mètre.
(2) Poids des fers, 3 kilogr. 550 gr.

avait de vrai dans cette déclaration. Le commandeur la confirma sur tous les points, ainsi que les sept esclaves qui avaient été amenés avec lui. Je me rendis ensuite auprès de M. Bruno, pour lui donner connaissance des faits que je venais de constater et recevoir les explications qui auraient pu les rectifier. M. Bruno ne voulut rien entendre, pas même la lecture du procès-verbal (1). Je le signai après l'avoir lu aux gendarmes, qui le signèrent également ensuite. Puis, remettant à deux d'entre eux l'esclave Félix, je leur ordonnai de faire déferrer cet homme et de le conduire à Fort Royal, pour y être tenu à la disposition du procureur du roi, et me dirigeai avec les deux autres gendarmes sur l'habitation Lacajou à M. Levassor de Latouche, pour y exercer le droit de visite qui m'avait été précédemment refusé.

« Il importait, Monsieur le Procureur général, de vous rendre compte de cet incident avec la plus minutieuse exactitude ; car je n'ignore pas que M. Delhorme, prenant prétexte d'un devoir que je venais de remplir, pour décrier l'ordonnance sur le droit de visite, a saisi le conseil colonial de la connaissance de cette affaire, qu'il a présentée comme compromettante pour les droits des propriétaires et l'avenir des colonies. Je ne vous parlerai point du *Mémoire* que le conseil colonial a cru devoir présenter à cette occasion à M. le gouverneur, pour lui demander la répression prompte et sévère d'un *crime de forfaiture* qu'il a découvert dans les faits que je viens de raconter.

« L'estime de tous mes collègues, la justification de tous mes actes si vivement développée par vous, Monsieur le procureur général, devant le conseil lui-même ; la paix de ma conscience, l'emportement de ceux qui m'accusent, tout me dit qu'il y avait sur l'habitation Delhorme un devoir pénible à remplir et que je n'y ai point failli.

« Peu m'importe donc que ce mémoire, reproduit par la lithographie du conseil colonial et répandu dans la colonie, déverse la calomnie pour me flétrir, je resterai impassible, les gens de bien ne s'y méprendront pas !

« Après de tels faits, ai-je besoin de vous dire, Monsieur le procureur général, qu'il est temps de rendre au ministère public sa force et sa puissance, et de préser-

(1) Ce monsieur Bruno, qui a traité si inhumainement ce pauvre noir esclave, est le même qui tua, il y a quelques années, de sept coups de sabre, M. Martin, médecin. On dit tué en duel. C'est, il faut l'avouer, un bien singulier duel que celui où un des adversaires tombe sous le fer de l'autre, percé de *sept* coups de sabre !

ver la dignité de son caractère des moqueuses railleries d'un économe d'habitation. Il faut une sanction pénale pour mettre un terme à ces affligeantes protestations. Tant que la loi pourra être méconnue impunément, elle sera impuissante. La loi qui n'oblige personne, qui n'a point de pénalité pour ceux qui l'outragent, ne saurait commander l'obéissance; elle n'est pas une loi. Au nombre des éléments de moralisation des esclaves, je dois placer en première ligne la religion et le travail. La religion révèle en effet l'existence d'un Dieu qui récompense et punit : c'est elle qui donne la croyance, produit les vérités morales, fait naître les sentiments de la famille.

« Le travail à son tour, développe l'intelligence, aiguillonne la paresse par l'excitation de l'intérêt et laissant à l'activité une libre carrière donne naissance à l'industrie. — Mais pour que la religion pénètre au cœur des esclaves, il faut au moins qu'elle puisse leur inculquer ses dogmes consolants, il faut qu'elle vienne frapper leurs yeux par les pompes, leurs oreilles par ses chants, il faut enfin que les ministres de Dieu puissent aussi leur dire que le travail souvent ingrat et stérile, que la souffrance mêlée à bien peu de joie, sont à peu de choses près, jusqu'à la mort, la condition de tous les hommes. Qui donc pourrait faire entendre ces tristes vérités à des hommes enfants? Le maître! Mais sa vie n'est point une vie d'abnégation et de souffrance, mais il ne peut pas dire à son esclave qu'en exigeant le travail, c'est l'intérêt de celui-ci, non le sien qu'il protège! Aussi ne faut-il point s'étonner de l'état peu satisfaisant des esclaves sous les rapports moraux et religieux; c'est un économe, c'est un enfant, plus souvent un esclave qui est chargé sur l'habitation d'initier ses frères aux vérités de la religion, le prêtre n'y va point. Il est vrai qu'un arrêté de M. le gouverneur, du 21 mai 1840, a prescrit qu'une instruction morale et religieuse serait faite sur les habitations. Mais, hâtons-nous de le dire, cet arrêté n'a produit aucun résultat, le maître ne veut pas sacrifier un seul instant du travail qui lui est dû. Comment d'ailleurs espérer que les maîtres puissent volontairement se prêter au moyen de moralisation le plus puissant de tous, alors que ce moyen est à leurs yeux un pas rapide qui les conduit à l'émancipation.

« Il faut le reconnaître, le travail est impuissant pour l'œuvre de la moralisation; imposé sous la peine du fouet, peut-il être aimé de l'esclave qui a pour lui la fatigue qu'il donne sans goûter aux jouissances qu'il procure.

« Si l'on jette ensuite un regard sur la législation qui

régit les esclaves, la peine, en ce qui les concerne est toujours à côté du devoir. S'agit-il des maîtres, cette législation parle bien des obligations qu'elle impose, mais elle se tait sur les moyens de les contraindre à les remplir. Cependant les mots *droit* et *devoir* sont des corrélatifs qui se supposent et ne sauraient exister l'un sans l'autre.

« Depuis le lever jusqu'au coucher du soleil le temps de l'esclave, moins celui qui s'écoule de midi à deux heures, appartient à son maître ; l'esclave qui le refuserait subirait aussitôt la rigueur de la loi. Le maître à son tour doit nourrir, vêtir et loger son esclave, et cependant il n'y a point de peine pour le colon qui se dérobe à cette obligation.

« J'ai vu de belles cases, des ateliers vigoureux qui attestaient les soins du maître, mais j'en ai vu de misérables. — J'ai vu des esclaves vêtus, d'autres qui ne l'étaient point. — Les uns recevaient une nourriture saine et abondante, les autres étaient obligés d'y pourvoir. D'une part des hôpitaux bien tenus, convenablement exposés, à côté d'autres qui laissaient beaucoup à désirer. — D'autre part enfin des salles de discipline qui n'offraient à l'esclave aucune des conditions de salubrité prescrite. Tels sont, Monsieur le procureur général, les objets de détail que j'ai consigné dans les états que j'annexe à ce rapport. »

Par suite de ce rapport et sur la plainte portée contre le sieur Bruno, pour *châtiments excessifs et inhumains* exercés sur la personne de l'esclave Félix, ledit Bruno a comparu devant la cour royale, chambre correctionnelle, où il a été acquitté à la plus grande satisfaction et aux applaudissements des possesseurs d'esclaves, ses amis et souteneurs. Cet acquittement a été un vrai scandale pour tous les honnêtes gens. Mais ce qui y a mis le comble, c'est la conduite de M. Mathieu, gouverneur, qui osa accepter l'invitation à un *boucan* (1) offert à l'occasion de l'acquit-

(1) Un *boucan* n'est pas ce qu'on appelle un *raout ;* mais c'est aux colonies un repas champêtre où l'on mange le cochon marron. Les convives sont réunis dans un ajoupa et travaillent tous en commun aux préparatifs du festin. Les paresseux de la bande sont chargés du soin de faire des brochettes pour chaque boucanier faisant partie de la fête. Et comme les instruments de métal, tels que cuillers et fourchettes, sont formellement interdits, on emploie pour ces brochettes du bois de la grosseur du doigt, que l'on dépouille de son écorce et que l'on blanchit bien proprement. Une des brochettes doit avoir deux fourchons pointus, l'autre n'a qu'une pointe. Les autres conviés s'occupent à former le boucan ; c'est à dire une espèce de gril de bois sur lequel le cochon tout

tement scandaleux de Bruno, et pour fêter son triomphe sur les lieux-mêmes où le crime de sévices et violences envers l'esclave Félix avait été commis.

Ce n'est pas tout : après ce repas de sauvages et de boucaniers, après avoir vidé entre les *icaques* et le fromage, force bouteilles, l'assemblée s'est levée, et M. le gouverneur, appuyé sur M. Delhorme, celui-ci membre du conseil colonial, co-propriétaire de l'habitation gérée par Bruno, M. le gouverneur Mathieu, dans l'exercice de ses fonctions, revêtu de son habit de gouverneur, harangua l'atelier de cette habitation, comme on harangue

atier se doit cuire. On plante en terre quatre fourches de manière à former un carré long, sur lesquelles fourches on pose des traverses, et on arrange sur ces traverses des gaulettes qui font le grillage ; le tout ainsi disposé est attaché avec des lianes. C'est sur ce gril qu'on étend le cochon sur le dos, le ventre ouvert, écarté autant que possible, et retenu en cette situation par des bâtons pour qu'il ne se referme pas lorsqu'il vient à sentir la chaleur du feu qu'on met dessous.

Un assaisonnement composé d'herbes fines, de jus de citron, de poivre, de clous de girofle, force sel et piment écrasé, rempli le ventre du cochon. Il est expressement défendu de se servir de plats et d'assiettes, de nappes et de serviettes qui défigureraient trop la manière de vie boucanière qu'on veut imiter dans ce repas.

Pendant que les cuisiniers sont occupés à faire cuire le boucan, ceux des convives qui veulent déjeuner peuvent le faire, et boire un coup, pourvu que ce soit dans un coüi et que la liqueur ne soit point mélangée; c'est à dire qu'il faut boire le vin ou le talla tout pur, et l'eau toute pure ; ces sortes de mélanges, et ces tempéraments d'eau et de vin ou de talla sont tout à fait opposés à la simplicité d'une pareille vie et aux usages boucaniers. Le couvert se dresse avec des feuilles de balisier, de cachibou et de fougère. En attendant que le cochon soit cuit et prêt à être servi, la *colonie* chasse ; et quand on juge le boucan cuit et bon à manger on appelle les chasseurs par un signal convenu de deux coups d'armes à feu. Alors, à mesure qu'arrivent les boucaniers, on plume le gibier qu'ils apportent, et selon son espèce on le jette dans le ventre du cochon qui sert ainsi de marmite et de casserolle. Les chasseurs qui n'apportent rien sont mis en pénitence et on leur fait boire autant de coup que le meilleur chasseur a apporté de pièces de gibier.

Au milieu de la table est placé un grand coüi plein de sauce qui sort du ventre du cochon, et un autre également plein de jus de citron avec du poivre, du sel et du piment pour que chacun compose sa sauce comme il le juge à propos et à son goût.

Un point essentiel est de boire souvent : la règle le veut et la sauce y invite. Peu de gens, du reste, manquent sur ce point à la règle qui est commandée par la nécessité et le besoin. Néanmoins, l'amphytrion ou le maître du boucan veille dans sa *colonie* à ce que chacun fasse son devoir en bon et fidèle boucanier ; et quand il en trouve d'indolents ou de négligents il les rappelle à la règle, et pour pénitence, en guise du verre d'eau sucrée parlementaire, les fait boire dans le grand coüi, ce qui n'est pas une légère punition, car il faut que le vase soit tout plein et que le condamné avale d'un trait.

après un repas donné en plein champs, où les libations répétées finissent presque toujours par détraquer la raison.

Jusque là cette fête sauvage, qui rappelait les mœurs des boucaniers et des *trente-six mois* (les anciens habitants du pays.) pouvait passer comme un de ces plaisirs très innocents du carnaval; mais le carnaval était court cette année, et ces messieurs prolongeaient leurs divertissements en plein carême. C'est donc dans ce saint temps de pénitence que ces messieurs régalaient leur gouverneur d'un *boucan* à l'honneur de M. Bruno. Et ce fut aussi pour l'expiation du crime reproché à Bruno, qu'on fit sortir des rangs de l'atelier l'esclave Félix, sa victime, qu'on l'attacha aux *trois piquets*, et le flagella de vingt-neuf coups de fouet, après la belle harangue du gouverneur Mathieu.

Ce n'est pas encore tout. Les esclaves de l'atelier qui avaient été appelés à déposer en justice contre Bruno, reçurent, comme le pauvre Félix, chacun *un trois piquets.* Félix, lui, fut, en outre, jeté au cachot chargé de ses chaînes!

Ainsi s'est terminée cette *fête* de colons, dans laquelle un gouverneur pour le roi n'a pas craint de compromettre sa dignité en y prenant part et en lui donnant par sa présence un caractère officiel. On a voulu agir, dit-on, sur le moral des esclaves et frapper leur esprit par l'ascendant du pouvoir dominical! On dit que pour assurer ce pouvoir, M. Mathieu a promis à M. Bruno et aux autres un nouveau sacrifice, dont M. Chevalier, substitut du procureur du roi, sera cette fois la victime offerte. Je crois savoir que déjà M. Chevalier est dénoncé au ministre de la marine. — On ne sait pas ce que fera M. le baron de Mackau. Toutefois de M. Chevalier le ministre ne pourra pas dire *que ce jeune magistrat a mis à l'accomplissement de ses devoirs plus de zèle que de prudence.*

N. B. 15 mai. — Au moment où parvint à Paris la nouvelle de l'acquittement de Bruno, des colons habitant la capitale et quelques fonctionnaires de la Martinique en congé, offrirent, au *Veau-qui-tête*, un pique-nique à M. Duval-Dailly, ancien gouverneur de cette colonie. C'est à ce gouverneur que le conseil des colons disait dans une adresse : « Nous croyons que nos protestations énergiques détermineront le gouvernement du roi à abandonner les fatals changements qu'il veut introduire dans le système colonial. »

A MONSIEUR J. DE LASTEYRIE,

DÉPUTÉ DE LA SARTHE.

Paris, le 24 avril 1845.

MONSIEUR,

On discutait, il y a un demi-siècle, à l'Assemblée nationale, une question qui se rattache essentiellement par son origine au projet de loi relatif au régime des esclaves, dont vous êtes le rapporteur à la chambre des députés. Il ne s'agissait pas alors de décréter constitutionnellement le maintien de l'esclavage, ni de sanctionner législativement, comme aujourd'hui, le régime du fouet ou du *trois piquets*. La question ne consistait pas non plus à savoir si les esclaves seraient ou non affranchis; mais bien si les mulâtres et les noirs libres jouiraient ou non des droits de citoyen actif, décrétés en faveur des propriétaires et contribuables.

La question, comme vous voyez, Monsieur, était bien moins importante que celle qui nous occupe aujourd'hui. Là, il s'agissait de droits politiques, d'une simple délégation du corps social; ici il s'agit, au contraire, du droit de liberté, de ce droit naturel et divin, qui veut qu'un homme, quelle que soit sa couleur, qu'un chrétien ne puisse être possédé comme une *chose*.

M. Malouet, colon de Saint-Domingue, qui siégeait à l'Assemblée nationale, soutint avec chaleur que la France ne pouvait prononcer sur la condition des hommes de couleur. « Cette mesure, disait-il, ne peut être que l'expression de l'intérêt général du pays auquel ils appartiennent, où ils peuvent être considérés comme moyen de richesse, et comme aliment du commerce de la métropole. L'intérêt des colonies leur présente les nègres et les mulâtres comme des auxiliaires, qu'il leur importe de rendre contents de leur sort. » — Et puis M. Malouet ajoutait : « Si on n'élève une barrière inattaquable entre les colonies et les missionnaires (les amis des noirs) qui les poursuivent; si on sacrifie à la philosophie, le trophée qu'on lui élèvera sera composé des débris de nos vaisseaux, de nos manufactures, et du pain d'un million d'ouvriers qu'alimentent les colonies. »

Vous voyez, Monsieur, que ce thème n'a pas changé; depuis cinquante ans c'est toujours les mêmes phrases, passant par des bouches ou des plumes plus ou moins ridicules, employées à soutenir un ordre de choses déshonorant pour la France, parceque la justice et l'équité sont en lutte constante contre la cupidité et l'orgueil, qui se jouent de l'existence et de la liberté des hommes.

Ce fut votre illustre aïeul, le général Lafayette qui répondit à M. Malouet. Sa réponse ne fut pas longue, mais elle fut digne et noble comme toutes les pensées du Général.

« On nous écarte sans cesse de la question, dit Lafayette. En effet, de quoi s'agit-il? L'Assemblée nationale convoque les colons, les citoyens pour délibérer sur leurs intérêts. N'est-il pas évident que les hommes libres, propriétaires, cultivateurs, contribuables d'une colonie sont des colons, des citoyens? Or, ceux dont il est question sont contribuables, cultivateurs, propriétaires, libres; *sont-ils aussi des hommes*? »

Je me fais un vrai plaisir de rappeler ces belles paroles de votre aïeul, car elles ont encore aujourd'hui tout leur à propos.

En effet, ne pourrions-nous pas dire aussi aux souteneurs de l'esclavage :

« De quoi s'agit-il? De la liberté de l'homme. — N'est-il pas évident que Dieu créa l'homme libre, et que le crime seul a pu le rendre esclave, et attenter à l'œuvre de Dieu? N'est-il pas criminel que des chrétiens puissent être possédés comme esclaves par des chrétiens? Or, ceux dont il est question sont des noirs qui ont reçu le baptême et qu'on a rendu esclaves; *sont-ils des hommes?*

Et nous pourrions ajouter, Monsieur, que les droits des hommes, c'est à dire les droits de liberté, d'égalité sont antérieurs à toutes les lois humaines; que ces droits sont indépendants de toute espèce de décrets coloniaux ou d'ordonnances royales, qui les déclare, si l'on veut, mais ne les donnent pas : car la liberté de l'homme, fait divin, n'a pas besoin d'être décrétée par une loi, pas plus que *l'Etre suprême*, qui eût aussi dans d'autres temps les honneurs d'un décret.

Vous allez me dire, Monsieur, que votre rapport ne propose pas de décréter la liberté des noirs.

Je le sais; je sais aussi que votre rapport conclut à l'adoption du projet voté par la chambre des pairs, et c'est pourquoi j'ai pris la liberté de vous adresser quelques observations sur une loi qui ne change rien à la condition des esclaves.

Comment voulez-vous, Monsieur, lorsque deux classes d'hommes sont parties dans la même cause, qu'on rende les uns juges des droits des autres. ?

C'est ce qu'on voit partout dans plusieurs dispositions

du projet de loi. Partout prédomine l'omnipotence des maîtres et des conseils coloniaux. On ne veut pas que les esclaves aient d'autres protecteurs que les colons, lorsque la logique et la justice veulent au contraire qu'ils n'aient d'autre protecteur que la loi.

Consultés par le gouvernement sur les améliorations projetées en faveur des esclaves, les colons ont constamment répondu, par la négative sur toutes les mesures proposées. Parfois même, ils y ont répondu d'une manière peu parlementaire. Par exemple, un magistrat de la Martinique, président du conseil colonial, a déclaré dans un rapport officiel que ces mesures étaient de *véritables empiétements* contre le droit des colons, et des *usurpations monstrueuses*, qu'on peut qualifier de *complot politique*. — Et ailleurs, parlant du patronage des esclaves, il s'est exprimé ainsi :

« On peut le considérer (le patronage) comme un « nouvel enfantement du génie révolutionnaire de *Quatre-vingt-treize, ressuscité dans les Journées de juillet* « 1830. » — Et il termine en lançant au gouvernement cette apostrophe : « *Continuateurs de 93, vous serez fidèles à votre nature, vous ne produirez que l'anarchie !* »

On répond à cela, je le sais bien, que celui qui a adressé officiellement tous ces beaux compliments au ministère de la marine ne jouit pas depuis nombre d'années de toute sa raison. — Cela est vrai, incontestable, et j'ai été moi-même témoin de la maladie de cet homme. Mais alors que fait le procureur du roi de la Martinique ? Il ignore donc l'existence de l'art. 489 du Code civil ? Et s'il plaît aux colons de mettre à la tête de leur conseil un tel homme, le ministre doit-il, par cela seul, conserver dans la magistrature un homme que la loi interdit à cause de sa démence ?

Pourtant cet homme peut être appelé, en sa double qualité de président du conseil colonial et de magistrat de la cour royale, à rendre des arrêts, des décrets, à statuer sur le prix du rachat des esclaves, conformément aux dispositions de ce projet de loi !

A part ces faits exceptionnels, je pourrais citer, s'ils n'étaient connus de la commission de la chambre, des actes des conseils coloniaux qui témoignent que ces représentants officiels des colons repoussent toutes les améliorations à l'endroit des esclaves. Et cependant, en présence de ces actes, que dit le gouvernement ?

« Les colons repoussent tout ce qui, de près ou de loin, touche à *leurs droits;* ils ne veulent pas qu'on améliore la condition de *leurs sujets.* Eh bien ! dit le gouvernement, faisons voter une loi sur le régime et la discipline des ateliers, sur le pécule et le rachat (que les colons ne veulent pas), sur le mariage, impossible dans l'état d'esclavage ; et, confions-en l'exécution aux conseils coloniaux, qui n'exécuteront rien. Ainsi fait, nous aurons l'air d'avoir *sacrifié*, d'un côté, *à la philosophie*, en rendant hommage à l'humanité; les abolitionistes applaudiront à cette *grande réforme sociale*, et nous en serons débarrassés pour quelques années; de l'autre côté, les colons crieront, car il est dans leur nature de résister toujours contre n'importe quel projet du gouvernement à l'endroit de l'esclavage; la devise écrite sur leur drapeau au nom des quatre-vingt-dix-neuf centièmes des colons, par M. Huc, conseiller colonial étant : « *Résis-* « *tance partout, résistance toujours, concession jamais !* »

» En fin de compte, il ne restera que les esclaves, qui ne viendront pas jusqu'ici nous troubler, puisqu'ils aiment mieux l'esclavage que la liberté, témoins ceux qui se sauvent et passent aux colonies anglaises où ils sont libres, et qui retournent volontairement chez leurs maîtres solliciter la faveur de reprendre leurs chaînes; il y a donc gros à parier qu'ils ne viendront pas ici, sur cette terre de France, changer leur sort d'esclaves contre la malheureuse condition de nos paysans et de nos ouvriers libres. Nous en avons pour garant le témoignage de MM. les délégués Jollivet et Charles Dupin. Donc il n'y a rien à craindre de ce côté-là; tenons-nous tranquilles Et, après avoir fait voter le premier paragraphe de l'article 1er, de notre projet de loi, qui pourvoit *abondamment à la nourriture, à l'entretien dus par les maîtres à leurs esclaves*; passons au deuxième paragraphe dudit article *sur le régime disciplinaire des ateliers.* »

Tel est à peu près le langage du ministère. — Et ce régime disciplinaire, Monsieur, c'est le *fouet*, le *trois-piquets* qu'on vous demande de décréter législativement. On a honte du mot *trois-piquets*, mais on n'a pas la même répugnance de la chose. On se sert dans le projet de loi du mot *régime disciplinaire* qui a un sens vague, qui ne détermine rien, pour faire passer le *fouet* et le *trois piquets* qui seraient repoussés par les chambres. Il n'y a donc que le mot qui blesse l'oreille ; c'est ainsi qu'on fait voter sur *personne non-libre*, qui est plus *constitutionnel* et par conséquent plus *national* que le mot *esclave*.

Ne pensez-vous pas, Monsieur, que la commission au nom de laquelle vous êtes chargé de faire le rapport pourrait demander au ministre de s'expliquer sur le régime disciplinaire des ateliers, avant de voter sur ce régime? Ne peut-elle pas demander au ministère si les femmes seront flagellées à nu par un homme en place publique, ou même dans l'intérieur des geôles ou des habitations, indispensablement en présence de l'atelier, pour l'exemple comme cela se fait aux colonies, et continuera à se faire d'après le projet de loi qu'on va voter?

Je crois, Monsieur, et je ne pense pas me tromper, que l'instruction religieuse et élémentaire qui marche immédiatement à la suite du trois-piquets, dans le troisième paragraphe du premier article, est un contre-sens en même temps qu'un outrage à la morale et à la religion; car on ne peut pas dire dans une loi à des hommes : « Vous êtes des hommes, vous êtes des chrétiens, mais c'est égal, nous vous laissons dans l'esclavage où nous vous avons trouvés, bien que la religion nous le défende; et, pour vous y contraindre, nous votons : premièrement, sous le titre de régime disciplinaire, *le trois piquets* qui doit vous être administré par vos maîtres; et puis nous votons tout de suite votre *instruction religieuse* afin que vous appreniez qu'il existe une religion fondée par Jésus-Christ, laquelle oblige les hommes à s'aimer entre eux comme des frères, et que le Christ, qui s'immola sur la croix pour racheter tous les crimes de la race humaine, proclama hautement l'égalité parmi les hommes. »

Évidemment, Monsieur, il y a dans ce projet de loi quelque chose qui heurte la raison, qui outrage la Divinité, qui refait l'œuvre de Dieu! Et certes, si une loi peut être athée, c'est bien celle qu'on propose de voter ici, par laquelle l'évangile doit être enseigné aux noirs des colonies, à l'aide du carcan, du fouet appliqués à tous les frères en Jésus-Christ qui ne respecteront pas les frères possesseurs et ne travailleront pas pour eux, contre une chétive nourriture ou un samedi donné chaque semaine en place de cette nourriture.

Je me borne ici, Monsieur, à ces simples observations, me référant à celles précédemment soumises au rapporteur de la chambre des pairs, ainsi qu'à M. Ledru-Rollin, et dont j'ai l'honneur de vous remettre ici une copie.

Je ne doute pas, Monsieur, que les nobles paroles de votre illustre aïeul, que j'ai rappelées dans cette lettre, ne vous inspirent l'idée de terminer votre rapport par ces mots : *Les noirs esclaves sont-ils des hommes* ?

Veuillez agréer, Monsieur, l'assurance de mes sentiments bien sincères.

BISSETTE.

A MONSIEUR L'AMIRAL DE MACKAU,

PAIR DE FRANCE, MINISTRE ET SECRÉTAIRE D'ÉTAT AU DÉPARTEMENT DE LA MARINE ET DES COLONIES.

Paris, le 12 août 1845.

MONSIEUR LE MINISTRE,

A l'occasion de la confiscation administrative de plusieurs ballots de brochures que j'avais expédiés l'année dernière à la Martinique, vous avez bien voulu m'accorder une audience le 5 du mois de mai expiré.

Dans cette audience, je vous demandais, Monsieur le Ministre, permettez-moi de vous le rappeler, des juges qui décidassent si je suis coupable ou non d'avoir écrit, comme on l'a dit, des brochures *incendiaires*, pouvant porter la perturbation dans les colonies, et de les avoir expédiées à la Martinique pour être publiées. Je vous demandais une décision qui confirmât ou annulât l'acte arbitraire des autorités locales de cette colonie, qui, dans le premier cas, maintînt la confiscation desdites brochures pour les livrer au pilon ou au feu, et, dans le second cas en ordonnât la remise à mon neveu, M. G. Waddy, consignataire des ballots, avec avis aux autorités de la Martinique, par dépêche secrète de votre ministère, d'être plus circonspectes à l'avenir; de ne pas montrer aussi publiquement leur partialité dans les actes de leur administration lorsque je suis en cause, moi ou l'un des miens, d'avoir en un mot plus de pudeur dans l'intérêt même du pouvoir et de la morale publique.

Telles furent, telles sont encore mes conclusions.

Je dois ajouter, qu'après les avoir entendues, après avoir accueilli mes plaintes et mes griefs, vous m'engageâtes amiablement, M. le Ministre, à laisser s'assoupir, ou plutôt, pour me servir de vos propres expressions, *à laisser dormir encore quelque temps cette affaire*.

Je ne fus pas de cet avis, et j'eus l'honneur de vous faire observer que des brochures de MM. Jollivet et Lepelletier Declary circulaient librement à la Martinique, avec l'approbation des agents sous vos ordres, quoiqu'elles continssent des injures et des outrages contre votre autorité, contre le gouvernement et les chambres.

Vous voulûtes bien, je m'en souviens, prendre note de ces observations, et sur mes pressantes sollicitations de voir terminer cette affaire de saisie ou confiscation de brochures, je reçus de vous l'assurance que très prochainement j'aurais à me louer de votre décision, et que j'en serais satisfait. J'ai regretté, Monsieur le Ministre, qu'un de vos agents aux colonies ne fût pas témoin de cette audience; il eut fait connaître aux autres la règle de conduite, qu'à votre exemple, ils doivent tenir en pareilles circonstances.

J'en ai d'autant plus regret, Monsieur le Ministre, que vos intentions et vos sentiments sur cette affaire sont travestis à la Martinique d'une manière indigne. Voici ce qui s'y passe :

On a tiré de votre long silence sur cette saisie, la conclusion que l'acte arbitraire des autorités locales avait reçu votre approbation; M. Selles, procureur général par *intérim*, a dit à M. G. Waddy, mon neveu, que cette confiscation était approuvée et maintenue par vous.

Il y a sans doute erreur de la part de M. Selles, ou peut-être mon neveu aura mal entendu; car il n'est pas possible que m'ayant tenu un langage, à moi, dans votre cabinet, vous en ayez tenu un autre tout contraire aux autorités de la Martinique. La supposition serait injurieuse pour votre caractère, et puis d'ailleurs un honnête homme ne peut approuver, comme je l'ai dit l'autre jour à M. le sous-secrétaire d'Etat à la marine, un acte qui est loin d'être le fait d'honnêtes gens, puisque mes ballots de brochures ont été non seulement confisqués sans jugement, mais qu'on s'est permis d'en distraire des exemplaires pour les faire lire par des colons, et satisfaire la curiosité de ceux qui, à la Martinique, provoquaient cette saisie. Ceux-ci ne se sont pas cachés; ils ont fait circuler des extraits, dans la colonie, de passages tronqués, et des pages entières de ces brochures, et les ont adressés en France avec des commentaires aux journaux à la solde des colons: à Paris, au *Globe*; à Bordeaux, au *Mémorial bordelais*, qui les ont reproduits dans leurs colonnes : on sait dans quelle intention.

Tout ceci est patent, notoire, et j'ai raison de dire qu'un honnête homme ne peut donner son assentiment, que vous, Monsieur le Ministre, ne pouvez pas donner votre approbation à de tels actes; car ils ne sont pas le fait d'honnêtes gens. Si cette observation doit réfléchir contre les autorités de la Martinique, j'en suis fâché pour elles.

En vous rappelant votre promesse, Monsieur le Ministre, et tout ce qui s'est passé depuis cette saisie, permettez-moi de vous faire observer que ma conduite a été calme et irréprochable, que je ne redoute aucun reproche. On ne viendra pas m'accuser d'avoir manqué de modération dans la forme de mes réclamations, car certes j'en ai usé grandement, dieu merci; et j'ai fait preuve d'une patience que certains esprits pourraient prendre peut-être pour de la pusillanimité, lorsque par là j'ai voulu prouver une fois de plus, que quelque chose que je fasse, quelque conduite que je tienne, l'administration de la marine, oui, Monsieur le Ministre, l'administration de la marine *ne sera jamais juste envers moi.*

Je le dis, et je le prouve. Car, dans la circonstance, je suis dans mon droit; je n'ai commis aucun crime, et pourtant on a confisqué, on a violé ma propriété à la Martinique, et l'administration a laissé faire, en gardant le silence, laissant *dormir l'affaire*, lorsqu'elle était avertie itérativement qu'un acte arbitraire, inqualifiable de ses agents me frappait.

J'ai demandé à être jugé, à être condamné, si je suis coupable; l'administration de la marine n'a pas eu le courage de me faire juger, de me faire condamner, mais elle a eu le courage, sans en avoir le droit, de laisser violer la loi envers moi, de me considérer comme étant hors la loi, et de consommer un déni de justice révoltant à mon égard depuis bientôt un an.

J'ai supplié humblement, et je supplie encore qu'on me fasse justice. J'ai demandé et je demande encore des juges : comme dans d'autres temps, on se bouche les oreilles pour ne pas m'entendre, et l'on ferme les yeux pour ne pas voir l'iniquité dont je me plains; car il faudrait être juste, et c'est ce que l'on ne veut pas envers moi. J'évite le bruit, ce que l'administration appelle le scandale de la publicité, et l'on n'est pas plus disposé à me faire droit, parcequ'il y a parti pris, permettez-moi de le répéter, Monsieur le Ministre, il y a parti pris de ne *jamais me rendre justice.*

A la Martinique, les agents sous vos ordres menacent de frapper dans leur état, dans leur profession, des membres de ma famille, à cause de mes luttes contre un ordre de choses immoral et antichrétien, l'esclavage. On m'excite par l'injustice, on me pousse à bout par de mauvais procédés, pour avoir le prétexte des reproches, et de prendre occasion de dire que *c'est la forme de mes réclamations qui a nui à mon droit; qu'au fond j'ai raison;* comme si la justice pouvait se payer de telles raisons, et comme si de telles raisons pouvaient être invoquées par d'honnêtes gens.

Voilà pourtant, Monsieur le Ministre, toute l'histoire abrégée de cette confiscation de brochures. Il faut qu'il y ait un terme à toute chose; il y a déjà bientôt un an que ma propriété est frappée de confiscation; que les autorités de la Martinique m'ont *condamné sans jugement* à ne pas écrire sur l'esclavage, à n'expédier aucun livre dans les colonies, même l'Evangile, sous peine d'être confisqué de nouveau sans jugement. Voilà bientôt un an que je sollicite un jugement motivé, une décision écrite sur cette confiscation. Je ne puis l'obtenir ; parce-qu'il est impossible de motiver avec l'ombre d'une raison, et une apparence de justice, l'acte arbitraire dont je me plains et qui m'interdit le droit de penser et d'exprimer ma pensée, en me conformant aux lois sur la liberté de la presse.

Il faut un terme à toute chose, ai-je dit, même aux plus criantes injustices. Je viens donc vous prier, Monsieur le Ministre, de vouloir bien faire cesser celle qui me frappe, et de faire traiter mes expéditions d'outre mer sur le même pied d'égalité que les expéditions mercantiles de la maison Jollivet et Cie, de faire traiter mes écrits, sur les questions des colonies, comme ceux de M. Granier *(de Cassagnac)* et autres qui écrivent sur les mêmes matières ; et enfin de donner des ordres à vos agents aux colonies pour que mes brochures sur et contre l'esclavage ne soient pas plus à l'index des inquisiteurs coloniaux que les brochures de M. Lepelletier Duclary ; de cet homme qui appelle « *continuateurs de* 93 » les hommes du pouvoir d'aujourd'hui, vous-même, Monsieur le Ministre, les chambres et tout le gouvernement qui ne marchent pas dans l'ordre des idées de M. Lepelletier Duclary ; de M. Duclary, magistrat amovible et salarié, qui jette à la face du gouvernement ces paroles insolentes :

« *Vous serez fidèle à votre nature, vous ne produirez que* « *l'anarchie. Vos actes sont des monstruosités et des com-* « *plots politiques contre la constitution des colonies.* »

De M. Duclary, magistrat amovible, qui, tout en adressant ses insolences au pouvoir dont ses fonctions émanent, pour se donner de l'importance et en faire accroire à ses amis, ne continue pas moins d'émarger chaque mois au budget, et de solliciter de nouvelles fonctions, plus largement rétribuées, et des décorations, que l'administration est, dit-on, toute disposée à lui accorder, sur la recommandation du gouverneur de la Martinique, dévoué de corps et d'âme à M. Duclary et à ses amis et partisans.

A moi, Monsieur le Ministre, qui réponds aux écrits de M. Duclary, qui trouve passablement insolent cet homme, et qui le lui dit sans plus de façon ; à moi, qui ne sollicite jamais ni grâce, ni faveur du ministère, et qui ne l'injurie pas ; à moi, il m'est interdit arbitrairement par vos agents aux colonies, d'écrire et de publier des brochures qui combattent les opinions de M. Duclary et de ses pareils : de refuter les opinions de ces hommes qui ne visent qu'à la ruine de mon pays et qui y travaillent de toutes leurs forces ; à moi, Monsieur le Ministre, vos agents me réservent le privilége des confiscations sans jugement. On dirait qu'ils ont pris à tâche de vouloir me faire reconnaître et avouer avec M. Duclary que l'administration qui emploie un tel homme continue l'œuvre de 93, et qu'elle ne peut produire que l'anarchie !

En effet, en 93, on vous condamnait sans vous entendre, on vous exécutait avec un semblant de jugement. — On confisque aujourd'hui ma propriété sans me juger, on refuse de me faire justice contre cet arbitraire, et M. Duclary est prôné, recommandé par le gouverneur de la Martinique, auprès de votre département, pour la présidence de la cour royale de cette colonie ; présidence de laquelle il avait été destitué par votre prédécesseur pour des méfaits pareils à ceux qui le recommandent aujourd'hui à la protection intéressée de M. Mathieu, gouverneur.

Monsieur le Ministre, j'ai dû entrer dans ces détails, car il font contraste avec ma position d'écrivain, publiant comme M. Duclary des brochures sur la question coloniale. J'ai dû mettre sous vos yeux les réflexions que font naturellement aux colonies, et mes amis d'une part, et les fauteurs et adhérents de M. Duclary, d'autre part.

Je réitère, Monsieur le Ministre, ma demande d'un jugement qui me condamne ou m'absolve avec mes brochures confisquées, ou simplement une décision administrative de votre département qui ordonne la remise, à mon consignataire dans la colonie, des ballots de brochures confisqués par les autorités de la Martinique, avec indemnité des dommages qui m'ont été causés depuis un an par suite de cette confiscation arbitraire.

Je suis avec respect,

Monsieur le Ministre,

Votre, etc. BISSETTE.

A MONSIEUR LE BARON DE MACKAU,

PAIR DE FRANCE, MINISTRE ET SECRÉTAIRE D'ÉTAT AU DÉPARTEMENT DE LA MARINE ET DES COLONIES.

Paris, 27 août 1845.

MONSIEUR LE MINISTRE,

La lettre que vous avez écrite à M. Houat, à l'occasion de son livre confisqué arbitrairement l'année dernière à la Martinique, vient de m'être communiquée par lui.

C'est moi, comme vous savez, Monsieur le Ministre, qui ai commis le *crime colonial* d'avoir expédié ce livre aux colonies. Il était donc tout naturel qu'il éprouvât le même sort que mes brochures *incendiaires*, pour me servir de l'*heureuse* expression de MM. les administrateurs de la Martinique.

J'apprends, Monsieur le Ministre, par la communication qui m'est faite de votre lettre, que les écrits confisqués ont été *jugés dangereux pour la tranquillité publique*, ce que j'ignorais jusqu'à ce jour, car certainement je n'aurais point itérativement demandé et sollicité un jugement comme je l'ai fait, si j'eusse connu celui rendu dans cette affaire, et que vous annoncez dans votre lettre.

S'il n'y a pas erreur de votre part, Monsieur le Ministre, je suis bien aise de prendre M. Duval Dailly en flagrant délit de n'avoir pas dit la vérité, toute la vérité, et rien que la vérité.

En effet, Monsieur le Ministre, lorsque mon consignataire dans la colonie, M. G. Waddy, demandait formellement à M. Duval Dailly un jugement qui justifiât cette confiscation, M. Duval Dailly lui répondait en ces termes, par sa lettre du 16 octobre 1844 :

« J'ai ordonné que les ballots de brochures saisis resteraient déposés sous scellés jusqu'à ce que SON EXCELLENCE le ministre de la marine, informé des faits, ait pu statuer *lui-même* sur la question de savoir s'il peut être permis de laisser circuler des écrits attaquant le régime établi, *l'esclavage*... Je ne saurais donc autoriser aucune poursuite, etc. »

Donc, si le gouverneur de la Martinique attendait que vous ayiez statué sur la question, c'est qu'apparemment il n'y avait rien de jugé sur la question ; et l'avis contraire ne peut être, comme je le disais tout à l'heure, qu'une erreur de votre part, Monsieur le Ministre, ou une tromperie de M. Duval Dailly.

Dans tous les cas, ce jugement, s'il existe, n'a jamais été signifié aux parties intéressées ; c'est ce qui m'a fait réclamer en différentes fois, ou un jugement, ou une décision administrative de votre département, et qualifier d'acte arbitraire le fait de cette confiscation, et de déni de justice, le silence gardé sur mes requêtes. C'est ainsi que j'ai eu l'honneur de m'exprimer verbalement dans l'audience que vous m'avez accordée le 5 mai dernier, et par écrit, dans mes requêtes adressées, soit à vous, Monsieur le Ministre, soit à M. le sous-secrétaire-d'état à la marine (1).

Je persiste donc à croire, Monsieur le Ministre, que le jugement dont vous parlez n'existe pas ; que vous avez été induit en erreur par l'ex-gouverneur de la Martinique, doublement coupable de vous avoir trompé sur l'existence d'un jugement qui n'a jamais été rendu, puisqu'il refusait ce jugement lorsqu'on le lui demandait dans la colonie, et qu'il déclarait en appeler à votre décision.

Il y a mieux, Monsieur le Ministre, depuis ma dernière requête du 12 de ce mois, à laquelle vous n'avez pas encore répondu, le consignataire des ballots saisis à la Martinique, M. G. Waddy m'a transmis une lettre à lui adressée le 19 juin dernier, par M. Fremy, directeur de l'intérieur, dans laquelle il est dit : « qu'en exécution des « instructions de Son Excellence le ministre de la ma- « rine, les brochures saisies *vont être renvoyées en* « *France.* »

Et, dans votre lettre à M. Houat, vous dites avoir « au- « torisé le gouverneur à *faire remettre à qui de droit* les « brochures, à charge *de réexportation pour la France.* »

Vous allez voir, Monsieur le Ministre, que non seulement l'ex-gouverneur, M. Duval Dailly, nous a trompés tous deux, mais le directeur de l'intérieur, M. Fremy, s'est fait un jeu, lui aussi, de nous induire en erreur et de nous tromper, car il nous fait croire que les brochures saisies ont été renvoyées en France par vos ordres. Au reste je nie que personne, soit en France, soit à la Martinique, ait le droit de faire renvoyer ces brochures en France sans mon consentement ; et l'exécution d'une pareille décision, comme cette décision elle-même, serait un abus de pouvoirs à ajouter de plus à tant d'autres.

(1) Voyez ces lettres à l'*Appendice,* pièces justificatives.

Au demeurant, ces messieurs prouvent, par leurs lettres, que je tiens à votre disposition, que la loyauté et la franchise ne sont pas toujours la règle de leur conduite administrative, puisqu'ils veulent faire croire à la Martinique que les mesures acerbes employées par eux sont provoquées par vos instructions; et à vous, Monsieur le Ministre, ils vous écrivent que les livres et brochures confisqués ont *été jugés dangereux pour la tranquillité publique*, vous laissant ignorer que, depuis cette confiscation, d'autres exemplaires de ces brochures en plus grand nombre ont été introduits par moi à la Martinique, par la voie de la Guadeloupe; que ces écrits circulent publiquement dans la colonie, sans *danger pour la tranquillité publique*, et que mes amis affectent de les faire lire aux colons pour prouver l'absurdité de ceux qui les ont *jugés dangereux pour la tranquillité publique*. J'ai donc raison de dire que vos agents vous trompent.

Tenant pour vrai tout ce que vous m'avez fait l'honneur de me dire dans votre cabinet, sur la confiscation de mes brochures; tenant également pour vrai tout ce qui m'a été dit sur le même sujet, dans les deux audiences que j'ai eues de M. le sous-secrétaire-d'état à la marine, je dois tenir pour mensonger tout ce qui a été écrit par MM. Duval Dailly et Fremy dans les deux lettres dont je viens d'extraire des passages, car ces passages sont formellement en contradiction avec vos paroles à moi et avec votre lettre à M. Houat.

La franchise et la loyauté sont des qualités essentielles dans les hautes fonctions du gouvernement. Ces qualités doivent être d'autant plus un devoir de conscience chez eux, que nos lois sur la responsabilité sont impuissantes et insuffisantes pour atteindre les fonctionnaires qui abusent de leur pouvoir et qui prévariquent dans l'exercice de leurs fonctions.

Dans les faits que j'explique ici, je trouve la preuve de ce que je disais dans ma précédente requête; que la confiscation de mes brochures, et tout ce qui s'en est suivi depuis, n'est pas le fait d'honnêtes gens. Vous le voyez vous même, Monsieur le Ministre, puisque vos agents à la Martinique ont trouvé le moyen de compromettre votre véracité par leurs dires et par leurs lettres sur cette affaire, c'est ce qu'il nous sera facile de démontrer, armé de votre lettre à M. Houat et des deux lettres de MM. Duval Dailly et Fremy. (1)

Tout nous fait donc un devoir, dans cette circonstance, de signaler à l'opinion publique la mauvaise foi de ces

(1) Voyez ces lettres à l'*Appendice*, pièces justificatives.

agents et de montrer jusqu'où ils ont porté leur audace pour échapper à la responsabilité de leurs actes arbitraires.

Me référant à mes précédentes conclusions, je persiste, Monsieur le Ministre, dans la demande d'un jugement sur cette affaire, si les livres et brochures confisqués sont criminels, ou d'une décision de votre ministère, qui, blâmant la conduite des autorités locales de la Martinique, ordonne la remise des ballots confisqués à leur consignataire dans la colonie.

J'ai l'honneur d'être avec respect,

Monsieur le Ministre,

Votre très humble serviteur.

BISSETTE.

Réponse aux précédentes.

Paris, le 5 septembre 1845.

« A M. BISSETTE,

« Monsieur, j'ai reçu les nouvelles lettres que vous m'avez adressées au sujet de la saisie de plusieurs ballots de brochures que vous aviez expédiés à la Martinique en 1844.

« Je n'ai pas à revenir ici sur l'appréciation d'une mesure pour la régularité de laquelle *aucun jugement* n'avait à intervenir, comme vous paraissez le croire. Je viens au surplus, d'écrire à M. le gouverneur pour l'inviter, par modification de mes premières instructions, à vouloir bien, si vos brochures étaient encore à la Martinique, en autoriser la remise à votre consignataire pour réexportation partout ailleurs que dans une colonie française.

« Recevez, Monsieur, l'assurance de ma parfaite considération.

« Le vice-amiral, pair de France, ministre secrétaire d'Etat de la marine et des colonies. »

BARON DE MACKAU.

A MONSIEUR LE BARON DE MACKAU,

MINISTRE DE LA MARINE ET DES COLONIES.

Paris, le 8 septembre 1845.

MONSIEUR LE MINISTRE,

En réponse aux dernières lettres que j'ai eu l'honneur de vous adresser au sujet de mes ballots de brochures confisqués arbitrairement à la Martinique, par les autorités de cette colonie, vous voulez bien me faire savoir que vous n'avez pas à revenir sur l'appréciation d'une mesure pour la régularité de laquelle *aucun jugement* n'avait à intervenir, comme je parais le croire.

Et moi aussi, Monsieur le Ministre, je n'ai pas à revenir non plus sur l'appréciation que j'ai faite, dans mes précédentes requêtes, de la conduite tenue envers moi dans cette affaire, et du rôle que chacun y a joué. Toutes mes remarques, toutes mes observations et mes plaintes subsistent donc, et je ne puis ici que les confirmer, regrettant toutefois, Monsieur le Ministre, que vous ayez donné votre approbation à des actes que j'avais cru devoir qualifier assez sévèrement dans mes requêtes; comme par exemple la soustraction qui a été faite, dans les ballots placés sous le scellé, de plusieurs exemplaires de mes brochures, pour les faire lire à des colons, lesquels en ont fait des extraits tronqués, qu'ils ont colportés et publiés, dans le dessein d'alarmer l'opinion publique et de justifier la confiscation arbitraire de ces brochures, ordonnée par les autorités locales. Ce fait, vous le savez Monsieur le Ministre, avait été dénoncé dans la colonie à M. le gouverneur Duval-Dailly, qui se contenta d'en *éprouver un grand regret*.

A mon point de vue, que la loyauté et la justice doivent présider à tous les actes de l'administration, il n'est pas étonnant que j'aie cru et que je croie encore qu'un *jugement* devait intervenir pour la régularité de la saisie de mes ballots de brochures; si donc je l'ai demandé, ce jugement, si je le demande encore aujourd'hui, c'est que je suis fort de mon droit, et que devant des juges je n'aurai rien à redouter, pas même la confusion que redoutent mes adversaires, puisque j'ai agi jusqu'ici dans l'exercice de mon droit, et que l'administration a outrepassé le sien.

Il m'est donc permis de croire qu'au fond, vous-même, Monsieur le Ministre, vous ne désapprouverez pas ces réflexions, et que vous êtes *convaincu de mes bonnes intentions, de mes bonnes intentions*, (c'est vous-même, Monsieur le Ministre, qui me l'avez dit dans votre audience du 5 mai dernier), et que c'est ma persévérance à réclamer justice qui vous a fait revenir sur vos premières instructions au gouverneur de la Martinique, puisqu'après vous avoir écrit que je niais que personne, soit en France, soit dans la colonie eût le droit de renvoyer mes brochures en France sans mon consentement, vous avez modifié vos instructions en autorisant la remise de ces brochures à mon consignataire, à charge de réexportation partout ailleurs que dans une colonie française.

Ce *mezzo termine* ne satisfera pas, soyez-en sûr, Monsieur le Ministre, ceux qui dans la colonie ont provoqué la saisie de mes brochures, et qui ont prêté la main à cette confiscation; et cela d'autant moins, que j'accompagne ici d'explications tout ce qui s'est fait, tout ce qui s'est dit sur cette affaire.

Je ne continuerai pas moins à publier avec la même indépendance tout ce qui aurait rapport aux questions coloniales qui pourraient surgir, ou à de nouveaux actes arbitraires possibles de la part de l'administration, et je ne croirai pas manquer de *respect à la chose jugée* en envoyant encore dans la colonie ces écrits comme *dangereux* : ce sera un nouveau service que j'aurai rendu à mon pays. Dans d'autres temps on était sorti de la légalité envers moi, en me frappant, comme aujourd'hui, sous le bon plaisir des autorités coloniales. J'ai lutté plus de trois ans, et j'ai fait reconnaître que le pourvoi en cassation, en matière criminelle, était le droit de tout citoyen aux colonies, et que ceux qui se permettaient d'exécuter des arrêts de justice, au mépris d'un pourvoi en cassation, étaient de grands criminels, des bourreaux revêtus de l'habit de magistrats. J'ai accoutumé les oreilles de ces prétendus magistrats à entendre ces dures vérités; je les ai forcés, malgré eux, à n'être pas bourreaux, et en cela je leur ai rendu service, car leurs arrêts étaient de véritables assassinats judiciaires.

Aujourd'hui, Monsieur le Ministre, je lutterai encore contre l'arbitraire d'une autre espèce. J'amènerai les gouverneurs des colonies à reconnaître que, s'ils sont armés d'un arbitraire illimité, il importe qu'ils s'en servent avec sagacité, intelligence et modération; que si l'ordonnance royale du 9 février 1827 déclare que *le gouverneur sur-*

veille l'usage de la presse, cela suppose nécessairement que les citoyens des colonies *peuvent user de la presse*, qu'ils ne sont pas tellement déshérités du droit commun qu'on doive faire main-basse sur tout écrit arrivant de France, sous prétexte que des questions coloniales à l'ordre du jour, telles que l'abolition de l'esclavage et l'expropriation forcée y sont traitées en pleine liberté d'opinion. Je me sens le courage de remplir cette mission jusqu'au bout, et je ne faillirai pas. Le droit saura résister à l'arbitraire.

Je l'ai dit déjà, Monsieur le Ministre, et je le répète ici : c'est par les communications de la pensée que les colonies vivent de la vie de la métropole, et qu'elles seront bientôt amenées à comprendre, à désirer elles-mêmes leur régénération. Je promets donc d'écrire et de publier sur l'abolition de l'esclavage tout ce qui me paraîtra nécessaire pour arriver à cette régénération, et d'user, quoiqu'il arrive, de tous les moyens en mon pouvoir pour répandre, en plus grand nombre possible, ces écrits aux colonies.

Dans la manifestation de ces sentiments, vous y trouverez, Monsieur le Ministre, l'expression de cette franchise et de cette indépendance dont j'ai déjà eu l'honneur de vous donner plus d'une preuve.

Je suis avec respect,

Monsieur le Ministre,

Votre très humble et très obéissant serviteur.

BISSETTE.

Toutes les pièces concernant la saisie administrative des livres et brochures expédiés à la Martinique en 1844 sont reproduites ici comme pièces justificatives. Voyez à l'*Appendice*.

A MONSIEUR DUPIN,

DÉPUTÉ DE LA NIÈVRE, PROCUREUR GÉNÉRAL A LA COUR DE CASSATION.

Paris, le 28 août 1845.

MONSIEUR,

Depuis que j'ai eu l'honneur de vous écrire au sujet de la loi sur le régime des esclaves, j'ai réuni les notes que je vous annonçais sur des enfants impubères vendus séparément de leur mère, ou des mères vendues séparément de leurs enfants avant l'âge de puberté, lesquels réclament aujourd'hui leur liberté. Ce n'est donc pas vous surprendre, Monsieur, de vous adresser ici ces notes, ni de vous demander votre appui et votre protection pour de pauvres enfants, pour de pauvres mères qui ont droit à la liberté, et qui cependant ne trouvent pas aux colonies le patronage suffisant, efficace de la loi, près de ceux que la loi a revêtu des nobles fonctions de réclamer d'office, comme patrons, l'affranchissement des esclaves dans les cas de séparations, soit par vente forcée, soit par aliénation volontaire des enfants impubères avec leur mère.

Pour la plupart de ces patrons d'esclaves, la jurisprudence adoptée par la cour de cassation n'est qu'une *jurisprudence de fantaisie*; ils ne la croient pas « fondée « sur une loi positive qui prévoit tous les cas d'*aliéna-* « *tion*, et par conséquent celui de vente volontaire, de « vente forcée, ou d'émancipation. » De là le mauvais vouloir de ces patrons pour assister d'office ceux qui réclament leur affranchissement.

Un patronage qui serait exercé avec bienveillance éviterait bien des contestations et bien des procès à de pauvres esclaves qui n'ont pas le premier sou pour les entreprendre, et qui, faute d'argent, sont obligés de renoncer à faire valoir leurs droits à la liberté. En examinant les faits suivants que j'ai l'honneur de vous soumettre; si après leur examen ils paraissent mériter votre recommandation, j'oserai vous prier, Monsieur, d'en dire un mot à M. le ministre de la marine et des colonies, du pouvoir duquel ressort les patrons des esclaves, pour que M. le ministre veuille bien lever les obstacles que ces patrons opposent à ceux qui s'adressent à eux. Voici un premier fait :

Le sieur Lavau, habitant propriétaire à la Guadeloupe, vendit, il y a cinq ans, à madame Augustin Amédée, un jeune esclave âgé de huit ans, pour le prix de 500 fr. L'acte de vente que rédigea dans cette circonstance le sieur Lavau est ainsi conçu :

« Je reconnais avoir vendu et livré à madame veuve « Augustin Amédée, *le petit mulâtre*, Alcide, son neveu, « *âgé de huit ans*, pour le prix et somme *de cinq cents* « *francs*, que j'ai reçus en espèces comptant. La présente « vente a été faite sous l'*expresse condition* que d'ici à « un an, Madame veuve A. Amédée s'engage de donner « la liberté à Alcide, son neveu, et dans le cas de non « exécution de sa part, je serai en droit de reprendre « Alcide, et elle perdra *deux cents francs* sur le coût du « prix vendu, comme *dommage* d'avoir manqué à son en- « gagement.

« Habitation du Petit Marigot, le 7 août 1840.

« Signé L. Lavau. »

Cette vente, comme on voit, est un chef-d'œuvre de générosité coloniale à l'endroit de la liberté des esclaves. M. Lavau, ainsi qu'il le déclare, vend à beaux deniers comptant, *cinq cents francs ! un enfant de huit ans !* et il fait la condition expresse à l'acquéreur d'affranchir cet enfant dans le délai d'une année ; sans quoi il reprendra la *chose vendue*, et s'adjugera les deux cinquièmes du prix qu'il a touché, pour l'indemniser du *dommage* qui lui aura été causé, en n'affranchissant pas pour lui son esclave. A part des autres colons qui demandent *indemnité* pour l'affranchissement de leurs esclaves, M. Lavau veut qu'on l'indemnise, même quand il n'affranchit pas les siens. Ce n'est pas trop mal vu, et M. Lavau devrait bien en faire la proposition à la chambre des députés, pour la convertir, s'il est vrai, comme on le dit, que la chambre ne soit pas très partisan de l'indemnité. Quoi qu'il en soit, M. Lavau a agi dans son droit de maître ; dans son droit de possesseur d'hommes, d'hommes transformés à l'état *de chose* et ravalés à l'instar *de la bête.*

Mais ce à quoi ce colon n'avait pas pensé, ou peut-être avait trop pensé, c'est qu'aux termes de l'article 47 du code noir, *les enfants impubères ne peuvent être vendus séparément, soit par vente forcée, soit par aliénation volontaire, lorsque la mère et les enfants sont sous la puissance du même maître.*

Et peut-être M. Lavau, en rédigeant ainsi qu'il l'a fait

l'acte de vente du jeune Alcide, a-t-il cru dissimuler une vente, une aliénation, et échapper ainsi à la revendication de la mère d'Alcide pour sa séparation d'avec son fils : on peut le penser. Toutefois il est permis de dire que M. Lavau a compté sans la cour de cassation et sans la véritable application de l'édit de 1685.

Car l'acte légal d'affranchissement d'Alcide, sollicité par sa tante, madame veuve Amédée, lui ayant été délivré le 7 octobre 1842 ; un an après, le 22 octobre 1843, la veuve Amédée, au nom d'Alcide, réclama la mère de son neveu, restée l'esclave dudit sieur Lavau.

Le procureur du roi, patron des esclaves, mis en demeure d'agir par cette requête, n'en fit rien.

Cependant la nommée Cécé, mère du jeune Alcide, est tourmentée, inquiétée pour payer ses journées de loyers, même pendant une maladie qu'elle fit ; elle s'y refuse, et s'adresse personnellement au procureur du roi pour avoir une solution à la requête présentée par son fils, et savoir, si elle doit être l'esclave de M. Lavau, lorsque M. Lavau a vendu son enfant impubère et l'a ainsi séparé d'elle.

M. le procureur du roi, pressé par la démarche de cette mère, lui a remis la lettre suivante, adressée à son substitut ; lettre que Cécé eut soin de garder en sa possession comme un titre, un *laissez passer* :

« Je prie M. de Jorna, premier substitut, de vérifier si « Cécé, dont l'enfant Alcide impubère est libre par suite « de rachat, a été portée sur les journaux pour être « affranchie. Dans le cas contraire, comme *elle a droit à* « *cet affranchissement*, M. de Jorna est prié de le requérir. « Cécé réside à la Basse-Terre, elle est portée sur les « recensements de la demoiselle Adolphine.

« Au Parquet, le 4 janvier 1844.

« Le Procureur du roi,

« Signé Kistelhueber. »

Nantie de ce titre que revêt la signature de M. le procureur du roi, Cécé a été arrêtée par la police, d'ordre de sa maîtresse, qui demandait qu'elle fût mise à la chaîne de police pour refus de payer ses journées de loyer. Conduite chez le juge de paix, ce magistrat, sur le vu de la lettre de M. le procureur du roi, la fit relâcher.

Cécé ne s'en tint pas là. Le 8 mai suivant, nouvelle visite et démarche au procureur du roi. Nouveau renvoi de celui-ci à son substitut pour gagner encore du temps. M. de Jorna fit venir au parquet le sieur Lavau, en présence de Cécé, et lui demande *s'il consent à l'affranchissement de son esclave*. Lavau répond : « Oui ; mais sous la « *condition expresse* d'une rétribution de 500 fr. qu'elle « me paiera. » Cécé rejette cette proposition et se retire.

Deux mois après cette comparution, nouvelle visite de Cécé au procureur du roi, en présence cette fois des deux substituts, M. Jorna, créole de la Martinique, et M. Partarieu, créole de la Guadeloupe. Ces messieurs confèrent entre eux, parlent de faire nommer un tuteur à l'enfant de Cécé, la renvoie à deux jours, avec invitation de se représenter au parquet. Cécé ne néglige pas cette invitation ; elle se représente au jour fixé, mais elle est encore renvoyée à deux jours, et on lui dit, pour se débarrasser d'elle, de se faire accompagner par sa sœur, la veuve A. Amédée.

Cette affaire en est encore là, et MM. du parquet, qui sont censé patroner les esclaves, les *protégent*, dit-on, *comme le veut la loi sur le patronage*. C'est ce qui ressort du fait suivant, et que vous allez juger, Monsieur, par cette aliénation d'un autre enfant de deux ans, vendu aussi séparément de sa mère.

La demoiselle Désirée Grizel a vendu un enfant impubère, fils de son esclave Agnès, pour 467 fr. 80 c. Voici l'acte de vente de cet enfant.

« Je soussignée Désirée Grizel, reconnais avoir vendu « et livré à la demoiselle Rosette, demeurant aux Saintes, *un petit Capre* nommé Bruno, *âgé de deux ans*, pour « la somme 467 *fr.* 80 *c.*, qu'elle m'a payée comptant.

Capesterre, 2 juin 1834.

« Approuvé l'écriture ci-dessus :

« Signé Désirée Grizel. »

Bruno a été affranchi le 7 août 1835, par la demoiselle Rosette, sa marraine.

Mais Bruno, libre, a encore sa mère dans l'esclavage, et cette mère a plusieurs autres enfants, esclaves comme elle, qui appartiennent à différents maîtres, et dont elle est séparée. Ses deux plus jeunes enfants, Auguste, âgé de deux ans, et Louisy, âgé de un an, sont seuls avec elle la propriété du même maître.

L'aîné, Barthélemy, est âgé de dix-huit ans;
Denis âgé de seize ans ;
Joseph de treize ans;
Gustave de onze ans.

Ainsi donc des sept enfants d'Agnès, un seul, Bruno, est libre.

C'est la séparation de Bruno de sa mère, par la vente du 2 juin 1834, qui a déterminé une demande en revendication.

En sa qualité de patron des esclaves, M. le procureur du roi de la Basse-Terre a été saisi de cette demande. Mais ce magistrat a procédé ici comme dans l'affaire précédente de Cécé ; il a fait venir au parquet la maîtresse d'Agnès, et lui a demandé « si elle consentait à l'affranchissement de son esclave. » Un *non* a été toute la réponse faite au procureur du roi, et la demande en revendication en est restée là.

Comme la liberté de la mère entraîne la liberté des autres enfants, l'on y regarde à deux fois pour rendre justice et pour la réclamer d'office. Car le plus âgé des enfants d'Agnès, Barthélemy, qui est âgé aujourd'hui de dix-huit ans, avait environ neuf ans lors de la vente qui sépara son jeune frère Bruno de sa mère.

On se flatte qu'en gagnant du temps, l'âge de puberté des autres enfants atteint, on sera fondé à contester leur droit à l'affranchissement, n'étant plus impubères séparés de leur mère. On élude ainsi l'application des principes de l'arrêt Virginie, et l'on nous vante sans cesse le patronage qu'exercent les procureurs du roi aux colonies. Permettez-moi, Monsieur, de poursuivre cette série de faits, afin de rendre évident pour tous l'insuffisance de cette sorte de magistrature.

Marie-Anne, enfant impubère, a été vendue à l'âge de *deux mois* séparément de sa mère. L'acte de vente est ainsi conçu :

« Je soussigné sous ma marque ordinaire, et d'après
« l'autorisation de M. Hippolyte, mon mari, déclare, en
« présence de M. le commandant des Saintes, vendre au
« sieur Jacques Julien, ma *petite négrite* nommée Marie-
« Anne, fille de ma négresse nommée Julienne, pour
« prix et somme de 220 *fr.*, que j'ai reçus ce jour en ar-
« gent.

Fait aux Saintes, le 10 janvier 1837. + marque ordinaire.

Signé Bologne de Rougemont, *témoin, commandant particulier et chef principal de la dépendance.*

Signé Sainte-Luce Decher, *témoin.*

Cette vente d'une enfant de deux mois a reçu les honneurs de la signature de la première notabilité du quartier; la signature de M. le commandant, chef principal de l'arrondissement des Saintes. C'est une garantie donnée au *régime établi* qui permet, en dépit de l'édit de 1685, de vendre une enfant à la mamelle, séparée de sa mère. Mais, malgré cette garantie, il y a des gens à la Guadeloupe qui respectent fort peu un tel régime, et qui l'attaquent toutes les fois que l'occasion s'en présente; c'est ce qui est arrivé dans la circonstance, ou dans l'*espèce* comme on dit.

Le 2 novembre 1843, il fut adressé par le sieur Julien, une requête au procureur du roi, tendant à rappeler avec la mère de Marie-Anne, un autre enfant de cette mère, resté comme elle, esclave de M. Hippolyte. M. le procureur du roi répondit en ces termes :

« Note du parquet,

« A l'appui de l'affranchissement réclamé pour Julienne « et pour son enfant *Jean-Louis*, l'un et l'autre à M. Hippolyte; il faut le numéro d'inscription au registre matricule de chacun.

« La liberté est requise d'office, parceque l'enfant de « Julienne, Marie-Anne a été rachetée et est libre.

« Basse-Terre, le 18 novembre 1843.

« S'adresser à M. le maire Lasserre, pour avoir ce renseignement.

« Le procureur du roi,

« *Signé* Ristelhumber. »

Voici la réponse du maire, écrite au bas de cette note :

« Julienne, âgée de trente-un ans, inscrite au n° 199 du « registre matricule, et son enfant *Mondesir*, âgé de cinq « ans, inscrit au n° 556 du registre matricule, appartenant « tous deux au sieur Hippolyte, Terre-de-Bas.

« Le maire,

« *Signé* Lasserre. »

M. le procureur du roi a déclaré dans sa note, que la liberté de Julienne est requise d'office; mais avant que d'agir, il a besoin des renseignements réclamés à la mairie.

Maintenant le voilà en possession des renseignements demandés par lui. Va-t-il agir? Non.

Alors nouvelle requête du sieur Julien sous la date du 8 avril 1844.

Et réponse du procureur du roi, en ces termes :

« Basse-Terre, le 13 avril 1844.

« Monsieur,

« Je n'ai pas perdu de vue votre réclamation relative « à l'obtention de la liberté légale de Julienne et de son « jeune enfant Jean-Louis. M. le maire Lasserre m'a bien « adressé les pièces que vous trouverez ci-jointes ; mais « on exige, en vertu de l'ordonnance du 11 juin 1839, « la preuve que la mère et l'enfant auront des moyens « d'existence assurés.

« Procurez-moi cette attestation, et j'espère alors que « toutes les difficultés seront levées.

« Recevez, etc.

« *Signé* BEITELHUMBER. »

Le sieur Julien a répondu à M. le procureur du roi, par la lettre suivante, qui *lève toutes les difficultés.*

« Monsieur le procureur du roi,

« Vous me demandez une garantie pour les moyens « d'existence de Julienne et de son enfant, sollicitant l'ob- « tention de leur liberté. J'ai l'honneur de répondre à cette « demande :

« 1° Julienne, âgée de trente ans, sans infirmités, est « jeune. Voilà d'abord une première garantie. Elle a cons- « tamment travaillé pour ses maîtres, elle le fera égale- « ment pour elle-même devenue libre, et avec plus d'a- « vantage; attendu qu'elle jouira de tout le fruit de son « labeur. 2° Celui qui a racheté un enfant à peine âgé de « deux mois, pour une somme de 220 fr., saura l'aider « aussi dans ses besoins.

« A cet égard, M. le procureur du roi, je déclare pren- « dre l'obligation de pourvoir à la subsistance de Julienne « et de son enfant, de manière à ce qu'ils ne soient ja- « mais à charge à la colonie.

« Je suis avec respect, etc.

« Basse-Terre, le 23 avril 1844.

« *Signé* JULIEN. »

En attendant une solution de M. le procureur du roi, Julienne et son enfant Jean-Louis sont encore esclaves ! Ils ne sont pas affranchis, car ce serait *attaquer* le *régime légal*, le *régime établi*. Cependant les efforts de ceux qui attaquent ce régime ne continuent pas moins, et c'est toujours au procureur du roi qu'ils s'adressent pour seconder ces efforts. Voici encore une de ces réclamations :

M. Pontif était créancier de M. Lespinasse pour divers ouvrages faits dans sa propriété aux Trois-Rivières. Le 25 octobre 1839, Lespinasse donna en paiement à Pontif, son petit esclave, nommé Saint-Saint, âgé alors de trois ans. L'acte de vente de cet enfant est ainsi conçu:

« Je soussigné, déclare avoir vendu et livré à M. Pierre-« Claude Pontif, *un petit mulâtre*, nommé Saint-Saint, « *âgé de trois ans*, pour prix et somme de *six cents francs*, « que j'ai reçu comptant.

« Trois-Rivières, 25 octobre 1839.

« *Signé* LESPINASSE. »

Saint-Saint a été affranchi. Sur l'acte de manumission délivré à la date du 7 octobre 1842, il est dit: « L'affran-« chissement de Saint-Saint est demandé par le sieur « Claude Pontif, son père, propriétaire, demeurant aux « Trois-Rivières. »

Mais la mère de Saint-Saint, la nommée Zabeth est encore esclave de l'habitation Lespinasse. Elle a eu neuf enfants, dont un de mort. Les autres partagent le sort de leur mère dans l'esclavage. Une des filles de Zabeth a été vendue le 15 décembre 1827, *sept cent seize francs* à M. Corneille-Marcel; cet enfant était alors *âgée de six ans*.

La feuille des dénombrements de l'année de 1840 fixe ainsi l'âge de quatre autres enfants:

Pierre, dit Louisy, âgé de douze ans;
Isménie, de huit ans;
Lérosmine, de sept ans;
Joachim Amédée, de trois ans.

Postérieurement à la date de ce recensement sont nés les deux autres enfants de Zabeth:

Anaïs, âgée aujourd'hui de quatre ans et demi;
Stanis, âgé de deux ans.

M. le procureur du roi, mis en demeure d'agir d'office, doit nécessairement attaquer, lui aussi, le *régime établi*, en réclamant l'affranchissement de Zabeth et de tous ses enfants. C'est sans doute ce qu'a voulu faire ce magistrat, par sa lettre du 24 février 1844, à M. Marius Courtois, gendre et héritier de feu Lespinasse, lorsqu'il le prévenait des démarches et des intentions de Zabeth; car Marius Courtois a répondu au procureur du roi par la lettre suivante:

« Trois-Rivières, le 27 février 1844.

« Monsieur le procureur du roi,

« Hier soir, à sept heures, j'ai reçu votre lettre du

« 24 courant, elle m'apprend quelque chose de triste.
« Mon beau-père, M. Lespinasse, faisait toujours assez « mal ses affaires; aujourd'hui nous en supportons les « conséquences fâcheuses. Cette femme (*Zabeth*) réclame « la liberté, mais elle l'a depuis plus de deux ans, elle ne « fait absolument rien pour nous. Quand elle est malade, « rien n'est à sa charge, elle a sa case sur l'habitation et « ses petites aises. Je ne pense pas qu'il y ait de liberté « au monde meilleure que la sienne (1). M. Lespinasse « avait dans le temps vendu au père de Saint-Saint, « M. Claude Pontif, son enfant, pour la liberté. C'était « pour faciliter cet homme, puisque le paiement s'est fait « après cela en ouvrage, au fur et à mesure que M. Lespinasse avait besoin de lui (2).

« Vous voyez par cela, M. le procureur du roi, que « c'est une vente bien peu *sévère*. M. Lespinasse étant « très attaché à *ses petits enfants*, avait même l'intention « de lui vendre les autres aux mêmes conditions que le « premier. Veuillez, je vous prie, M. le procureur du roi, « avoir la bonté de m'attendre quelques jours, aussitôt « que mon état me permettra de me rendre à la Basse-Terre, je vous donnerai les renseignements que vous « me demanderez. — Depuis samedi, je suis à la *cabane*, « souffrant extraordinairement d'une fièvre inflammatoire, le premier accès n'a cédé que ce matin. — Je « vous écris *sur* mon lit, vous serez assez complaisant « pour vouloir bien excuser mon griffonnage.

« Revevez, M. le procureur du roi, l'assurance de mes « sentiments dévoués.

«*Signé* Marius Courtois.

M. le procureur du roi, se contentant de cette explication, ne donna aucune suite à l'affranchissement de Zabeth. Cependant il écrivit à M. Pontif pour demander des renseignements sur les moyens suffisants d'existence de Zabeth.

(1) Pas même celle de M. Marius Courtois! Cependant « le bonheur matériel sans *la* liberté, c'est le paradis des bêtes! » a dit un écrivain distingué.

(2) C'est le contraire qu'il fallait dire. M. Lespinasse devait à M. Pontif le prix de divers ouvrages de charpente faits dans sa propriété, il s'acquitta de sa dette par la vente de ce jeune esclave. L'acte de vente dit que le prix a été reçu comptant.

Voici la réponse de M. Pontif :

« Monsieur le procureur du roi,

« Pour répondre à la justification par vous demandée « des moyens d'existence de Zabeth, esclave de M. Les- « pinasse, en instance pour sa patente de liberté, j'ai « l'honneur de vous faire remarquer que réclamant cette « liberté, pour la mère de mon fils Saint-Saint, je ne puis « vouloir que sa réunion à cet enfant pour partager avec « nous, en communauté d'intérêts et d'affection, mes « moyens d'existence, garantis par mes propriétés, mon « industrie et mon travail.

« Je suis avec respect.

« Basse-Terre, 23 avril 1844.

« *Signé* PONTIF. »

M. le procureur du roi est encore à faire droit à cette demande de liberté : néanmoins il est assailli par d'autres réclamations attaquant toujours le *régime établi*. En voici une autre :

En 1838, l'enfant Marceline, âgée de quatre ans, fut vendue à son père, le sieur Pierre Tapage, par les époux Pineau. Voici l'acte de vente de cette enfant impubère :

« Je soussigné déclare avoir vendu et livré à M. Pierre « Tapage, ma *petite câpresse* nommée Marceline, *âgée de* « *quatre ans*, pour prix et somme de 350 *fr.*, dont j'ai « reçu 231 fr. 80 c, comptant, et 118 fr. 20 c. qu'il promet « de me payer dans le courant de mars 1839.

« Fait de bonne foi, aux Trois-Rivières, le 12 mars 1838.

« *Signé* ELIZABETH TOUSSAINT PINEAU.

« *Signé* TOUSSAINT-FRANÇOIS PINEAU.

Le billet de 118 fr. 20 c., souscrit pour solde de cette vente étant acquitté, et Marceline affranchie, il parvint à la connaissance de Sophie, mère de Marceline, esclave de la veuve Pineau, que la loi ne permettait pas la séparation de l'enfant impubère de sa mère. Sophie fit des démarches afin de s'éclairer sur l'existence de cette loi que ne connaissait pas non plus l'acquéreur Tapage, père de Marceline. Ces démarches parvinrent à la connaissance de madame Pineau, et l'exaspérèrent à un tel point que dans un accès de colère, elle se porta à de mauvais traitements sur la personne de la jeune Marceline. Dans sa fureur elle lui fit des blessures à cette pauvre enfant; desquelles il y eut effusion de sang. Procès-verbal fut dressé de cet acte de sévices par un médecin et par la gendarmerie du lieu. La jeune Marceline fut transportée à l'hôpital de la Basse-Terre, où elle y demeura jusqu'au 6 juin 1844. Le 25 juin l'affaire était portée en police correctionnelle, et la veuve Pineau condamnée à 30 *fr.* d'amende !

C'est par suite de ces mauvais traitements sur sa fille, que le sieur Pierre Tapage a formé une demande tendant à réclamer l'affranchissement de Sophie, séparée de son enfant impubère, aujourd'hui libre par la vente faite à lui Tapage, père de cette enfant. Cette réclamation est en instance et fait partie des volumineux dossiers de cette sorte, que le parquet de la Basse-Terre laisse enfouir dans la poussière de ses cartons, pour ne pas attaquer le *régime établi.*

Voici un autre acte de vente par lequel un colon, qui naguère s'est fait *recevoir abolitioniste*, a préalablement vendu un enfant de *six ans* pour la somme de 600 *fr.*, et l'a ainsi séparé de sa mère avant l'âge de puberté.

« Je soussigné déclare avoir *vendu et livré* à madame « veuve Bazin *mon petit mulâtre Charles* pour prix et « somme de 600 *fr.*, payables dans tout le courant de « mai prochain, en son billet de pareille somme.

« Basse-Terre, le 30 janvier 1838.

« *Signé* BOUVIER. »

Ce billet souscrit par la veuve Bazin a été payé à son échéance ; et environ cinq ans après cette vente, le 30 octobre 1842, Charles a été revendu par la veuve Bazin à M. Camicas pour le même prix de 600 fr.

Peu après Charles est affranchi, et sur l'acte de manumission qui lui a été délivré le 9 juin 1843, par le gouvernement, il est porté *âgé de onze ans.*

Comme la mère de cet enfant, Rosillette, n'a pas été vendue avec lui, qu'elle est restée l'esclave de M. Bouvier, une demande d'affranchissement, sous la date du 23 octobre 1843, a été formée au nom de Rosillette, comme ayant été séparée de son enfant impubère vendu dès l'âge de six ans.

Dans l'intervalle de cette demande d'affranchissement, Charles vint à mourir le 14 novembre. Pour recevoir la déclaration de décès, la mairie demanda les titres et papiers de Charles, ce qui était fort inutile ; mais on obtempéra à cette exigence, et l'on eut tort, ainsi que vous allez voir. L'acte d'affranchissement de Charles est retiré du parquet du procureur du roi, où il était déposé à l'appui de la requête en demande de liberté de sa mère, et est remis à l'officier de l'état civil.

Maintenant à l'état civil on refuse de remettre cet acte d'affranchissement, qui n'avait été demandé et donné en communication que pour dresser l'acte de décès de Charles. Aux réclamations qui sont faites, le secrétaire de la mairie répond : « *Ce sont là mes ordres.* » Ces ordres sont un véritable guet-apens contre la liberté de Rosilliette, et cette pauvre mère ne trouve pas l'appui du patron des esclaves pour ravoir le titre de son fils. Le procureur du roi se contente de répondre à ses plaintes : « *Cela est surprenant.* » Ce qui doit surprendre et qui pourtant ne nous surprend pas, c'est le silence et l'inaction du *patron des esclaves.* Car en définitive ce magistrat a été mis en demeure d'agir, et il ne fait rien. Il est saisi d'une demande en revendication de liberté, à laquelle on produit : l'acte de vente de Charles, par le sieur Bouvier, à la veuve Bazin; la feuille des dénombrements constatant l'âge impubère de Charles; l'extrait mortuaire de ce dernier, toutes pièces formant le dossier de Rosilliette, et qui sont enfouies dans les cartons du parquet. Et, en présence de ces pièces qu'il a sous les yeux, M. le procureur du roi, *patron des esclaves,* garde le silence, et la pauvre Rosilliette, mère d'un autre enfant de cinq ans, est condamnée à l'esclavage avec cet enfant, parceque M. le procureur du roi ne veut pas agir d'office comme la loi le lui prescrit.

La demande de liberté en faveur de Rosilliette est rejetée par respect pour le *régime établi* aux colonies. En place de bonnes raisons, pour se justifier de ne pas donner suite à cette demande, on ose arguer que « Charles ne vivant plus, le fait de la séparation d'avec sa mère, comme enfant impubère, a cessé; qu'il *n'a plus besoin des soins de sa mère, puisqu'il est mort.* » Mais on se garde d'ajouter que la mère a besoin de sa liberté, que l'aliénation du fils entraîne de droit celle de la mère, et que par conséquent Rosilliette doit être affranchie de l'esclavage.

Mais ce n'est pas tout : cette pauvre mère a encore un autre enfant qui, comme son fils Charles, a été vendu avant l'âge de puberté.

En effet le 6 mars 1837, antérieurement à la vente de Charles, le sieur Bouvier avait également vendu à la veuve Bazin, pour la somme de 367 francs 50 cent., une fille de Rosilliette, du nom d'Herminie, âgée alors de *deux ans.* Affranchie le 13 août 1832, l'acte légal de sa liberté constate qu'elle avait *sept ans* à cette dernière date.

Mademoiselle Herminie, depuis la mort de son frère, a repris en son propre nom la demande d'affranchissement de sa mère, pour avoir été séparée d'elle par la vente de sa personne avant l'âge de puberté.

Le patron des esclaves à la Basse-Terre répond à cette demande, fondée en droit « que la séparation n'existe plus aujourd'hui, qu'Herminie a atteint l'âge de puberté, qu'à dix-neuf ans elle peut bien se passer des soins de sa mère; qu'il ne peut pas, lui, procureur du roi, *patron des esclaves*, « *retirer le pain à de pauvres pères de familles,* « *en les dépouillant de leurs biens.* »

Ainsi donc, Monsieur, voilà comme on entend le patronage des esclaves à la Guadeloupe! A défaut du procureur du roi, qui refuse d'agir d'office, mademoiselle Herminie ne peut former directement sa demande devant les tribunaux, parceque tous les avocats et officiers ministériels lui ont refusé leur ministère, les uns pour des motifs de parenté ou d'alliance avec la famille Bouvier, les autres pour de simples liaisons d'amitié ou de confraternité avec les membres de cette famille.

M. Bouvier, *l'abolitioniste* en cause, a épousé une sœur de M. Eggimann, avocat, le même qui reçut, il y a quelques années, un *diplôme d'abolitioniste* de celui qui s'intitule le *Wilberforce de la France!* M. Eggimann, *abolitionniste et négrophile*, ne peut plaider contre son beau-frère, *abolitioniste et négrophile*, pour faire rendre la liberté à une pauvre négresse esclave et à son enfant!

Et de plus, étant marié, lui M. Eggimann, à une demoiselle Ledentu, dont le frère est aussi avocat et maire de la ville de la Basse-Terre, M. Ledentu se trouve ainsi paralysé; il ne peut non plus plaider contre M. Bouvier, le beau-frère de son beau-frère. Déjà, vous avez vu le secrétaire de la mairie refuser de rendre à Rosilliette, «*par ordre,* » le titre d'affranchissement de son fils, lequel titre avait été communiqué pour dresser un acte de décès.

M. Payen, avoué, qui prête ordinairement son ministère avec assez d'indépendance dans ces causes de liberté, n'a pu cette fois postuler dans les intérêts de Rosilliette; il est beau-frère de M. Eggimann *l'abolitioniste*, ayant épousé, lui aussi, une autre demoiselle Ledentu.

M. Terrail, avoué, qui ne refuse jamais non plus son ministère pour ces réclamations de liberté, se trouve lié d'intérêt avec M. Eggimann; ils sont les deux associés qui font *valoir* l'une des études les plus productives de la Basse-Terre. M. Terrail ne peut se charger cette fois-ci d'une procédure dans une affaire où il s'agit *d'attaquer la propriété pensante* du beau-frère de son associé.

Enfin un autre avoué, dont le nom ne me revient pas, après avoir accepté l'affaire, n'a plus voulu s'en charger, parceque, dit-il : « J'en suis empêché par mes relations « avec la famille Bouvier : c'est Egglmann (*le négrophile*) « qui plaide en cour royale les affaires dont je fais la pro- « cédure, » et qui plaidera sans doute pour son riche beau-frère contre la pauvre négresse!

Le ministre de la marine et des colonies peut obvier à ces fâcheux inconvénients, s'il le veut : c'est d'accorder aux jeunes avocats des colonies, comme on le lui a déjà demandé, des charges d'avoué, qui, faisant cesser un monopole dans les mains de quelques-uns, profiteraient pour le plus grand bien de tous. C'est là une des plaies qu'un ministre de la justice devrait bien guérir.

Je vous demande pardon, Monsieur, d'exposer sous vos yeux toutes ces misères, toutes ces turpitudes du *régime établi* aux colonies, et de reproduire encore un autre fait de séparation d'une mère de son enfant impubère.

Coralie avait été la propriété de M. Coquille Valoncourt, habitant au Dos-d'Ane, lequel la vendit en l'année 1820, à la dame veuve Blanchet.

Lors de cette vente, elle avait quatre enfants, Agathe, Pauline, Joséphine et Narcisse. L'aînée de ces enfants, Agathe, avait à peine *six ans*. Pauline, qui vient après, avait à peine *trois ans*, et était *infirme*. Ces deux enfants restèrent en la possession de M. Coquille, et furent ainsi séparées de leur mère avant l'âge de puberté.

Mais Joséphine, alors âgée de deux ans, et son frère Narcisse, à la mamelle, suivirent leur mère, et furent *vendus* et *livrés* avec elle, à la veuve Blanchet.

Le 26 septembre 1823, Coralie se racheta de l'esclavage; elle cessa d'être la propriété mobiliaire de la dame veuve Blanchet, moyennant 2640 livres coloniales que stipule l'acte de vente et qu'elle paya.

Le 22 juillet 1826, elle obtint du gouvernement sa patente de liberté, ou l'acte légal de son affranchissement, en payant au fisc une somme de 358 fr. 30 c.

Lorsque Coralie se racheta en 1823, elle fut séparée une seconde fois, de ses deux autres plus jeunes enfants, qui restèrent la propriété de la veuve Blanchet.

A la mort de cette dame, les héritiers vendirent ces deux enfants à un sieur de Friberg, propriétaire, demeurant à la Montagne-Saint-Louis.

Voilà donc une famille de quatre enfants impubères totalement séparée de la mère, et habitant dans des lieux différents.

Agathe, l'aînée des enfants de Coralie, qui était âgée de six ans, lorsque sa mère fut vendue séparément d'elle, est elle-même mère d'un enfant, qui aujourd'hui est âgé de quatorze ans.

Joséphine, troisième fille de Coralie, vendue avec elle en 1820, est aussi mère d'un enfant, âgé aujourd'hui de dix-huit mois.

Coralie s'est pourvu en justice pour avoir tous ses enfants et petits-enfants vendus séparément d'elle.

Mais le tribunal de la Basse-Terre, comme tous les tribunaux des colonies, qui ne se pique pas en matière de liberté et d'affranchissement d'être très impartial, a purement et simplement débouté, comme on dit au palais, la pauvre négresse de sa demande en revendication de ses enfants; et sur l'appel de ce jugement inique, la Cour royale de la Guadeloupe qui partage les mêmes principes que le tribunal, qui a les mêmes intérêts et les mêmes préjugés à défendre et à soutenir, a déclaré dans son arrêt du 5 août 1844, que « Coralie ayant été vendue à elle-« même pour sa liberté, *n'a pas été séparée de ses en-« fants. Au contraire,* » ajoute cet arrêt, « elle a été placée « dans une position plus favorable pour eux, puisqu'elle « peut ainsi par son travail et son industrie les rendre li-« bres comme elle. » — (C'est à dire les acheter, au lieu de les réclamer la loi à la main; enrichir ainsi de son argent des maîtres qui les ont tenus et les tiennent encore dans l'esclavage.) « Attendu, continue l'arrêt, que le ra-« chat doit être envisagé avec faveur; qu'il est la source « d'un grand nombre d'affranchissements; que ce serait ta-« rir cette source, et condamner la famille à rester tout en-« tière dans l'esclavage, que d'empêcher la mère et ses « enfants impubères d'arriver séparément à la liberté. »

Et enfin, à bout de sa logique, la Cour de la Guadeloupe a fini par se contredire elle-même, en ce qui touche la revendication de Pauline, l'une des enfants réclamée, qui se trouve encore en la possession de la dame Coquille.

« Attendu qu'elle était âgée de six ans seulement, et « conséquemment impubère lorsque Coralie, sa mère, « a été vendue sans elle à la dame Blanchet; qu'ainsi il y a « eu à son égard violation formelle des dispositions de « l'article 47 du code noir; par conséquent, l'enfant Pau-« line sera SEULE rendue à sa mère» (Pauline est infirme, elle ne peut rendre aucun service à sa maîtresse, la dame veuve Coquille; elle est donc à charge à cette dame; la Cour l'en débarrasse). Mais à l'égard des autres enfants, impubères, comme Pauline, au moment de la vente qui les séparait de leur mère, et qui se trouvent aujourd'hui, entre les mains de différents maîtres; la Cour déclare qu'ils ont été achetés de bonne foi, et ne doivent pas être restitués à leur mère, attendu que ce serait causer un tort aux acquéreurs qui ont légalement acheté, qu'*en fait de meubles, possession vaut titre*.

Voilà de la justice soi-disant équitable, mais qui n'est en réalité que celle du fort contre le faible. Où Messieurs de la Guadeloupe ont-ils vu que la liberté puisse périr devant une exception de bonne foi, et que l'homme libre qui a droit de l'être, vendu comme esclave, ne puisse pas réclamer perpétuellement envers et contre tous cette liberté dont on a fait trafic illégitime?

Par cette série de faits, vous voyez, Monsieur, que la question des enfants impubères, séparés de leur mère, se présente fréquemment à la Guadeloupe, et que le droit à la liberté ne triomphe pas souvent des obstacles et du mauvais vouloir du parquet, ni de l'étrange justice des magistrats. En voici encore une nouvelle preuve :

Marguerite, dite Lucile, a été vendue, avec son enfant âgé de cinq jours, à M. Victor Bellevue, habitant propriétaire à Deshaies, moyennant la somme de 1355 fr., dont partie des fonds fut fournie par Lucile, et le complément par M. Bellevue. Voici l'acte de vente :

« Je soussigné, reconnais avoir vendu à M. Victor Bel-
« levue, *ma négresse*, nommée Marguerite, dite Lucile,
« âgée de trente-six ans, et son enfant, née le 9 du cou-
« rant, à laquelle j'ai donné le nom de Marguerite, pour
« prix et somme de 1355 fr., et ce, convenu *pour leur li-*
« *berté*, dont il m'a payé en espèces, la somme de 937 fr.
« 54 c., et consenti une obligation pour l'excédent.

« Fery Deshayes, le 14 mai 1836.

« *Signé* Racine. »

Le 6 mars 1837, Lucile obtint son acte d'affranchissement, mais le sieur Racine, tout en recevant les 1355 f. pour le prix de la liberté de son esclave, voulut se donner les airs en public d'un maître généreux qui accorde gratuitement la liberté à ses esclaves. Il obtint de l'acquéreur de Lucile que la demande d'affranchissement fût adressée par lui Racine, vendeur, et en son nom; et l'on put lire dans les journaux de la colonie l'annonce légale de la demande d'affranchissement de Lucile, par son maître M. Racine.

Il est permis de croire que M. Racine, en sollicitant lui-même la liberté de Lucile, a voulu éluder les dispositions de l'article 47 du code noir ; car Lucile avait cinq autres enfants impubères, lorsqu'elle se racheta en 1836 de M. Racine, par l'entremise de M. Bellevue, son patron.

Quoi qu'il en soit, munie de son acte de vente, qu'aucun autre titre ne peut détruire, Lucile adressa requête au procureur du roi, le 24 août 1843, pour demander la réunion de ses cinq enfants à elle, ainsi qu'une petite fille, œuvre de Marie, l'une de ses filles.

Cette demande ne fut pas accueillie par le magistrat du parquet, patron des esclaves, il la repoussa en ces termes :

« Nous, procureur du roi, vu la patente d'affranchissement de Marguerite, dite Lucile ; attendu qu'il paraît « résulter de cette pièce que l'affranchissement est un « acte de libéralité de la part du maître ; attendu que l'in- « tervention d'office du ministère public ne peut être lé- « galement requise, que quand il s'agit de *liberté de fait*, « à régulariser, ou de *liberté de droit dans les termes de* « *l'ordonnance royale du* 11 *juin* 1839 ; que la situation « des enfants ne rentre dans aucun des cas indiqués dans « cette dernière ordonnance, ni dans celle du 12 juillet « 1832. Renvoyons les parties intéressées à se pour- « voir directement, pour réclamer les droits de leurs en- « fants, en vertu de l'article 47 déjà cité, et déclarons ne « pouvoir agir d'office.

« *Signé* RISTUELHUMBER. »

Et voilà comme le patronage des esclaves est exercé aux colonies !

Depuis que l'arrêt Virginie est connu à la Guadeloupe, Lucile a fait de nouvelles démarches pour ravoir ses enfants.

On s'est d'abord enquis au bureau de l'intérieur sur les feuilles de recensements des esclaves, de l'âge des enfants de Lucile.

Il est résulté que sur les dénombrements de mademoiselle Rosalie Racine, héritière de son père, M. Racine, les enfants de Lucile sont enregistrés sur la feuille de 1843, dans l'ordre suivant :

Marie, âgée de 21 ans ;
Henry, âgé de 18 ans ;
Alexandre, âgé de 17 ans ;
Lucien, âgé de 15 ans ;
Grégoire, âgé de 11 ans ;
Edouard, enfant de Marie, âgé de 1 an.

Une autre enfant de Marie, du nom de Fragile n'est point enregistrée sur cette feuille de dénombrement étant née depuis ce recensement. Marie est mariée à un esclave d'une habitation voisine de celle de mademoiselle Racine.

De cette vérification, et en remontant à la date de la vente de Lucile, qui eut lieu en mai 1836, il résulte que Marie, l'aînée de ses enfants, entrait alors dans sa quatorzième année; que les autres enfants étaient âgés de onze, dix, huit et quatre ans.

Lucile, avant de commencer l'instance en revendication de ses enfants, ayant fait écrire par son avoué à mademoiselle Rosalie Racine pour l'engager à terminer à l'amiable, lui fit part de l'arrêt de la cour de cassation dans l'affaire Virginie. A la réception de cette lettre, mademoiselle Racine chassa de sa propriété tous les enfants de Lucile, leur retirant les houes et autres instruments de travail en leur possession. Mais se ravisant, ou conseillée par des voisins qui ne veulent rien céder de leurs prétentions, mademoiselle Racine fit arrêter le lendemain et conduire à la prison de Deshaies, comme *esclaves marrons*, toutes ces personnes sur lesquelles, la veille, elle avait renoncé à tout droit de propriété.

Un autre et dernier fait que je joins ici, achèvera de prouver que même les plus hauts fonctionnaires de la colonie, chargés du patronage des esclaves, s'en acquittent fort mal, et qu'ils se sont constitués plutôt les défenseurs officieux du prétendu droit des maîtres, que les patrons légaux des pauvres esclaves.

Tout récemment, un jeune esclave du nom de Louisy Benjamin, s'adresse directement à M. Bernard, procureur général à la Guadeloupe (premier patron des esclaves dans cette colonie). Louisy expose qu'il est né en 1818, en légitime mariage de Louisy et de Rose; que le mariage de ses père et mère a eu lieu du consentement de leur maître, ainsi qu'il le prouve par l'acte religieux de célébration, la loi ne permettant pas alors le mariage civil des esclaves; Louisy expose en outre que son père a été affranchi en 1821, *après rachat*, séparément de sa mère et de lui, restés esclaves, et il produit à l'appui de sa requête toutes les pièces constatant son droit à la liberté; il sollicite en conséquence de la justice de M. le procureur général qu'il lui plaise réclamer d'office son acte d'affranchissement, en sa qualité de patron des esclaves. M. le procureur général Bernard qui, je crois, possède lui-même des esclaves, n'a pas cru devoir prêter son patronage à cet esclave, pour ne pas sans doute attaquer le *régime établi*, qui fait partie de sa fortune. Il a donc refusé son ministère, déclarant ne pouvoir agir d'office, et il a détourné ce malheureux jeune homme de l'intention où il était de poursuivre lui-même la revendication de sa liberté, lui disant d'attendre, qu'une nouvelle loi allait être votée, et qu'elle serait favorable à sa réclamation. Il n'en est rien, vous le savez, Monsieur, car la loi sur le régime des esclaves votée à la session dernière des chambres, et qui vient d'être promulguée, n'a rien de commun avec la réclamation de Louisy, et M. le procureur général de la Guadeloupe le savait bien à l'avance. En attendant, Louisy, confiant dans la parole de M. Bernard, et faute d'appui et d'argent, reste dans l'esclavage.

Cependant, Monsieur, l'article 47 de l'édit de 1685, ne veut pas que le mari et la femme et leurs enfants impubères puissent être vendus séparément, s'ils sont sous la puissance du même maître.

Et M. le procureur général de la Guadeloupe ne peut ignorer cette disposition de la loi.

Et lorsque Louisy Benjamin, revendiquant son affranchissement, justifie :

1° L'acte de célébration du mariage de Louisy, son père, avec Rose, sa mère, tous deux esclaves, appartenant au même maître ;

2° Son acte de baptême, constatant qu'il est né en 1818, du mariage légitime de Louisy et de Rose ;

3° L'acte de liberté de son père, délivré en 1821, par suite de son rachat ;

4° L'extrait mortuaire de Louisy père, décédé en 1837.

On ne comprend pas le refus d'agir d'office, de M. Bernard, procureur général et *patron* des esclaves, et encore moins le conseil donné à Louisy d'attendre le vote de la loi sur le régime des esclaves.

Est-ce que le droit à la liberté de Louisy Benjamin n'est pas antérieur à cette loi ?

Est-ce que ce droit ne repose pas sur le fait de l'aliénation de son père, vendu séparément de lui avant son âge de puberté ?

Comment expliquer autrement l'inaction de M. Bernard, sinon qu'il est pour la forme, et sur le papier, le patron des esclaves ; et qu'au fond, il est le protecteur et le défenseur des maîtres (propriétaire lui-même d'esclaves) contre le droit de pauvres esclaves revendiquant leur liberté.

En signalant de tels actes, je crois remplir un devoir, et si je n'hésite pas en citant des noms propres, à signer ces notes, c'est que moi aussi je dis que :

Un écrit clandestin n'est point d'un honnête homme,
Quand j'accuse quelqu'un, je le dois, je me nomme.

Je ne parlerai pas ici d'une récente affaire jugée par la cour royale de la Guadeloupe, laquelle m'est également recommandée, et dont la connaissance vous parviendra officiellement; car mon honorable ami, M. Gatine, est chargé de former le pourvoi à la cour de cassation, dans l'intérêt de Marie et de ses enfants revendiquant leur liberté.

Dans cette série de faits, Monsieur, vous reconnaîtrez cet esprit colon qui regimbe à toute réforme, à tout principe libérateur. Vous y verrez aussi la confirmation de cette vérité tant de fois mise en évidence, que le patronage des esclaves n'est guère rien de plus qu'un vain mot. On peut dire qu'il ne s'exerce que *sous le bon plaisir des maîtres*, puisqu'avant d'agir pour l'esclave qui a droit à la liberté, on demande au maître *s'il veut bien consentir à l'affranchissement!* Ces étranges condescendances semblent fort peu compatibles avec les devoirs impérieux d'une noble fonction, providence énergique et puissante des faibles et des malheureux, si elle était comprise et exercée avec le sentiment de son importance. Mais on l'a dit cent fois, que peut-on espérer d'officiers du ministère public possesseurs d'esclaves ou attendant faveurs et avancement de ceux qui possèdent des esclaves? Il est consolant, toutefois, de voir que, malgré ces résistances, l'arrêt Virginie a imprimé un grand mouvement; qu'il fait fouiller partout les tristes archives de l'esclavage, et retrouver à beaucoup, sous la torpeur et les fraudes de la servitude, un titre impérissable de liberté! C'est ainsi, c'est en tirant d'un principe conquis, ou d'un arrêt obtenu toutes leurs conséquences, en leur faisant porter tous leurs fruits, qu'il faut avancer la délivrance générale. Il faut élargir chaque brèche faite à ce vieux fort démantelé où l'esclavage agonisant retient encore, pour notre honte, 250,000 victimes : *hoc opus, hic labor est.* Mes amis, mes frères des colonies, en poursuivant chaque jour cette tâche, feront plus pour la grande cause de l'émancipation que n'ont fait jusqu'ici les législateurs eux-mêmes et le gouvernement, qui d'un mot auraient pu briser tant de fers!

Je vous demande pardon, Monsieur, si j'en ai tant dit sur cette matière, et je vous prie de vouloir bien accorder votre bienveillant appui à tant d'infortunes, et d'agréer à l'avance ma vive reconnaissance.

Je suis, Monsieur, avec tout le respect possible,

Votre très humble et très obéissant serviteur

BISSETTE.

A MONSIEUR LE BARON DE MACKAU,

PAIR DE FRANCE, MINISTRE DE LA MARINE ET DES COLONIES.

Paris, le 4 novembre 1845.

MONSIEUR LE MINISTRE,

Dans l'audience que vous avez bien voulu m'accorder au mois de mai dernier, vous m'avez fait l'honneur de me dire que vous accueillerez toujours avec plaisir, étant persuadé de mes bonnes intentions et de mon dévouement pour mon pays, tout ce que je pourrais avoir à vous transmettre sur les colonies, car rien ne vous tient tant à cœur que d'être bien renseigné sur la vérité.

Ces paroles, Monsieur le Ministre, venaient à la suite de l'entretien que j'eus avec vous à l'occasion de l'affaire Brunot, économe de l'habitation *La Marly*, coupable de sévices envers un esclave, faits plus d'une fois reprochés au susdit Brunot, et dont vous ne connaissiez pas tous les détails, M. le gouverneur Mathieu vous les ayant laissé ignorer.

La conduite honorable tenue dans cette affaire par un jeune magistrat du parquet, M. Chevalier, substitut du procureur du roi au Fort Royal, fut justement appréciée par vous, Monsieur le Ministre. Mais vous ignorez sans doute que, pour avoir courageusement rempli son devoir, M. Chevalier est l'objet de l'animadversion de quelques colons, appartenant à cette majorité du conseil colonial qui porte le nom de parti *Duclary*, et parmi lesquels on compte au premier rang MM. Huc, Fesses-Sales, Delhorme et autres énergumènes de la force du chef de file qu'ils se sont choisi.

C'est pour moi un devoir, Monsieur le Ministre, de rappeler à votre souvenir cette affaire Brunot, ainsi que le rôle auquel se prêta le gouverneur Mathieu dans le banquet offert sur l'habitation *La Marly*, à la suite de l'acquittement scandaleux de Brunot. Et voici pourquoi :

On savait dans la colonie que vous n'aviez pas cédé aux instances qui avaient été faites près de vous pour infliger un blâme à la conduite de M. Chevalier, et personne n'ignore aujourd'hui que ce magistrat a été complétement

8

approuvé par M. le ministre de la marine, à l'occasion de son rapport dans l'affaire de l'économe Brunot.

Et pourtant, voilà M. Morel, qui devait connaître vos sentiments sur cette affaire, puisqu'il était à Paris lorsque vous parvinrent les plaintes du parti Duclary contre M. Chevalier, voilà, disons-nous, M. Morel qui, de retour à la Martinique et se croyant encore apparemment procureur-général, s'empresse d'admonester son substitut, pour faire prendre le change à l'opinion publique, en laissant croire que ce blâme part d'ici, de votre département. C'est du moins l'effet qu'on a voulu produire dans la colonie. M. Morel étant d'un caractère naturellement faible, il n'a pas fallu de bien grands efforts pour le disposer à se prêter à cette petite cabale de parti; propriétaire d'esclaves, imbu de tous les préjugés des colons, — c'est leur âme damnée, — M. Morel ne voit et ne pense absolument que comme eux : on comprend facilement qu'il a dû céder aux injonctions d'un parti qui, n'ayant rien à perdre dans une perturbation possible de la colonie, la joue depuis plusieurs années à croix ou pile.

Il n'y a rien d'exagéré, Monsieur le Ministre, dans l'opinion que j'émets ici sur ce parti, car la plupart des hommes qui le composent n'ont d'existence politique qu'à l'aide d'une fiction, je ne dirai pas légale, mais *immorale*. Je m'explique :

La capacité électorale est établie aux colonies, comme en France, sur la fortune que possède chaque électeur, chaque éligible. Or, il est constant qu'aux colonies la grande majorité des électeurs et des éligibles doivent plus qu'ils ne possèdent, et ils ne peuvent être expropriés parceque la saisie réelle n'existe pas aux colonies. Ces débiteurs obérés ont eu le soin de supprimer, lors de la promulgation du Code civil, toutes les dispositions relatives à l'expropriation forcée. Et ce sont eux encore qui repoussent aujourd'hui tout projet de loi concernant l'expropriation forcée, parcequ'ils n'ont de crédit et parcequ'ils n'exercent leurs droits politiques qu'en vertu de cette *fiction immorale* dont j'ai parlé, d'un mensonge, ou mieux, d'une spoliation de la fortune d'autrui. Promulguez aux colonies les articles du titre XIX du Code civil, et MM. tels et tels, qui font aujourd'hui les beaux jours des conseils coloniaux, ne seront plus éligibles, pas même électeurs.

Plus tard, je reviendrai sur cette grande mesure, qui, selon moi, doit marcher ensemble avec la loi sur l'abolition de l'esclavage; car si le gouvernement veut ne pas rencontrer aux colonies cette résistance systématique, calculée et intéressée contre tout progrès, il doit s'empresser de rétablir la moralité dans les lois du pays, et ne pas confier les destinées des populations à des colons obérés et ruinés, qui, en dépit de toute morale et de toute justice, les veulent gouverner à leur guise.

Je reviens, Monsieur le Ministre, sur l'affaire Brunot, et je me borne à vous faire observer qu'un magistrat honorable, un substitut du procureur du roi, M. Chevalier enfin, digne à tous égards de l'estime publique, et qui, à l'intégrité du magistrat joint les vertus du bon père de famille, est en butte, à la Martinique, aux tracasseries d'un parti pour avoir fait son devoir; et que des agents placés sous vos ordres, qui ont juridiction sur M. Chevalier, reprennent en sous œuvre ce magistrat, et réforment votre décision à son égard, en le blâmant et en l'admonestant.

Le gouverneur, M. Mathieu, l'ex-procureur-général, M. Morel, aujourd'hui président de la cour royale, ainsi que quelques membres du conseil colonial, se flattent que vous reviendrez sur votre première décision ; leurs délégués ordinaires et extraordinaires à Paris sont chargés d'insister de nouveau près de vous, Monsieur le Ministre, afin d'obtenir la satisfaction *éclatante* qu'ils ont promise aux colons par la disgrâce de M. Chevalier près du ministère.

Il est remarquable, Monsieur le Ministre, que les magistrats européens honorablement posés aux colonies, remplissant leurs devoirs avec intégrité, accomplissant religieusement leur mission de paix et de justice, n'ont jamais eu les sympathies de certains hommes, de ces hommes appartenant à ce vieux parti colon, type de tous les préjugés de castes et ennemi de tout progrès ; de ces hommes du parti privilégié dont la mauvaise queue porte aujourd'hui le nom de parti *Ductary*.

C'est encore le vieux système colonial, que ces hommes tarés et encroutés s'efforcent de réédifier et veulent maintenir envers et contre tous. Il leur faut toujours des victimes, et il est rare que les victimes immolées ne soient des magistrats honnêtes dont la probité est incontestable. Je rappelerai, à cet égard, ce qu'écrivait d'une colonie en mai 1826, un honorable magistrat européen, homme recommandable sous tous les rapports : j'ai nommé M. Girard, ancien procureur général à la Martinique. M. Girard, lui aussi, avait encouru par ses vertus la haine du parti colon, et par suite la disgrâce ministérielle du département de la marine. Laissons parler M. Girard :

« Ma lettre de rappel dit que je l'ai demandé ; ce qui « est faux. Elle m'annonce que je recevrai un traitement

« provisoire jusqu'à nouvelle destination. Je reviens, au « reste, en France, avec une conscience bien calme : « *contre l'usage, ma probité a passé et repassé le tropique.* »

Dans une autre lettre, écrite presque à la même date, ce magistrat s'exprime ainsi :

« J'ignore les causes de mon rappel ; je savais que de« puis mon arrivée dans la colonie, on me travaillait au « ministère ; je n'ai jamais opposé intrigues à intrigues. « J'ai demandé au ministère, conseil, direction ; on ne « m'a pas répondu ; je n'ai jamais reçu une lettre de re« proche ni d'avertissement. En France peut-être ap« prendrai-je *pourquoi*.

Enfin, dans une autre lettre portant le caractère semiofficiel, et que nous possédons aussi, on lit ce qui suit sur le rappel de M. Girard. C'est là le *pourquoi*, dont il n'avait pas le secret :

« M. Girard est un homme capable, un homme respec« table, un homme de probité sans tache. Mais il ne sa« vait pas se contenir ; il a eu affaire à un magistrat co« lon, homme rusé, écrasé de dettes, qui tous les jours « était obligé de descendre de son siége pour répondre à « ses créanciers. M. Girard recevant des plaintes conti« nuelles, *le prit la main dans le sac;* il ne put contenir « son indignation ; au lieu d'écrire au ministre que ce « colon magistrat est un *gredin :* Hâtez-vous de le révo« quer ; il laissa percer son mépris en public. Ce magis« trat est un colon ardent, par conséquent bien soutenu « par les hommes de la colonie : il y a eu des plaintes « contre M. Girard ; *il a fallu céder ! Nous avons destitué* « *M. Girard*, mais il a notre estime. »

Je vous demande bien pardon, Monsieur le Ministre, de rappeler ici à propos de M. Chevalier, des faits qui lui sont absolument étrangers et qui sont antérieurs à votre administration. Je n'ai en vue d'autres intentions que de vous donner une parfaite connaissance du passé des bureaux de la marine ; passé que le parti Duclary a la prétention de faire revivre et sur lequel il ose se fonder, en se berçant de l'espoir d'y trouver un appui pour priver la colonie de magistrats irréprochables, parceque, dit-on à la Martinique, « la *tradition est là*, et la famille « Duclary compte maintenant l'un des siens dans les bu« reaux de la direction des colonies à la marine, » comme alors la famille Bayardelle Larenty, propriétaire de l'habitation *La Marty*, comptait aussi un des siens, M. de Larenty, à la tête de la direction des colonies.

Je passe, Monsieur le Ministre, à un autre fait qui touche essentiellement au préjugé de couleur, à la *noblesse de la peau*, dont M. le gouverneur Mathieu s'est fait le champion.

Le conseil colonial de la Martinique vient d'être réélu, et pour la première fois un mulâtre, M. Eugène Clavier, avocat, a été élu membre de ce conseil.

Un usage constant depuis la création des conseils coloniaux, veut que le gouvernement convie officiellement à dîner, à l'ouverture de la session, tous les représentants de la colonie réunis en corps.

M. le gouverneur Mathieu, cédant aux suggestions de quelques hommes du conseil, appartenant au parti Duclary, lesquels lui ont déclaré *ne vouloir pas dîner à la même table, côte à côte avec un mulâtre*, s'est abstenu de toute invitation.

Il y a, Monsieur le Ministre, dans cette abstention de M. Mathieu, une injure pour la partie de la population à laquelle appartient M. Clavier, une injure pour la majorité des électeurs qui l'ont envoyé au conseil colonial, une injure enfin pour la loi elle-même, dont le vœu appelait M. Clavier comme tout autre éligible, à la législature locale.

Ce n'est pas, Monsieur le Ministre, une vaine susceptibilité d'amour-propre, ni une sotte vanité qui excitent ici les plaintes des amis de M. Clavier ; M. Clavier, comme tous ses amis, est au-dessus des sottises d'un gouverneur incapable, d'un homme dont l'esprit étroit ne peut que subir, malgré lui, l'influence des préjugés de ceux qui l'entourent et gouvernent pour lui la colonie.

Pas plus que ses amis, M. Clavier n'entend *faire irruption* dans les salons et à la table des blancs, aux colonies ; mais M. Clavier et ses amis, prétendent, et ils ont raison, qu'ils ne doivent pas être exclus à cause de leur couleur, des cérémonies publiques et des réceptions officielles des gouverneurs, lorsqu'ils sont revêtus du caractère public qui est le titre ordinaire d'admission à ces représentations officielles.

Pour donner une juste idée de la portée d'esprit de M. Mathieu, gouverneur, voici, Monsieur le Ministre, ce que ce représentant du roi, dans la colonie, imagina pour réparer la bévue qu'il a commise à l'occasion de M. Clavier.

Voyant que sa conduite n'avait pas obtenu l'assentiment des honnêtes gens, et que même, des chefs d'administration de la colonie, insistaient près de lui pour qu'il en agisse autrement, M. Mathieu se ravisa, et tenta auprès de M. Clavier, par l'intermédiaire d'un tiers, une démarche qui le couvrit de ridicule. Cette démarche la voici :

L'intermédiaire de M. Mathieu, s'adressant à M. Clavier, lui dit : « Le gouverneur est *décidé* à réparer l'*oubli* « dont vous avez été l'objet ; mais promettez-lui d'ac- « cepter l'invitation qui vous sera faite avec *quelques-uns* « *de vos collègues.* »

Par cette ouverture de M. Mathieu, on a la mesure de ce gouverneur.

Mais voici ce qui complète la déconvenue de M. Mathieu : c'est la réponse de M. Clavier ; cette réponse a été faite par écrit à l'intermédiaire du gouverneur, afin que M. Mathieu n'en perdit pas une syllabe. On va juger de quel côté est la dignité, et quel est celui de M. Mathieu ou de M. Clavier, qui représenterait plus honorablement S. M. le roi des Français, comme gouverneur de la Martinique. Voici cette réponse :

« Monsieur,

« Une invitation partielle ne pourrait être considérée « que comme une dérogation à l'usage jusqu'ici suivi par « les gouverneurs, vis-à-vis les conseillers coloniaux.

« Cette dérogation atteindrait non ma personne, mais « toute la partie de la population, dont je représente plus « intimement les besoins et les espérances.

« Elle pèserait éternellement sur tous les conseillers « et les fonctionnaires de ma race.

« Il ne m'appartient pas de concourir à la consacrer.

« Vous me connaissez trop bien, Monsieur, pour ne pas « apprécier l'exigence et la gravité des circonstances « dans lesquelles je dois puiser chacune de mes résolu- « tions politiques. »

Evidemment, Monsieur le Ministre, en rappelant le gouverneur à la pratique de ses devoirs méconnus, M. Clavier n'a pas eu en vue sa personne privée, ni son amour-propre, qui du reste ne peuvent être blessés par l'impolitesse de M. Mathieu, puisque M. Clavier, dans ce cas, aurait pu saisir l'occasion de l'ouverture qui lui était faite au nom du gouverneur, et se tenir satisfait en acceptant l'invitation partielle qu'on lui proposait. Mais M. Clavier a compris sa mission, en donnant en même temps, au gouverneur de la Martinique, une leçon de bienséance et une leçon politique à l'endroit des préjugés de couleur. M. Clavier a montré à ses amis, qu'il est à la hauteur de sa mission ; car ce n'est pas à cause de sa personne, comme conseiller colonial, qu'il est repoussé de la table du gouverneur, ni à cause de sa moralité et de sa probité, fort au dessus, ma foi, de la probité et de la moralité de certains de ses collègues du conseil, les conviés de M. Mathieu, mais à cause de sa couleur et de son origine nègre, *de sang mêlé*. C'est ce que M. Clavier a compris, et c'est ce qui a valu à M. Mathieu la leçon qu'il reçoit de ce mulâtre.

On ne dira pas non plus que c'est à cause de ses opinions politiques, ni comme faisant de l'opposition au gouvernement que M. Clavier est exclu des réceptions du gouverneur, car en France M. Clavier serait un conservateur, un ministériel, ce qui ne l'empêche pas d'être un fervent abolitioniste à la Martinique, et de voter au conseil colonial avec la minorité qui soutient les propositions du gouvernement, par opposition, entre autres, à M. Duclary, convive que M. Mathieu *n'oublie pas*, et qui, dans ses discours et ses rapports *imprimés aux frais du gouvernement*, qualifie les actes de ce gouvernement « *d'usurpations monstrueuses et de complots politiques contre la constitution coloniale*, » et vous appelle, vous, Monsieur le Ministre, comme tous vos collègues, tous ceux qui ont fait et font partie du gouvernement de Juillet et des chambres actuelles, « *les continuateurs de* 93, » et vous prédit que « *vous serez fidèles à votre nature, que vous ne produirez* « *que l'anarchie, parceque vos actes sont des monstruosités* « *et des complots politiques, enfantements du génie révolu-* « *tionnaire de quatre-vingt-treize ressuscités dans les jour-* « *nées de Juillet* 1830 (1). » M. Clavier vote encore au conseil colonial contre cet autre énergumène, M. Huc, convive non moins cher à M. Mathieu, qui s'est intitulé ridiculement le porte drapeau du parti Duclary, et qui, dans un discours au conseil colonial, dont la dédicace est offerte à M. Galos, directeur des colonies à la marine, s'exprime ainsi :

« L'opinion à laquelle (je suis heureux de pouvoir l'affirmer), appartiennent *toutes les majorités* des conseils « coloniaux et les *quatre-vingt-dix-neuf centièmes* des co- « lons, ne se fondant que sur l'équité, la raison, formule « ainsi son système : La tyrannie appelle la résistance ; « nous inscrivons donc sur notre drapeau : RÉSISTANCE « PARTOUT, RÉSISTANCE TOUJOURS, CONCESSION JAMAIS. La « force pourra nous briser, nous disperser, nous arra- « cher de notre berceau, mais elle ne nous contraindra « jamais à nous immoler nous-mêmes à l'intérêt an- « glais. »

(1) Voir discours et rapports de M. Duclary, publiés par lui dans diverses brochures, ainsi que sa protestation adressée à M. de Moges, ancien gouverneur de la Martinique.

Voilà, Monsieur le Ministre, l'opinion des hommes du conseil colonial, qui ne *veulent pas être côte à côte* avec M. Clavier à la table du gouverneur de la Martinique.

Et de même que, tout à l'heure, j'ai fait un rapprochement entre les faits relatifs à M. Chevalier et à l'ancien procureur-général de la Martinique, M. Girard, permettez-moi, Monsieur le Ministre, de comparer aussi la manière d'agir de M. le gouverneur Mathieu envers M. Clavier, avec ce qui s'est passé au sujet d'un autre magistrat de cette colonie : je veux parler de M. Duquesne, ancien juge d'instruction à la Martinique.

M. Duquesne avait reçu à dîner, en 1831, plusieurs de ses amis appartenant à la population de couleur de Fort-Royal. Il fut dénoncé pour ce fait au conseil privé de la colonie, présidé par le gouverneur.

Voici quelques lignes du réquisitoire de M. Dessalles, alors procureur-général en fonctions, demandant au conseil privé le renvoi de M. Duquesne de la colonie :

« C'est de la part du magistrat un *oubli complet des* « *convenances* de son état que *de dîner avec des mulâtres.* « Il compromet ainsi la dignité et la considération sans « lesquelles la magistrature ne saurait exercer son in- « fluence. »

Vous savez, Monsieur le Ministre, que M. Duquesne fut expulsé de la colonie pour ce fait d'avoir dîné avec des mulâtres, tous citoyens honorables (parmi lesquels je citerai M. E. Déproge, adjoint au maire du Fort-Royal, et deux officiers de la garde nationale, de la nomination du gouverneur), que ce jeune magistrat encourut la disgrâce de votre prédécesseur d'alors, fut destitué de ses fonctions et perdit son état!

M. Mathieu a-t-il espéré trouver la justification de sa conduite envers M. Clavier dans ces passages du réquisitoire de M. Dessalles, demandant l'expulsion de M. Duquesne de la colonie? ou plutôt serait ce la décision ministérielle qui destitua M. Duquesne de ses fonctions qui servit de règle à la conduite de M. Mathieu? C'est ce que je ne puis dire.

Quoi qu'il en soit, Monsieur le Ministre, j'ai cru devoir, à raison du désir que vous m'avez fait l'honneur de me témoigner d'être renseigné exactement sur tout ce qui concerne les colonies, ne pas vous taire ces faits, ni me dispenser non plus des rapprochements et des réflexions qu'ils m'ont naturellement inspirés.

Pour terminer, Monsieur le Ministre, permettez-moi encore une simple observation : c'est un rapprochement qui me touche personnellement.

J'ai cité le nom de M. Dessalles, que j'aurais désiré ne

pas rencontrer ici sous ma plume, et pour plus d'un motif. Mais voici pourquoi j'en parle :

Le fils de cet ancien magistrat créole a l'intention de publier, si l'on en croit son prospectus imprimé, une histoire générale des Antilles, pour faire suite aux *Annales du conseil souverain de la Martinique*, publiées en 1786, par M. Dessalles, son grand-père.

On lit dans ce prospectus imprimé et rendu public : « Mes recherches, l'*examen des papiers de la marine*, etc. » Ce qui me fait supposer que M. Dessalles fils a reçu de vous, Monsieur le Ministre, l'autorisation d'examiner les papiers de la marine sur les colonies.

Comme j'écris aussi une histoire des colonies, une pareille autorisation m'avait été accordée comme à M. Dessalles fils. Mais depuis cette autorisation m'a été, je ne dirai pas précisément retirée, car je ne pourrais pas le prouver, mais le nouveau directeur des archives des colonies m'a gracieusement et très affectueusement fait entendre qu'il fallait, pour continuer mes recherches, que la permission qui me fut accordée dans le temps et avant lui, fût renouvelée; qu'il n'avait aucun motif sérieux pour me refuser la communication des documents que je compulse depuis longtemps; mais que pour se mettre en règle, il fallait que je fisse une nouvelle demande au ministre. Je compris l'apologue. Néanmoins je feignis de croire qu'une nouvelle autorisation du ministre était nécessaire pour que M. d'Avezac, chef des archives, fût *en règle;* et, afin de paraître véritablement la dupe de son aimable plaisanterie, j'adressai donc, comme il le désirait, une demande au ministre pour avoir l'autorisation de *continuer des recherches commencées* et non interrompues alors.

Peu de jours après, le directeur des archives de la marine me répondit par écrit tout ce qu'il m'avait déjà dit verbalement, avec la différence seulement que sa lettre portait la signature du ministre de la marine et des colonies, comme cela se fait quelquefois pour faire croire que c'est le ministre qui répond. La lettre signée du ministre de la marine ne m'accorde ni ne me refuse l'autorisation demandée de continuer mes recherches et examens; mais elle nous place, M. le directeur des archives et moi, dans une situation telle, que nous ne pouvons pas nous rencontrer une seule fois sans nous regarder et rire de très bon cœur. M. le chef des archives est trop poli, trop gracieux pour se fâcher avec lui.

En attendant, je suis privé de la faculté des recherches et des examens qu'on a permis depuis à M. Dessalles fils. Il y a bientôt trois ans que j'ai suspendu des travaux commencés et que j'attends une réponse définitive du ministre à une nouvelle demande plus précise. On ne m'accusera pas d'impatience et de ne savoir pas attendre, puisque j'attends encore. Monsieur le Ministre.

Pour ne pas laisser prise à la malveillance et à la calomnie, pour que les méchantes langues ne disent pas qu'au ministère même on a des préférences injustes qui ont pour principe le préjugé de couleur, la *noblesse de la peau*, et, qu'après tout, les gouverneurs et les agents du ministère aux colonies ne font que se conformer à l'exemple. et peut-être aux instructions de leurs chefs, veuillez, Monsieur le ministre, m'accorder à moi, *mulâtre*, la même autorisation accordée à mon compatriote *blanc*, M. Dessalles fils, écrivant comme moi l'histoire de son pays. Ce faisant, Monsieur le ministre, ce sera justice.

Je suis, avec un profond respect,

Monsieur le Ministre,

Votre très humble et très obéissant serviteur.

BISSETTE.

A MONSIEUR MARTIN (du Nord),

MINISTRE DE LA JUSTICE ET DES CULTES.

Paris, le 10 novembre 1845.

MONSIEUR LE MINISTRE,

« L'œuvre de la suppression de l'esclavage est enfin « sur le point de s'accomplir ! *L'heure de l'émancipation « va sonner*, » écrivait naguère votre prédécesseur, M. Teste, aux archevêques et évêques du royaume, en faisant au clergé de France un appel en faveur des noirs esclaves.

Le gouvernement pensait alors que le grand œuvre de l'abolition de l'esclavage ne pouvait s'opérer sans le concours du clergé. « Il faut, » disaient M. le garde des sceaux et M. le ministre de la marine, « il faut répandre dans nos « colonies les lumières de la religion sur cette popula- « tion noire de 300,000 âmes encore esclaves, en faire des « hommes dignes de la liberté qui leur est promise, dignes « du titre de citoyens français qu'ils vont acquérir. »

Rien donc n'était plus positif et plus certain ! *l'heure de l'émancipation allait sonner* puisque les organes du gouvernement l'annonçaient avec solennité et officiellement. Ces mémorables paroles adressées au clergé au nom de la France, cette invocation à la religion n'étaient pas une vaine déclamation, une amplification oratoire : on ne doit pas le supposer.

A cet appel fait au clergé, Monseigneur l'archevêque de Lyon répondit ; et, dans sa lettre pastorale aux prêtres de son diocèse, il les exhorta à se dévouer à cette mission divine, à se faire esclaves avec les esclaves, afin de calmer leurs douleurs, et d'apaiser leurs ressentiments contre leurs maîtres, en rappelant que Jésus-Christ a mangé son pain noir à la sueur de son front, et qu'il est mort sur la croix du supplice des esclaves.

« Quand on se pénètre bien, dit Monseigneur de Lyon, « quand on se pénètre bien de l'esprit de la religion chré- « tienne, on ne peut s'empêcher de reconnaître que dès « sa naissance elle brisa, sur les rochers de Golgotha, les « chaînes des esclaves, et affranchit l'homme du joug de « l'homme, pour l'attacher uniquement au service de Dieu ;

« mais la mollesse et la cupidité se liguèrent pour éluder « ses vues bienfaisantes, et elles perpétuèrent encore « longtemps sur la terre cette servitude, qui aurait dû « disparaître sans retour au premier rayon du soleil de « justice. Ce n'est pas que l'humanité et le christianisme « n'ait souvent fait entendre leurs réclamations en faveur « des enfants de Dieu outragés. Cette voix est enfin parve- « nue à se faire écouter. *L'heure de la délivrance et de l'af- « franchissement va sonner dans nos colonies pour des milliers « d'esclaves, pour de noires tribus créées à l'image de Dieu, « rachetées du sang du Fils de Dieu*, nos frères en Jésus- « Christ, la chair de notre chair et les os de nos os. Des « fronts jusque-là courbés sous un joug ignominieux vont « se relever libres et français ; et ceux qui semblaient « chargés des anathèmes de la société ne tarderont pas à « participer aux bienfaits et aux lumières de la civili- « sation chrétienne. »

Si donc l'appel du ministre de la justice et des cultes n'a pas réussi aux colonies, ce n'est pas parceque le clergé de France n'a pas répondu à cette mission évangélique à laquelle il était convié ; loin de là. Des ecclésiastiques pleins de zèle et de charité se sont dévoués ; ils ont traversé les mers pour aller remplir la sainte mission. Mais tous ceux qui ont voulu prendre au sérieux ces mesures préparatoires ont échoué ; soit les prêtres anciens déjà aux colonies (c'est le très petit nombre, il est vrai), soit les nouveaux venus, malgré les instructions qu'ils avaient reçues de leur supérieur spirituel à Paris, qui leur a fait lire, avec les lettres apostoliques de notre saint Père le Pape Grégoire XVI, le mandement de Monseigneur de Lyon, afin de stimuler leur zèle, leur dévouement en faveur de cette œuvre de civilisation chrétienne.

Ces missionnaires apostoliques furent donc obligés, tous, sans exception, de renoncer à leur mission divine, d'abandonner l'œuvre et de retourner en France, où le plus souvent ils étaient renvoyés par les gouverneurs, d'une manière plus ou moins brutale, si ce n'est soldatesque.

Et cela, parceque le ministère de la marine avait oublié de transmettre des instructions *en conséquence* à des agents, qui, au lieu d'être aux colonies, les appuis naturels du clergé, sont les plus fervents souteneurs de l'esclavage ; parceque trouvant la chose établie, bonne ou mauvaise, ils disent avec M. Duval-Dailly, l'ex-gouverneur de la Martinique (qui confisque les lettres apostoliques de notre saint Père le Pape) : « *L'esclavage est ici le régime « établi : on ne doit pas attaquer le régime légal.* »

Rarement, c'est *jamais* qu'il faudrait dire, le ministre de la marine a fait droit aux plaintes de ces ecclésiastiques. Il a souffert au contraire, que des journaux stipendiés par les délégués des colons, des colons propriétaires d'esclaves, et sur lesquels journaux il avait la haute main, puisqu'ils étaient aussi à sa solde, insultassent publiquement ces hommes religieux et les traitassent de *prêtres chassés* des colonies. Laissant ainsi planer, par leur laconisme et leurs insidieuses insinuations, des soupçons sur la moralité et le caractère de ces prêtres, soupçons que la mauvaise foi des uns et la malignité des autres se plaisaient à envenimer.

Pour vous donner une juste idée, M. le ministre, des obstacles que les prêtres rencontrent aux colonies, lorsqu'ils ne veulent pas fausser la parole de Dieu, en enseignant l'Evangile *dans les limites* du possible, ni reconnaître *que certaines cordes évangéliques ne doivent pas être touchées dans ces contrées*, permettez-moi de vous faire savoir de quelle manière on entend enseigner la religion aux esclaves. Je puise mes citations dans des documents dont on ne peut contester l'authenticité puisqu'ils émanent d'un chef ecclésiastique, alors *possesseur d'esclaves* aux colonies.

Voici ce que nous lisons dans une lettre pastorale, en forme d'instruction, du préfet apostolique de la Guadeloupe, aux ecclésiastiques sous sa juridiction. Il s'agit des vérités évangéliques telles qu'on les entend aux colonies, avec M. l'abbé Lacombe :

« Appliquez-vous à rendre les instructions que vous « ferez aussi fructueuses que possible. Pour cela, le zèle « ne suffit pas, il faut encore de la *méthode*, et cette mé- « thode exige du travail et de l'étude.

« Il faut un grand talent et une longue expérience, pour « n'avoir pas besoin de prendre quelque temps, afin de « *réfléchir sur ce qu'on doit dire* ou *expliquer*...

« Une pratique très bonne et très utile, c'est de racon- « ter quelques histoires (des contes) qui ont rapport aux « *vérités que l'on enseigne*; mais il ne les faut tirer que des « livres *saints* et d'*auteurs connus* et approuvés, *en pre- « nant garde qu'il n'y ait rien, pas plus que dans tout ce « qu'on pourra dire d'ailleurs, qui puisse blesser la suscepti- « bilité de personne ou porter la moindre atteinte au système « qui régit le pays*, à la crainte que conçoivent les maîtres « que ceux qui sont chargés d'instruire les esclaves n'en- « trent pas dans l'esprit de leur mission, et que cette mis- « sion ne devienne un instrument dangereux entre leurs « mains. Cette préoccupation disparaîtra, je l'espère,

« quand on pourra voir avec quelle circonspection et « quelle intelligence chacun des prêtres de la colonie « s'acquitte de cette partie *délicate de son ministère*.....

« L'on parle de doubler le personnel des prêtres dans « toutes les paroisses de la colonie ; ce projet serait aban« donné comme inutile, quand on verrait que notre « nombre, quelque faible qu'il soit, peut néanmoins suf« fire à l'œuvre et la conduire à des résultats tout aussi « avantageux. Je vous engage donc à entrer avec zèle et « intelligence dans l'esprit du *plan* que j'indique, et qui « peut si puissamment contribuer à la réussite de nos « communs efforts. »

Ainsi, d'après le préfet apostolique de la Guadeloupe, son *plan* est ce qu'il y a de mieux pour la meilleure des religions possibles. C'est à tort qu'on veut augmenter le personnel des prêtres ; ceux qui y sont déjà et qui possèdent des esclaves, soit en leur nom personnel, soit au nom de quelques *pieuses* commères, suffisent pour enseigner les vérités de *la foi coloniale* aux maîtres et aux esclaves : aux maîtres, pour leur dire qu'ils possèdent *légitimement* des esclaves, qu'ils les doivent commander, lier, garrotter, torturer, fustiger, enchaîner pour la plus grande gloire de Dieu; aux esclaves, pour leur apprendre qu'ils doivent être possédés à l'instar de la brute, afin de gagner le royaume des cieux ; « Que *Chanaan* c'est l'A« frique, les nègres; que Dieu a dit que *Chanaan soit* « *maudit, qu'il serve* ; » que par cette malédiction Dieu a donc recommandé l'esclavage des nègres; « Que les maîtres seront les premiers à *goûter les fruits de l'éducation chré*« *tienne*, si les noirs veulent être laborieux, et s'ils se « soumettent aux volontés de Dieu, » de Dieu qui veut sans doute qu'ils soient esclaves.

Est-il des prêtres qui ne se conforment pas au *plan* de M. Lacombe et des autres propriétaires d'esclaves ? on leur réserve l'expulsion des colonies ; ils sont impitoyablement *chassés*, comme je le disais tout à l'heure.

Vous savez du reste, M. le ministre, ce qui est arrivé à plusieurs prêtres des colonies qui ne possédaient pas d'esclaves. Je ne rappellerai donc pas ici tous les faits, mais j'en citerai quelques-uns, me contentant de vous faire observer, que jamais un prêtre *propriétaire d'esclaves* n'a été renvoyé des colonies, quelle que soit sa conduite, sa moralité. Le privilége d'être *chassé* des colonies n'est réservé qu'à ceux qui disent : « Mon royaume n'est pas de « ce monde. »

Voici un premier fait qui peint suffisamment la haine

qui poursuit des colonies, jusque en France même, les prêtres qui là bas ne veulent pas mentir à leur conscience en enseignant aux esclaves de fausses doctrines, comme des vérités évangéliques.

M. l'abbé Chan avait été renvoyé de Bourbon en France, à cause de l'impulsion qu'il avait donnée à la moralisation des esclaves. Le navire sur lequel il était embarqué fit naufrage. Voici dans quels termes les organes des colons à Paris, annonçaient ce malheur :

« Les philanthropes, amis des noirs, ont trois *graves* « *échecs* à enregistrer.

« Un navire de Bourbon, *le comte de Chazelles,* qui ra« menait en France un PRÊTRE CHASSÉ DE LA COLONIE et « destiné à grossir le nombre des Fénelons du *Constitu-* « *tionnel* et des correspondants de l'*Univers,* a fait nau« frage sur les côtes de Bretagne. Ce digne prêtre est au « nombre des victimes du sinistre. »

La fin triste et malheureuse d'un pauvre prêtre considérée comme *un échec*, pour les *amis des noirs!* Alors c'est un *triomphe* pour leurs adversaires!

Mentionnerai-je ce qui advint à la Guadeloupe, à un ecclésiastique d'une piété rare, dans toute la maturité de l'expérience, M. l'abbé Bourdet? Je vais citer ici textuellement ce qui a été déjà dit à M. le ministre de la marine, au sujet de ce vénérable ecclésiastique :

« Le zèle du saint homme s'était échauffé à la lecture de mandements épiscopaux qui traitaient de l'évangélisation des esclaves, et s'associant aux religieuses intentions proclamées par le gouvernement métropolitain, recommandaient la mission des colonies au dévouement du clergé. Agé déjà de cinquante-cinq ans, M. l'abbé Bourdet avait quitté l'importante paroisse de Cavaillon, où quatre vicaires obéissaient à sa direction curiale : il était allé, à travers les mers, se mettre humblement à la disposition de M. le préfet apostolique de la Guadeloupe. Il demandait un poste si modeste qu'on voudrait, mais où un bien réel à opérer lui offrît les moyens de rendre fructueux le sacrifice qu'il s'était imposé. Trois mois après il repassait l'Océan.... Car il s'était vu paralyser dans ses généreux desseins; sa conscience avait été effrayée devant la responsabilité d'abus ecclésiastiques avec lesquels il ne voyait pas de transaction praticable; il avait compris à temps *l'importunité de sa présence.* »

Parlerai-je, monsieur le ministre, de ce jeune prêtre, animé d'un zèle apostolique, aux convictions généreuses, à la parole chaleureuse, à l'éloquence du cœur qui a débordé dans un livre plein d'onction qui devait le faire passer outre tombe? M. l'abbé de Reveilhac, ancien missionnaire à Saint-Flour, avait, lui aussi, répondu à l'appel fait au clergé de France, pour aller répandre aux colonies les lumières de la religion sur les pauvres noirs esclaves. Il fut envoyé à la Martinique, où il n'a eu qu'un tort, comme plusieurs autres prêtres sacrifiés aussi dans le même temps, celui de prendre au sérieux l'appel fait au clergé par les ministres en France, par les évêques : celui d'avoir cru que l'Évangile était promulgué dans la colonie; d'avoir invoqué avec toute la prudence désirable l'autorité de la religion à l'appui des vues du gouvernement de la métropole qui, en admettant une classe importante de la société coloniale aux droits politiques comme membre de la grande famille, veut aussi préparer la classe nombreuse des esclaves à jouir eux aussi du bienfait de la liberté et de la civilisation, par la pratique des vertus qui en feront de bons citoyens.

D'ailleurs, dans les rapports de son ministère avec les personnes de toutes les classes, il se faisait *tout à tous*, comme l'apôtre, pour les gagner *toutes* à la religion et à la vertu. Malgré le succès de ses prédications qui attiraient une grande affluence d'auditeurs, et peut-être surtout à cause de ce succès, quelques hommes turbulents, tracassiers, sentinelles avancées de la résistance au progrès et à toute amélioration dans la société coloniale, et conservateurs ombrageux des anciennes traditions, dénoncèrent à l'autorité les discours du nouveau Brydaine, comme contraires *au système colonial*, mot sacramentel qui équivaut à celui du sénat de Rome aux consuls, quand la patrie était en danger.

Ses paroles en chaire furent traverties, malgré sa prudence à se tenir en dehors de toute allusion politique et de toute personnalité en prêchant l'Évangile; et, certes, il faut que M. Huc en ait jugé sur des rapports bien faux pour avoir parlé de ces prédications, comme on va le voir tout à l'heure.

Toutefois, M. de Reveilhac a eu l'honneur de prêcher devant M. Jacquier, sous-préfet apostolique, qui trouva ses discours orthodoxes, mais lui fit refuser par les curés, l'autorisation de prêcher, et par suite, l'obligea à donner sa démission de vicaire.

Alors a commencé, pour M. de Reveilhac, une suite de vicissitudes que nous ne faisons qu'indiquer. Sans aucun traitement pour vivre, ne pouvant pas partir pour revenir en France, à cause d'une longue maladie, attendant une fin à la persécution dont il était l'objet, il se trouva proscrit dans la colonie; il fut même question de lui refuser l'entrée de l'église par *ordre supérieur*. On lui rendit enfin son traitement de vicaire, pour le déterminer à partir au plus tôt pour la France, car il lui était toujours interdit de prêcher.

Les choses en étaient là, lorsqu'enfin, abreuvé de dégoûts, de chagrin, écrasé par le découragement après tant de vexations inouïes, sa forte constitution céda en quelques mois à une maladie aiguë, qui le conduisit à la tombe trois jours avant de s'embarquer pour revenir en France, par ordre supérieur, et destitué de nouveau de ses fonctions. Homme courageux! venu trop tôt dans la colonie pour *pouvoir* y faire tout le bien qu'il promettait par son zèle et ses vertus, et mort trop tard pour son bonheur pendant sa courte et laborieuse carrière!

Ce sont ces persécutions contre les prêtres qui se dévouent, comme M. Reveilhac; c'est ce manque de protection et d'appui qu'ils rencontrent dans les autorités locales qui paralysent les hommes timides, et les font abandonner leur mission divine pour veiller à leur conservation et à leur bien-être sur la terre, ainsi qu'on va le voir.

M. le comte de Montalembert, qu'on n'accusera pas de prévention contre le clergé colonial, avait exprimé dans son éloquent et savant discours à la chambre des pairs, dans la séance du 7 avril dernier, une opinion vraie en tout point, sur la mission du clergé de nos colonies, à l'endroit de la moralisation et de l'instruction religieuse des esclaves. Cette opinion, qui était appuyée de documents publiés par le ministre de la marine, ne pouvait être combattue de ce côté. Ce discours fut accueilli avec admiration aux colonies par quelques ecclésiastiques dont le ministère est entravé par l'autorité locale; en France il reçut l'approbation de vénérables ecclésiastiques qui ont exercé aux colonies, et qui peuvent juger en connaissance de cause des faits si bien rapportés dans son discours, par l'honorable comte de Montalembert.

Mais il s'en faut que l'honorable pair ait plu à tous les membres du clergé aux colonies. M. l'abbé Jacquier, vice-préfet apostolique, et propriétaire d'esclaves à la Martinique, sous un nom tiers, n'y a pas trouvé son compte, sans doute, en sa qualité de propriétaire de *chrétiens esclaves*, car M. l'abbé a publié une réfutation du discours de M. le comte de Montalembert dans lequel on lit les passages suivants :

« La conviction de M. de Montalembert est que la mo-
« ralisation et l'instruction religieuse dans nos colonies
« sont à l'état de fiction ; mais que faudrait-il donc pour
« obtenir la réalité? Les missionnaires remplissent avec
« zèle et édification toutes les fonctions de leur ministère;
« ils donnent toute la pompe possible à leurs cérémonies,

« pour y attirer une foule avide de voir, et saisissent ces « occasions pour lui faire entendre la parole de Dieu; « cette parole, ils la prêchent à temps et à contretemps. « Beaucoup d'entre eux outre les instructions du dimanche, « en font plusieurs fois la semaine; et, *si les esclaves n'y* « *assistent pas*, ce *n'est pas la faute* ni *des prêtres*, ni *des* « *maîtres*, ni *du gouvernement;* c'est parceque leurs inté« rêts et leurs plaisirs ont plus d'attraits pour eux que la « morale que nous leur prêchons; *l'esclave, c'est là le vé-* « *ritable coupable* que M. de Montalembert a oublié dans « l'énumération qu'il a faite.

« Tous les missionnaires font des premières commu« nions dans lesquelles on *voit toujours figurer un assez* « *grand nombre d'esclaves*. Ce sont là des réalités que tout « le monde voit ici, et que je dois faire connaître à ceux « qui s'occupent de nous en France.

« On ne craint pas d'attribuer à une connivence avec « les colons pour le maintien de l'esclavage notre bon « accord avec eux. Et depuis quand, pour faire le bien « parmi eux, faut-il qu'un prêtre se mette en guerre avec « ses paroissiens? N'est-il pas naturel *que ces colons, ac-* « *cablés de tant de maux*, soient en bonne intelligence avec « *des prêtres qui ont traversé les mers pour venir leur pro-* « *curer les bienfaits et les consolations de leur minis-* « *tère?* »

« Que veut-on donc de nous? Hélas! nous le voyons « avec peine, et M. de Montalembert, *entraîné par son* « *zèle pour la liberté des noirs*, nous le montre clairement, « *on veut que nous nous fassions les prédicateurs de l'éman-* « *cipation quand même;* c'est un rôle que nous ne sau« rions accepter. »

On voit *clairement* aussi que M. l'abbé Jacquier, en sa qualité de propriétaire d'esclaves, est dominé par ses intérêts privés, qui le préoccupent bien plus que la moralisation et l'instruction de pauvres nègres, lesquels en effet n'ont pas besoin d'être éclairés des lumières de la religion de Jésus-Christ, pour être possédés en chair et en os par M. l'abbé, qui trouve que l'*esclave est le seul coupable!*

De plus, M l'abbé Jacquier est en contradiction avec lui-même. L'esclave ne peut pas être coupable d'indifférence, comme il le dit, d'après le tableau édifiant qu'il fait de l'affluence des esclaves aux instructions et à la table sainte. Mais quand il serait coupable, il ne le serait pas seul, comme dit M. Jacquier, puisque les publications officielles du ministère de la marine nous font connaître que par la visite faite de quelques habitations à Martinique, il a été constaté que « beaucoup de *maîtres* « sont indifférents, et que plusieurs *s'opposent* à *l'instruc-* « *tion religieuse de leurs esclaves.* »

Ces mêmes publications ne nous apprennent-elles pas encore que « Le curé du Carbet » (dépendant de la juridiction ecclésiastique de M. l'abbé Jacquier,) « *s'est présenté* « *chez plusieurs habitants pour l'instruction hebdomadaire* « et pour la visite mensuelle ; *mais qu'il a été accueilli avec* « *tant de répugnance chez le plus grand nombre d'entre eux,* « qu'il s'est décidé à n'aller que là où il serait appelé, et « *il n'est appelé nulle part.* »

N'est-ce pas dans ces publications de la marine, que nous lisons, que « ce qui empêche aux colonies d'obtenir « de meilleurs résultats, relativement à l'instruction re- « ligieuse, c'est la tiédeur, la défiance du propriétaire ; « qu'un grand nombre voient dans les leçons de la cha- « rité et de la religion des tendances destructives de l'es- « clavage ; qu'on effacera difficilement de l'esprit de quel- « ques-uns qu'éclairer l'esclave, c'est préparer son éman- « cipation ; que d'autres pensent que plus un esclave est « instruit, plus il est porté à l'indiscipline : de là cette « opposition en quelque sorte par force d'inertie dont on « ne saurait triompher avec des demi-mesures ; qu'il a « été remarqué chez plusieurs propriétaires *un semblant* « de *concours à la propagation de l'instruction religieuse ;* « et qu'ils regardent cette instruction religieuse du noir « comme un moyen politique mis en œuvre pour prépa- « rer les voies de l'émancipation ; que sur le mariage des « esclaves, la plupart des propriétaires se montrent fort « indifférents, et que quelques-uns même s'opposent à ce « que leurs esclaves se marient. »

Comment après cela douter que ce soit la faute des maîtres, si les esclaves n'assistent pas aux instructions ! Comment dire avec M. l'abbé Jacquier, que *l'esclave est le seul coupable* que M. de Montalembert a oublié dans son énumération.

Le vice-préfet apostolique de la Martinique voudrait-il, comme l'y exhorte Monseigneur de Lyon, *se faire esclave avec les esclaves* de cette colonie, *afin de calmer leurs douleurs et d'apaiser leurs ressentiments contre leurs maîtres?* Et ne serait il peut-être pas empêché par la crainte :

1° De déplaire à ses amis et co-propriétaires d'esclaves.

2° De s'exposer à être *chassé* par clameur de haro, comme M. Reveilhac.

Un membre du conseil colonial de la Martinique, qui probablement n'a jamais lu l'Evangile, a écrit les choses les plus absurdes sur la race noire, vouée à l'esclavage dans les colonies françaises. Selon ce conseiller colonial, l'esclavage est d'origine divine, parceque Dieu l'a permis. Dieu l'a autorisé, dit-il, donc l'esclavage est l'œuvre de Dieu! Ce conseiller colonial, dont nous ne devons pas taire le nom, M. Huc, a osé, dans un discours prononcé au sein du conseil, formuler d'une manière étrange son opinion sur les ecclésiastiques qui, confiants dans les paroles de votre prédécesseur, avaient accepté la mission *de répandre aux colonies les lumières de la religion sur cette population noire encore esclave, afin d'en faire des hommes dignes de la liberté, dignes du titre de citoyen français.* M. Huc, disons-nous, s'est exprimé dans les termes suivants sur ces ecclésiastiques et sur la mission qu'ils avaient acceptée du gouvernement :

« On a entendu, dit-il, *d'ignorants fanatiques*, ne sachant « pas même *déguiser la mission de renversement qu'ils ont « acceptée*, nous offrir en chaire, au milieu de scènes de « convulsions et de fureurs diaboliques, l'exécrable mé« lange des dogmes divins du catholicisme avec la morale « de Marat, de Babeuf ou de Robespierre, daignant enfin « décréter l'existence de l'être suprême. On a pu dire, « en les écoutant : Voilà 93 faisant ses Pâques. Et ces éner« gumènes ont été maintenus en possession du droit de « nous scandaliser chaque jour, de *fausser nos croyances*, » (Leurs croyances! *l'origine divine de l'esclavage.*) « de per« vertir la foi de nos pères, » (La foi de leurs pères! que Jésus-Christ n'est pas mort sur la croix pour racheter tous les crimes de la race humaine; que la race noire doit expier son crime dans l'esclavage.) « et de porter impuné« ment *l'abomination de la désolation dans les lieux saints!* » (En prêchant aux esclaves que la religion fondée par Jésus-Christ, qui n'est pas celle de M. Huc et de ses pères, oblige les hommes à s'aimer entre eux comme des frères).

Il faut que vous sachiez, Monsieur le Ministre, que M. Huc n'est que l'écho de son parti, et que celui qui est à la tête de ce parti, M. Pelletier Duclary, magistrat créole, membre de la cour royale de la Martinique, avait déjà, dans les mêmes termes, injurié *officiellement* tous les hommes du gouvernement actuel, et la Chambre des Pairs et la Chambre des Députés, par cette apostrophe :

« *Continuateurs de 93, vous serez fidèles à votre nature, « vous ne produirez que l'anarchie! Vos actes sont des mons« truosités et des complots politiques, enfantements du génie « révolutionnaire de quatre-vingt-treize ressuscités dans les « journées de juillet* 1830*!* » Ce qui n'a pas empêché M. Duclary, voyant, après cette sortie, qu'on le maintenait dans ses fonctions de magistrat amovible, de SOLLICI-

TER *d'un continuateur de* 93 la décoration d'officier de la Légion-d'Honneur.

De telles opinions, aux colonies, sont soutenues, et elles trouvent appui, le croirait-on, Monsieur le Ministre? chez les gouverneurs eux-mêmes, qui sont les principaux organes du ministère et du gouvernement de la métropole.

Par exemple, lorsque dans son adresse en réponse au discours d'ouverture de la session, le conseil colonial de la Martinique dit à M. le gouverneur Mathieu :

« Plus fatal que le fléau de Dieu, l'œuvre des hommes « pèse encore de tout son poids sur la société coloniale; « et si cette société succombe, ce sera sous l'effort des « associations prétendues philantropiques qui trouvent « un appui et des organes dans les rangs de ceux-là même « qui devraient se montrer les plus fermes soutiens de nos « institutions;

« Que l'ordonnance du 5 janvier 1840 sur le patronage « des esclaves, attentatoire aux droits du maître, n'a paru « aux conseils coloniaux que l'interposition inutile d'un « magistrat amovible et stipendié entre le colon et l'es- « clave;

« Que la loi du 25 juin 1841 est venue enlever aux con- « seils coloniaux leurs attributions financières les plus « importantes, et le droit que cinquante ans de révolution « leur ont chèrement vendu;

« Qu'en présence de ces faits, sous le coup d'une per- « sécution décorée des titres pompeux *d'amélioration et de* « *progrès,* le devoir des conseils coloniaux était *la résis-* « *tance;* et le conseil colonial de la Martinique n'a pas failli « à cette obligation;

« Quant au projet de loi du 14 mai 1844, sur le régime « des esclaves, le conseil colonial n'entreprendra pas de « signaler tout ce qu'il a d'odieux pour les colons, de « funeste pour les colonies. »

Lorsque, disons-nous, le conseil colonial de la Martinique dit toutes ces belles choses à M. le gouverneur Mathieu, M. Mathieu lui répond:

« Je ne puis partager ces *inquiétudes que la sagesse* « *du gouvernement efface chaque jour,* et je suis persuadé « que cette conviction pénétrera dans tous les esprits.

« Vous me promettez votre concours, » (le conseil a dit la résistance) « et je vous en remercie. C'est par *l'unité de* « *vues, le dévouement et la confiance réciproques,* que le bien- « être du pays peut seulement être assuré. »

Et pour prouver cette unité de vues, lorsque, plus tard,

M. le gouverneur Mathieu annonce à Messieurs du conseil colonial que « la loi nouvelle sur le régime des es- « claves vient d'être votée par les deux Chambres et ne « tardera pas à recevoir la sanction royale ; » et *supplie* ces Messieurs *d'entendre sa voix et ses conseils, et de s'associer aux vues élevées qui ont présidé à l'esprit de cette loi,* « afin de rendre plus facile l'action du chef de la colonie, « qui puise son *éloquence* dans son cœur ; »

MM. Duclary, Huc et autres du conseil, répondent à M. Mathieu : quoi?

« Une loi que *rien ne rendait nécessaire ! une loi désas-* « *treuse* qui va bientôt briser tous les liens qui font encore « sous vos yeux, des colons et de leurs esclaves, une seule « et même famille. Une loi *qui nous est imposée malgré nos* « *incessantes protestations*, malgré l'injustice qu'elle con- « sacre ! *Nous nous y soumettrons*, soutenus par la convic- « tion que la France, un jour *désabusée, reviendra sur* « *l'erreur* qui nous a livrés, nous Français, à des tribunaux « d'exception. Ne nous a-t-on pas dit *que ce que la loi avait* « *fait, la loi pouvait le défaire.*

« Dieu veuille inspirer la sagesse et donner l'intelli- « gence à ceux qui se sont faits les arbitres des colonies, « afin qu'au jour où vous assisterez de loin à nos derniers « efforts, au lieu des applaudissements que vous promet- « tez à nos succès, vous n'ayez pas à vous dire : *Ils meu-* « *rent avec courage et résignation !!* »

Cette parodie bouffonne des paroles historiques de Waterloo est digne des hommes qui, dans une semblable occurence, avaient dit au prédécesseur de M. Mathieu, à M. Duval-Dailly ;

« Si le gouvernement ne s'affranchit pas de la fatale in- « fluence du *philantropisme*, que la responsabilité lui en « reste tout entière ! Il aura consommé *le plus grand dé-* « *sastre dont la France ait été atteinte, depuis le jour où son* « *territoire fut envahi par l'étranger.* »

Et à l'approche *de ce grand désastre, ces Cambronnes coloniaux* déclarent *se soumettre*, « *soutenus par la conviction* « que la France, un *jour désabusée, reviendra sur son erreur,* » sauf à mourir plus tard, dans leur lit, « *avec courage et résignation.* » O grands hommes ! ô *Cambronnes* de la Martinique ! Il n'était réservé qu'à vous, à vous seuls, de mêler la bouffonnerie dans d'aussi graves questions !

Je vous demande pardon, Monsieur le Ministre, de cette digression, qui, dans mon opinion, a paru nécessaire pour vous faire faire connaissance avec ces hommes qui, là-bas, résistent à la volonté de la France, parcequ'on les laisse dire et faire ; qui repoussent tout progrès social et toute amélioration dans la condition de pauvres *esclaves chrétiens*, enfants de Dieu comme eux, parcequ'on ne prend pas des mesures sérieuses pour accomplir l'œuvre de l'émancipation.

L'opinion commune de la grande majorité de la population aux colonies est que le gouvernement n'a pas l'intention bien arrêtée d'exécuter le programme humanitaire dont nous avons parlé. On n'aurait qu'à nommer pour la Martinique, par exemple, M. Mathieu, gouverneur actuel, et son prédécesseur, M. Duval-Dailly; il y a des noms qui résument tout, et en disent plus que les plus longs discours.

Si des gouverneurs nous passons aux directeurs de l'intérieur, nous trouvons encore à peu près les mêmes incapacités, et, de plus, des intérêts d'argent engagés, par la plupart de ces fonctionnaires administratifs, dans la propriété *pensante* appelée esclave. Comment veut-on que M. Jules Billecoq, qui possède des esclaves à la Guadeloupe, soit un parfait directeur de l'intérieur, protégeant les intérêts des esclaves à l'encontre des intérêts des maîtres possesseurs d'esclaves comme lui ? Quelle garantie peut-il offrir aux esclaves qui le voient chaque jour décider administrativement dans sa propre cause et en vue de ses intérêts privés ?

M. Frémy, directeur de l'intérieur à la Martinique, quoique ne possédant pas d'esclaves comme M. Billecoq, est-il moins imbu des préjugés des colons ? Et dans les actes de son administration agit-il autrement que par la volonté des maîtres, et différemment que n'ait agi, dans toutes circonstances, un colon propriétaires d'esclaves ? Les faits abondent à l'appui de nos assertions, et dans le nombre infini de ceux que nous avons recueillis, nous n'en produirons ici que trois, parcequ'ils se rattachent à un de ces hommes qui gouvernent, en fait, la Martinique, sous le prête-nom de M. Mathieu et de M. Fremy. Voici le premier fait :

Un esclave de l'habitation *La Marly*, propriété de M. Delhorme, ayant reçu un châtiment excessif de l'économe Brunot, se plaignit à l'autorité. Comme la plainte d'un esclave contre son maître n'est jamais accueillie, s'il ne résulte du châtiment subi incapacité de travail ou mauvais traitements inouïs, il fut décidé que la plainte de l'esclave était *une insolence* envers son maître, qu'en conséquence, *l'insolent* serait châtié de nouveau pour lui apprendre à l'avenir à se plaindre pour si peu, *pour rien*. Et M. Brunot ayant demandé que cet esclave insolent subisse le châtiment en présence de l'atelier de l'habitation, assisté de la gendarmerie, M. Frémy, directeur de l'intérieur, d'écrire sous la dictée de ce colon l'ordre du jour suivant rédigé à peu près en ces termes, comme nous l'assure notre correspondant :

ORDRE.

« Le noir Saint-Ile, appartenant à M. Brunot, géreur de « l'habitation *Marly*, au Lamentin, a formé auprès de M. le « procureur du roi une plainte contre son maître pour un « *châtiment excessif* que celui-ci *lui aurait fait infliger*.

« Cette plainte a été examinée par M. le procureur du « roi, *qui a reconnu qu'elle n'était pas fondée*. Ce magistrat « a par suite remis à la disposition de son maître le noir « Saint-Ile, qui est dans ce moment en dépôt à la geôle de « Fort-Royal.

« M. Brunot vient de s'adresser à l'administration pour « obtenir que ce noir soit reconduit sur son habitation, « *et que la gendarmerie assiste au châtiment qui lui sera* « *infligé en présence de l'atelier*.

« *Dans l'intérêt de la discipline des ateliers, cette demande* « *a dû être accueillie.* »

Vous voyez, Monsieur le Ministre, que le directeur de l'intérieur a obéi passivement, qu'il a fait dans cette occasion toutes les volontés de Brunot.

Quant à l'avis du procureur du roi, sur la plainte de l'esclave Saint-Ile, je ne ferai que cette seule observation: ce procureur du roi était alors M. Mercier, créole propriétaire d'esclaves à la Guadeloupe, lequel, dans une affaire plus grave, où il s'agissait d'actes de cruauté exercés sur la personne d'un esclave qui en mourut, empêcha la gendarmerie qui l'accompagnait sur les lieux du meurtre d'entrer dans l'habitation, afin de lui cacher, sans doute, la preuve matérielle du crime, disant aux gendarmes de se retirer, que c'était *une affaire de rien*. De telle sorte que la gendarmerie n'a pu mettre à exécution le mandat d'amener qui avait été décerné contre l'auteur de ce meurtre, propriétaire d'esclaves.

Voici maintenant le second fait:

Plusieurs esclaves de la propriété Belfonds, de la commune de Sainte-Anne, se sauvaient de l'habitation de leur maître pour se rendre à Sainte-Lucie, où les noirs sont libres. Dans la traversée, ils furent capturés par la goëlette du roi *la Doris*. Conduits au Fort-Royal, ils furent déposés à la geôle de cette ville, et, sur la réclamation de M. Delhorme, représentant du propriétaire, les esclaves furent remis à la gendarmerie pour être conduits sur l'habitation et y recevoir un châtiment. M. Frémy écrivit à cet effet l'ordre du jour qui suit sous la date du 16 novembre 1844.

ORDRE.

« Prévenu par M. le procureur-général que les noirs « Valery, Charlery et Jean Charles, de l'habitation Belfonds, située à Sainte-Anne, arrêtés en état *d'évasion* « par la goëlette *la Doris*, avaient été remis à la disposition de leur maître, j'ai cru devoir donner des ordres « en conséquence pour que ces esclaves soient reconduits par la gendarmerie sur l'habitation Belfonds.

« *Il importe*, pour prévenir de nouveaux projets d'évasion de la part des noirs de cet atelier, que ce soit la « force publique qui y ramène ceux qui ont tenté de s'évader de la colonie, et *qui ont ainsi donné un pernicieux* « *exemple aux autres.*

« C'est pour ce motif aussi que j'ai donné des ordres « pour que la *gendarmerie assiste au châtiment* disciplinaire que le représentant du propriétaire *se propose de* « *leur faire infliger* en présence de l'atelier.

« M. le procureur-général m'ayant fait remarquer qu'il « croit nécessaire de recommander ces noirs à toute la « vigilance de la gendarmerie qui sera chargée de leur « conduite, que ce sont des hommes très lestes et très résolus, capables d'un coup de main, j'ai pourvu en conséquence. »

Comme les malfaiteurs, les colons propriétaires d'esclaves en sont arrivés aujourd'hui à la Martinique à se défier des gendarmes et à en avoir peur; ils n'ont plus en eux confiance pour maintenir la discipline de leurs ateliers. Cela fait qu'ils exigent de M. Frémy que la *gendarmerie assiste,* comme l'atelier de l'habitation, *au châtiment du fouet* qu'ils infligent aux pauvres esclaves dans l'intérieur de leurs habitations. Remarquez que ce ne sont point des exécutions ordonnées par la justice, où la présence de la force armée est nécessaire pour le maintien de l'ordre ; ce sont des châtiments disciplinaires dépendant du caprice ou de la volonté des maîtres, ou du représentant du maître, lorsque celui-ci *se propose* de faire infliger tel ou tel châtiment. Et M. Frémy se prête avec une complaisance inouïe à tous ces caprices, à toutes ces volontés! Il va plus loin : il ménage les émotions des maîtres qui veulent jouir des tortures et des souffrances des pauvres esclaves fustigés. Par exemple, M. Delhorme ayant témoigné le *désir d'assister,* avec la gendarmerie et l'atelier, au châtiment des trois esclaves Valery, Charlery et Jean Charles, M. Frémy de prendre tout aussitôt la plume et d'écrire, sous la dictée de M. Delhorme, (comme précédemment il avait écrit sous la dictée de Brunot) ce nouvel ordre du jour qui fait suite à ses précédents ordres :

ORDRE.

« Le représentant du propriétaire de l'habitation Bel-
« fonds, *M. le baron de L'horme,* se rend à Sainte-Anne, *à*
« *l'occasion* de la tentative d'évasion qui a eu lieu ; *il*
« *désire s'y trouver* lorsque les trois noirs y seront recon-
« duits. Il serait convenable de faire partir, s'il est possi-
« ble, les noirs de telle sorte qu'ils puissent y être rendus
« lundi soir ou mardi, admettant d'ailleurs que le temps
« et la distance à parcourir le permettent. »

Evidemment, on ne peut pas pousser plus loin les complaisances administratives, ni obéir davantage aux ordres de M. Delhorme, qui, *désirant assister* à l'exécution du *trois piquets qu'il se propose de faire infliger* à de pauvres esclaves, fait tout préparer à ses aises et convenances par M. le directeur de l'intérieur *en fonctions* de la colonie.

Voici le troisième fait. Il s'agit encore de M. Delhorme et d'un autre esclave de l'habitation La Marly.

L'esclave Virgile avait cru devoir ne pas se prêter à l'exécution d'un châtiment injuste sur la personne de l'un de ses camarades, en ne servant pas d'instrument aux mauvaises passions de ses maître. Virgile était dans son droit, car nul n'est tenu d'obéir à un ordre qui commande une mauvaise action; chacun, dans ce cas, devant obéir à sa conscience, seule arbitre du fait. Pour ce refus, cet esclave fut conduit à la geôle de Fort-Royal, et sur la décision de M. le gouverneur Mathieu, qui passe son temps à boire et à manger avec M. Brunot et M. Delhorme, Virgile reçut un *trois piquets* pour n'avoir pas voulu en administrer un pareil à son camarade. Voici dans quels termes M. Frémy fait connaître cette décision de M. Mathieu :

ORDRE.

« Fort-Royal, le 11 février 1845.

« Le nommé Virgile, esclave de l'habitation *Marly* du La-« mentin, appartenant à M. le *baron de L'horme*, a refusé hier « d'exécuter les ordres du géreur (le sieur Brunot) à l'oc-« casion d'un fait de discipline.

« Cet esclave a été conduit à Fort-Royal et déposé à la « prison centrale.

« *Conformément aux ordres de M. le gouverneur*, cet es-« clave sera reconduit à l'habitation *La Marly*, où il rece-« vra, *en présence de la gendarmerie et de l'atelier réunis*, « *le châtiment* disciplinaire *réclamé par le maître.* »

Je n'ai pas à ajouter à ces faits l'affaire de ce pauvre Félix, autre esclave de l'habitation *La Marly*; le scandale judiciaire qui s'en est suivi, la conduite étrange de M. le gouverneur Mathieu dans cette affaire, ainsi que ce qui vient de se passer au parquet de la Martinique à l'égard de ce jeune magistrat, M. Chevalier, qui avait rempli son devoir avec indépendance; ces faits en disent assez et plus que je ne pourrais dire moi-même.

Il reste toutefois ceci qui doit frapper tous les esprits : c'est que sur la seule habitation *La Marly*, à la Martinique, il se produit, en récidive, des faits qui devraient éveiller l'attention du gouverneur et des administrateurs de cette colonie, et dont cependant ils ne sont pas émus; que sans cesse on retrouve les mêmes hommes sur la scène : c'est M. Delhorme, c'est M. Brunot; l'un accusé tantôt d'avoir infligé un châtiment excessif par le fouet à des esclaves, tantôt de tenir, pendant plusieurs semaines, au cachot des esclaves chargés de fers et de chaînes, dont le poids excède les forces de ces malheureux; l'autre, et tous les deux, dictant à M. Frémy les ordres à donner pour l'exécution des châtiments qu'ils se «*proposent de faire infliger*» à leurs esclaves, en présence de la gendarmerie et de l'atelier, et témoignant le *désir* d'y *assister* aussi. Tous ces faits, qui préoccupent l'opinion publique dans la colonie, ne font rien sur l'esprit de MM. Mathieu et Frémy; ces messieurs se prêtent avec la meilleure grâce du monde à toutes les volontés de MM. Brunot et Delhorme, et, les seuls criminels pour eux sont de pauvres noirs esclaves déjà victimes de coupables sévices.

Et dire, Monsieur le Ministre, que la justice est impuissante pour arrêter de tels débordements!

Peut-il en être autrement? lorsque la magistrature coloniale compte dans ses rangs tant de créoles propriétaires d'esclaves, et tant de magistrats européens possédant aussi des esclaves!

M. Morel, l'ex-procureur-général à la Martinique, qui vient d'être nommé président de la cour royale, ne possède-t-il pas des esclaves du chef de sa femme? N'a-t-il pas depuis longtemps épousé aussi les mauvaises passions des colons les plus rétrogrades? N'est-ce pas lui qui, pour se faire bien venir du ministre de la marine, écrivait, il y a deux ans, qu'il avait *supprimé le fouet sur son habitation?* Oui, M. Morel, étant procureur-général, *supprima le fouet* dans son atelier, mais il remplaça cet instrument de supplice par la *rigoise* (nerf de bœuf), instrument plus douloureux que le *fouet*.

M. Bernard, procureur-général à la Guadeloupe, qui de temps en temps dirige son parquet de Paris étant, ou de Lyon voyageant, ne possède-t-il pas aussi de nombreux esclaves dans la colonie où il exerce son ministère, et où il s'est marié à une créole propriétaire de sucrerie?

Les plaintes nombreuses qui vous sont parvenues de la Guadeloupe, d'esclaves réclamant leur liberté, comme ayant été séparés de leurs enfants impubères, ou d'enfants vendus séparément de leur mère avant l'âge de puberté, témoignent suffisamment, Monsieur le Ministre, que le parquet de la Guadeloupe ne prête aucune assistance aux réclamants, et que la loi qui a dévolu aux magistrats du ministère public le patronage des esclaves est à l'état de lettre morte, puisque ces malheureux ont recours à votre justice pour rappeler ces magistrats à leurs devoirs, pensant que le ministre de la justice aura plus d'action sur des magistrats que M. le ministre de la marine. Toutes ces plaintes indiquent, Monsieur le Ministre, qu'*il y a là quelque chose à faire.*

M. Ogé Barbaroux, procureur-général à Bourbon, n'a-t-il pas, lui aussi, enchaîné cette indépendance que nous lui avions connue à Paris, dans nos luttes communes de la presse, en épousant à Bourbon une créole propriétaire d'esclaves? N'est-ce pas ce magistrat du ministère public qui a été forcé, dans sa conscience d'honnête homme, d'avouer, dans sa correspondance avec le ministère de la marine, *qu'il aime mieux ne pas poursuivre les crimes des maîtres, que de risquer des acquittements scandaleux?* Cet aveu, quelque naïf qu'il soit, n'en est pas moins un bien triste enseignement sur la justice coloniale.

En somme, Monsieur le Ministre, les magistrats aux colonies, sauf quelques honorables exceptions, ne possèdent pas toute la confiance qu'ils devraient commander aux justiciables. Les parquets sont composés, en majorité, de créoles propriétaires d'esclaves, plus ou moins encroûtés de tous les préjugés de castes. C'est une des plaies qu'il faudrait guérir radicalement, si le gouvernement veut marcher dans la voie du progrès avec quelques succès. Que peut on attendre, en effet, de l'indépendance de magistrats possédant des esclaves dans un pays d'esclaves, et entourés de propriétaires d'esclaves comme eux, desquels souvent dépendent et leur fortune et leur avenir?

Dans cet état de choses et avec les éléments d'une telle organisation administrative, judiciaire et ecclésiastique, nous disons que l'œuvre de la suppression de l'esclavage « *avec les conditions d'ordre, de travail, de sûreté et de conservation, est la plus impossible de toutes les choses impossibles, et nous exprimons en cela des vérités aussi absolues que si nous avions dit : deux et deux font quatre.* »

Comment y remédier et comment arriver à l'émancipation avec ces conditions d'ordre, de travail, de sûreté et de conservation? Est-ce possible? Oui, si le gouvernement le veut; il le peut, et voici comment:

1° En rétablissant *la moralité* dans les lois coloniales; c'est à dire en ne souffrant pas, par une coupable tolérance, que la faible minorité de la population jouisse du privilége odieux de ne pouvoir être expropriée, lorsqu'il est notoire que cette minorité privilégiée est obérée et doit au-delà de ce qu'elle possède. La promulgation des dispositions du titre XIX du Code civil brisera d'une manière morale, sans qu'il soit besoin de coup d'État ni d'employer d'autres moyens que le gouvernement ne puisse hautement avouer, ces majorités factices et insolentes des conseils coloniaux qui ont inscrit sur leur drapeau : «*Résistance partout, résistance toujours, concession jamais!*»

2° En plaçant à la tête du gouvernement et de l'administration locale de nos colonies des hommes éprouvés par leur capacité, par leur savoir, par leur moralité, par leur fermeté et leur indépendance, et non pas de ces hommes qui y vont chercher fortune, et qui se dévouent et se vendent au parti privilégié, au prix d'un cadeau ou d'un prêt d'argent, comme cela s'est vu et comme je le pourrais citer.

3° En réorganisant le personnel de l'administration de la justice, par l'élimination de ces magistrats parasites qui vendent leur conscience, soit au poids de l'or, soit en obéissant à un préjugé de caste dont ils ne peuvent se dépouiller. En mettant à la réforme ces magistrats amovibles qui osent se proclamer « *Créoles avant tout,* » qui injurient le gouvernement dans leurs discours imprimés, et qui ne savent pas même garder les convenances, la pudeur et la dignité que commande leur caractère.

4° Et enfin, comme vous l'a déjà dit M. le comte de Montalembert, « en consolidant l'autorité ecclésiastique, « en rétablissant l'organisation du clergé sur des bases « légitimes et naturelles, c'est à dire sur l'épiscopat, » par la nomination d'évêques pour nos colonies, à résidence sur les lieux mêmes, en guise de ces préfets apostoliques exerçant leur ministère sous la juridiction des gouverneurs et des administrateurs qui sont, eux, sous la dépendance des conseils coloniaux, composés en majorité de colons obérés, qui n'ont d'existence politique, comme nous l'avons dit ailleurs, qu'à l'aide d'une *fiction immorale.* Du choix des hauts fontionnaires ecclésiastiques peut dépendre encore la réussite de l'œuvre de la suppression de l'esclavage dans les conditions d'ordre et de travail; et, sur ce point, les sujets ne manqueront pas au gouvernement, car, Dieu merci, les diocèses du royaume comptent assez de pasteurs recommandables, à l'abri de l'influence immédiate des colons et de leurs délégués, pour qu'il puisse exercer son choix dans l'intérêt des colonies et de la religion elle-même.

A ces conditions, et à ces conditions seules, Monsieur le Ministre, le gouvernement arrivera à accomplir le grand œuvre humanitaire de l'abolition de l'esclavage, à faire refleurir la religion et à assurer l'empire de la justice et des lois aux colonies.

Je suis avec un profond respect,

Monsieur le Ministre,

Votre très humble et obéissant serviteur,

BISSETTE.

A M. L'ABBÉ JAQUIER,

VICE-PRÉFET APOSTOLIQUE, A LA MARTINIQUE.

Paris, le 12 novembre 1845.

MONSIEUR L'ABBÉ,

L'éloquent discours prononcé à la chambre des pairs par M. le comte de Montalembert, dans la discussion générale de la loi sur le régime des esclaves, a éveillé votre susceptibilité, et, comme les délégués des propriétaires d'esclaves, vous, monsieur l'abbé, missionnaire apostolique, vous vous êtes déclaré l'antagoniste de l'honorable comte de Montalembert. Voilà donc le plus fervent, le plus chaleureux et le plus dévoué défenseur du clergé, réfuté par un membre du clergé. C'est, vous avouerez, monsieur l'abbé, une de ces bizarreries qu'on ne peut bien s'expliquer que par la connaissance parfaite des faits et des positions. Votre lettre à *l'Ami de la Religion* en réfutation du discours de M. le comte de Montalembert, est au moins insuffisante pour faire apprécier à sa valeur la controverse et l'antagonisme que vous avez établis.

Permettez-moi donc, monsieur l'abbé, de suppléer à ce que vous n'avez pas cru devoir faire et dire pour éclairer la question, et à ce qu'a omis de dire M. le comte de Montalembert, par égard et par ménagement pour le clergé colonial, car une accusation partant de sa bouche eût eu plus de portée que venant d'ailleurs ; et puis, il s'était suffisamment exprimé pour inciter le zèle du clergé colonial, en disant que « la moralisation et l'instruction « religieuse, dans nos colonies, sont à l'état de fiction. »

Ces paroles vraies en tous sens, ont, dites-vous, « affligé le cœur des missionnaires de la Martinique », elles affligent aussi le cœur de ceux qui savent que beaucoup de missionnaires *ont traversé les mers pour un tout autre résultat*, d'après les circulaires des ministres et même les vôtres, au clergé à la tête duquel vous vous trouvez à la Martinique. Croyant réfuter ces paroles de M. le comte de Montalembert, vous vous demandez : « Que *faudrait-il donc* pour obtenir la réalité ? »

Ce qu'il *faudrait?*

Je vais vous le dire, monsieur l'abbé.

Il *faudrait* d'abord que le clergé ne fît rien de contraire à la mission civilisatrice qu'il a reçue de l'Evangile, et surtout des instructions hautement données par le gouvernement, laquelle est de préparer les esclaves à la liberté par la moralisation religieuse.

Ainsi, il *faudrait* que ceux des missionnaires de la Martinique, qui, *Honteusement aveuglés*, comme dit le SAINT PÈRE, *par l'appât d'un gain sordide, ne craignent point de réduire en servitude les nègres ou autres malheureux*, renonçassent volontairement à posséder en chair et en os ces créatures humaines faites à l'image de Dieu; ces créatures qu'ils ont achetées aujourd'hui et qu'ils revendront demain, contrairement à la religion de Jésus-Christ, et à la défense qu'en a faite SA SAINTETÉ dans ses lettres apostoliques du 3 décembre 1839, ainsi conçue : « Par « notre autorité apostolique, *nous réprouvons tout cela* « *comme indigne du nom chrétien*, et par la même autorité, « *nous défendons sévèrement qu'aucun ecclésiastique*, ou « laïque, *ose soutenir le commerce des nègres*, sous quelque « prétexte, *ou couleur* que ce soit, ou *prêcher*, ou *enseigner* « *en public et en particulier contre les avis* que nous don- « nons dans ces lettres apostoliques. »

Vous l'entendez, monsieur l'abbé, *sous quelque prétexte ou couleur que ce soit*, ce qui veut dire, soit en votre nom propre, soit sur un nom supposé, SA SAINTETÉ *réprouve également tout cela comme indigne du nom chrétien.*

Il faudrait aussi que les missionnaires de la Martinique et leur chef qui possèdent des esclaves fussent pénétrés de l'esprit de ces paroles de Jésus-Christ et des premiers apôtres, ces paroles qui ont anathématisé la société tout entière, et qui consistent en ceci : « *Il est plus* « *facile à un chameau de passer par le trou d'une aiguille*, « qu'à un riche de gagner le royaume des cieux! » Ce qui signifie en bon français, que la plupart des richesses sont des biens mal acquis; que la possession de l'homme par l'homme, à plus forte raison, est du nombre de ces biens mal acquis; cela signifie aussi qu'il n'y a de prêtres vraiment religieux que ceux qui aiment leur prochain comme eux-mêmes, qui le traitent en frère et non en esclave; cela signifie encore que les hommes, selon le cœur de Dieu, sont ceux qui souffrent, et que ceux qui n'abandonnent pas leurs richesses, qui ne se dévouent pas à secourir tous les opprimés, n'ont pas de religion, et sont les enfants du diable. Et quand je dis, Monsieur l'abbé, *cela signifie*, je pourrais ajouter que cela est écrit en toutes lettres dans l'Evangile, qu'il y a plus de cinquante textes parfaitement clairs sur cette grande vérité fondamentale du christianisme.

Il faudrait que les membres du clergé colonial, qui, mieux placés que qui que ce soit pour voir la *résistance* opposée aux vues du gouvernement pour l'amélioration du sort des esclaves, ne se ralliassent pas à cette résistance par des vues intéressées, au lieu de signaler dans leurs rapports au gouvernement, les entraves apportées à l'instruction des esclaves, comme aux visites des magistrats sur les habitations. *Il faudrait* qu'ils ne vinssent pas fausser l'opinion sur la véritable situation des malheureux qui souffrent dans l'esclavage, en professant, soit dans des journaux, soit dans des brochures ou ailleurs, un optimisme qui n'existe que pour ceux qui en profitent, et ne pas faire comme ces faux prophètes, qui disaient : *La paix, la paix!* où il n'y avait point de paix.

Il faudrait encore que les conseils coloniaux n'eussent pas imprimé aux frais du gouvernement, que l'instruction des nègres est impossible ; et que l'intervention du gouvernement entre les esclaves et les maîtres ne fût point signalée comme un abus de pouvoir contre lequel on a hautement protesté dans les mêmes circonstances. Car tant que l'exécution de l'ordonnance du 5 janvier, et les visites des prêtres sur les habitations seront à l'état de *fiction*..., l'instruction religieuse elle-même ne sera qu'une menteuse fiction.

Il faudrait pour que l'instruction religieuse ne fût pas une *fiction*, mais une réalité, qu'il fût permis aux esclaves de pratiquer ce qu'on leur enseignerait, par exemple la sainteté du mariage, qui ne peut être qu'une fiction dans l'état des choses ; qu'ils eussent le temps que leur accordent les lois sur le repos du dimanche, pour assister aux offices. Puis *il faudrait* que les prêtres, avec une indépendance qu'ils n'ont pas, pussent leur annoncer quelques-unes des vérités exposées dans le mandement de monseigneur l'archevêque de Lyon. Alors, mais seulement alors, l'instruction religieuse des esclaves ne serait plus à l'état de fiction, comme l'exécution de l'ordonnance du 5 janvier 1840, et même la loi toute récente sur le régime des esclaves.

Enfin, *il faudrait* que le zèle et le dévouement de quelques-uns des prêtres pour l'évangélisation des esclaves, ne fussent pas qualifiés aux colonies de *mauvais vouloir contre l'ordre établi*; que l'influence qu'exercent justement ces quelques prêtres dans l'exercice de leur apostolat, ne fût pas impatiemment soufferte comme un contraste douloureux pour l'amour-propre de ceux qui se condamnent volontairement, soit par faiblesse, soit par intérêt, à une prudente inertie dans l'accomplissement de leur mission divine.

A cet égard, Monsieur l'abbé, vous savez mieux que moi ce qui s'est passé tout récemment à l'endroit de deux ecclésiastiques faisant partie du clergé sous vos ordres. Je veux parler de M. l'abbé Perrotti de La Rocca, mort au Havre, en venant en France pour porter à Rome des doléances sur les entraves que rencontre le clergé dans l'exercice de sa mission aux colonies; et de cet autre véritable apôtre du Christ, M. l'abbé Reveilhac, que pleurent encore, avec la partie de la population religieuse de Saint-Pierre, ceux des fidèles de la colonie que sa voix éloquente éclairait des lumières de la religion.

Vous savez, Monsieur l'abbé, quel appui vous avez prêté à cet ecclésiastique, lorsque dénoncé au conseil colonial par une espèce de fou enragé, qui prétendait que M. Reveilhac avait été « soustrait à la juridiction ecclésiastique, et maintenu contre son autorité en possession du droit de scandaliser chaque jour les propriétaires d'esclaves, de fausser leurs croyances, de pervertir la foi de leurs pères, et de porter impunément l'*abomination de la désolation dans les lieux saints!* » Vous savez, M. l'abbé, si vous avez soutenu ce membre de votre clergé, ou si vous l'avez abandonné aux fureurs de ces hommes sans foi et sans religion, qui osent signaler à l'opinion publique, comme « d'exécrables *mélanges des « dogmes divins du catholicisme avec la morale de Marat, « de Babeuf ou de Robespierre,* » des prédications que vous avez entendues et que vous avez trouvées orthodoxes.

Vous savez, M. l'abbé, si le prédicateur ainsi accusé et vilipendé, prêchait à tous l'Evangile, rien de plus, rien de moins, et s'il fut sacrifié aux fureurs de ces hommes du parti rétrograde qui invoquent le nom de Dieu à tout bout de champ pour le mieux outrager dans sa créature, et mépriser ses préceptes.

Si vous aviez été témoin, Monsieur l'abbé, des derniers moments de M. Reveilhac; si vous aviez osé, bravant l'anathème prononcé contre lui par quelques propriétaires d'esclaves, l'assister de vos secours spirituels, vous eussiez entendu de sa bouche ces tristes et dernières paroles, du bon chrétien, du vrai religieux prononcées, au moment de sa mort :... « *Oh! mes amis*,... consolez ma « mère,... ma pauvre mère... et envoyez-lui, comme un « triste et dernier souvenir,... ma soutane... et mon bré- « viaire!!! »

Celui-là, comme tous ceux de ses confrères qui s'efforcent d'introduire dans la société coloniale des réformes dictées par la charité, devait succomber à la tâche. Persécuté et outragé par les chefs de ce parti rétrograde, il s'est vu abandonné par la faiblesse de son supérieur ecclésiastique. Il est mort pauvre, comme ces premiers apôtres du Christ; s'il ne s'est pas vu entourer de ses confrères au moment suprême, il eut du moins la consolation d'être recueilli dans la demeure du pauvre, où il rendit avec le dernier soupir son âme à Dieu.

Il n'est pas besoin de dire, Monsieur l'abbé, que M. Reveilhac, n'a pas légué à sa pauvre mère à 1800 lieues, *des esclaves* ou *la rançon* de ces malheureux, puisqu'il n'a laissé en mourant que *sa soutane et son bréviaire, comme un triste et dernier souvenir!*

Je reviens à votre lettre, Monsieur l'abbé. Vous dites :

« Si les esclaves n'assistent pas aux instructions, ce « n'est la faute ni des prêtres, ni des maîtres, ni du gou- « vernement; c'est parceque leurs intérêts et leurs plai- « sirs ont plus d'attraits pour eux que la morale que nous « leur prêchons; *l'esclave, c'est là le véritable coupable* « que M. de Montalembert a oublié dans l'énumération « qu'il en fait. »

Je vous demande bien pardon, Monsieur l'abbé, l'*esclave n'est pas le véritable coupable*, et il ne préfère pas ses intérêts et ses plaisirs à la morale qu'on lui enseigne, car on ne lui enseigne rien du tout. Les prêtres dont vous parlez n'enseignent rien, parceque les maîtres ne veulent pas qu'ils enseignent, et le gouverneur ne fait rien de son côté pour l'exécution de l'ordonnance du 5 janvier 1840, qui prescrit aux ministres du culte, de « prêter « leur ministère aux maîtres pour l'accomplissement de « l'obligation qui est imposée à ceux-ci de faire instruire « leurs esclaves dans la religion chrétienne et de les main- « tenir dans la pratique des devoirs religieux. »

Dites, de bonne foi, Monsieur l'abbé, si ce n'est pas là l'obstacle que vous rencontrez, vous et les missionnaires placés sous votre obédience? Dites si, sans vous *mettre en guerre avec vos paroissiens*, vous avez, comme S. Paul, tenté la voie de la persuasion pour vaincre leur mauvais vouloir à l'endroit de l'instruction religieuse de leurs esclaves, et pour les faire concourir à l'œuvre morale qu'a voulu entreprendre un instant le gouvernement?

N'est-il pas vrai, Monsieur l'abbé, « qu'un grand nombre de propriétaires voient dans les leçons de la charité et de la religion des tendances destructives de l'esclavage? » N'est-il pas vrai aussi que « l'on effacera difficilement de l'esprit de ces propriétaires qu'éclairer l'esclave, c'est préparer son émancipation? » N'est-il pas vrai encore qu'ils prétendent que « plus un esclave est éclairé, plus il est indiscipliné? » « De là cette opposition, en quelque « sorte par force d'inertie, dont on ne saurait triompher « avec des demi-mesures. »

Et connaissez-vous à la Martinique, parmi les missionnaires à la tête desquels vous êtes placé, un bien grand nombre qui heurtent par leur zèle ces propriétaires d'esclaves et se résignent à encourir leur défaveur comme M. l'abbé Reveilhac?

Non, Monsieur l'abbé, l'esclave n'est pas le véritable coupable; les véritables coupables sont ceux désignés par M. le comte de Montalembert; car l'esclave n'est qu'une *chose* d'après *l'ordre établi* aux colonies et dans *l'ordre légal* de ces pays. Il est *chose*, par conséquent il est la propriété d'un maître dont il dépend, et souvent ce maître est un *prêtre* qui ne veut pas, comme votre respectable confrère, M. Lacombe, préfet apostolique de la Guadeloupe, que ses esclaves fassent leur première communion. Je ne sais pas, Monsieur l'abbé, si vous permettez aux vôtres d'approcher de la table sainte.

Si, pour quelques esclaves, comme vous le dites, Monsieur l'abbé, « leurs intérêts et leurs plaisirs ont plus « d'attraits pour eux que la morale qu'on leur prêche, » cela tient sans doute à une cause que vous n'avez pas recherchée et que vous devriez cependant connaître, depuis vingt-cinq ans que vous habitez la Martinique.

Vous saurez donc cette cause, Monsieur l'abbé, car je vais vous demander la permission de vous la dire.

L'esclave qui n'a reçu aucune instruction religieuse ne peut pas juger, comme nous, des choses de la religion catholique. Nous jugeons, nous, d'après l'instruction que nous avons reçue, et que, dans l'état de liberté, nous avons pu acquérir; mais l'esclave qui n'est pas libre de s'éclairer des lumières de notre religion, si son maître ne le veut pas, comme je citais tout à l'heure l'exemple de votre respectable confrère de la Guadeloupe, ne peut juger que par son instinct souvent grossier. Or, il arrive fréquemment que des esclaves entendant prêcher la morale par des prêtres qui n'en ont pas, rient et se moquent du pasteur, n'étant pas initiés comme nous dans tout le sublime de la religion catholique, qui nous commande le même respect pour la parole du bon comme du mauvais prêtre. L'esclave peut-il être coupable de ne pas juger les choses comme nous? Non, assurément, puisqu'il ne les juge et ne les apprécie que d'après son seul instinct animal, tandis que nous, nous apprécions et nous jugeons d'après les lumières que nous avons acquises dans la foi du catholicisme. Par exemple, Monsieur l'abbé, je crois, en ma qualité de catholique, à l'efficacité de vos prières devant Dieu; mais, comme homme, vous m'autorisez, par votre lettre, à douter que vous soyez un bien zélé apôtre du Christ à l'endroit de l'esclavage, ni un très fervent propagateur et observateur de ces paroles de notre saint père le pape Grégoire XVI:

« Nous conjurons instamment dans le Seigneur tous les « fidèles, de quelque condition que ce soit, qu'aucun « d'eux n'ose à l'avenir tourmenter injustement les *nègres* « *ou autres semblables, ou les dépouiller de leurs biens* (leur « liberté), *ou les réduire en servitude, ou assister, ou favo-* « *riser* ceux qui se permettent ces violences à leur égard, « ou exercer ce *commerce inhumain* par lequel *les nègres*, « comme si ce n'étaient pas des hommes, mais de sim- « ples animaux, réduits en servitude de *quelque manière* « *que ce soit*, sont, sans aucune distinction et contre les « droits de la justice et de l'humanité, *achetés, vendus* et « voués quelquefois aux travaux les plus durs. »

Au reste, Monsieur l'abbé, d'autres avant vous avaient prêché d'une manière plus absolue le maintien de l'esclavage des noirs. Un certain abbé, propriétaire d'esclaves à la Martinique, a dit ceci : « De même que des yeux « trop faibles et trop délicats ne peuvent soutenir l'éclat « d'une trop grande masse de lumières, de même la li- « berté produirait parmi les noirs des désordres pires « que l'esclavage. » Ce vénérable abbé est mort sans avoir eu le temps de se rétracter de cette hérésie. Mais plus heureux que lui, Monsieur l'abbé, malgré vos préventions comme propriétaire d'esclaves, vous rendez justice, quelques lignes plus bas, aux sentiments religieux des esclaves, en disant que « dans les premières communions « on voit toujours figurer un assez grand nombre d'es- « claves. Ce sont là des réalités que tout le monde voit. »

Quoi qu'il en soit, le reproche de M. le comte de Montalembert ne subsiste pas moins, car il est appuyé du document officiel suivant, émané du ministère de la marine:

« Monsieur le gouverneur, des informations que j'ai « reçues me donnent lieu de craindre que les instructions « du gouvernement et des Chambres, relativement à la « moralisation de la population noire dans nos colonies, « n'y soient pas exécutées avec l'esprit de suite et le zèle « sans lequel cette œuvre de bien public ne peut obtenir « les bons résultats qu'on doit en attendre. Diverses cau- « sessont assignées à ce fâcheux état de choses. *On ac-* « *cuse les prêtres* de se consacrer exclusivement à l'ins- « truction de la classe blanche, d'ailleurs bien peu « avancée; on va même jusqu'à accuser les autorités co- « loniales d'un déni de protection envers ceux dont le « zèle sollicite leur appui.

« ... En ce qui concerne les ministres du culte, il m'a « paru nécessaire de réclamer l'intervention d'une auto- « rité épiscopale, non seulement pour que les obligations « qu'ils ont à remplir quant à l'instruction religieuse des « diverses classes de la population soient l'objet de tous

« leurs soins, mais encore pour qu'ils soient désormais « soumis d'une manière plus intime à une haute disci« pline. Une inspection extraordinaire de tout ce qui se « rapporte à l'exercice de la religion dans les colonies y « sera effectuée. »

Voilà, Monsieur l'abbé, des témoignages écrits, des témoignages authentiques; c'est sur ces témoignages que M. de Montalembert s'est appuyé pour désigner, comme il l'a fait, les trois ordres de coupables de ce triste et humiliant état de choses aux colonies; savoir : le clergé « d'abord, « le gouvernement ensuite, et en dernier lieu les colons. »

Quant à la preuve que vous prétendez donner de l'immoralité des noirs affranchis des colonies anglaises, en vous appuyant des paroles dites en chaire par le docteur Paret, évêque anglican de la Barbade; ces paroles ne prouvent rien, absolument rien contre l'affranchissement des noirs. Le monde, vous le savez, Monsieur l'abbé, n'est pas peuplé de saints et d'anges descendus tout exprès du ciel pour l'habiter; le monde est composé également d'hommes vertueux et d'hommes vicieux. Donc le docteur Paret a fait son devoir en disant en chaire aux nouveaux affranchis que « pour eux, la liberté a été la liberté « du vice et des passions, et que jamais l'immoralité et « les désordres de tout genre n'ont été plus communs « chez eux qu'aujourd'hui. »

D'abord cette assertion prouve trop: il s'ensuivrait que l'esclavage serait plus favorable à la vertu et que le gouvernement a eu tort d'en décréter la prochaine abolition en principe. Ensuite, on jugerait mal de la moralité d'un auditoire par les reproches adressés en général du haut d'une chaire, comme on aurait mal jugé les chrétiens auxquels S. Paul et les pères de l'Eglise adressaient leurs reproches et leurs exhortations. Enfin, l'évêque anglican en s'exprimant ainsi, s'adressait à des hommes sujets également aux bonnes et aux mauvaises passions, car partout où il y a des hommes, il y a des vertus et des vices; et, parlant en chaire, le docteur Paret ne pouvait que généraliser ses reproches, afin de moraliser, de corriger les vicieux, et de raffermir dans la bonne voie et rendre meilleurs encore les vertueux; car, en cette matière, le mieux, n'est jamais l'ennemi du bien. Et comme apparemment l'évêque anglican ne prêchait pas devant des banquettes, son auditoire devait être composé de ces nouveaux affranchis, *dont la liberté a été la liberté du vice et des passions*, car le prêche du docteur Paret deviendrait parfaitement inutile, si, au lieu d'être réunis au temple, ces nouveaux affranchis se trouvaient au cabaret ou dans d'autres mauvais lieux, où ils ne pourraient pas profiter des leçons de morale données en chaire par leur évêque.

Il m'en souvient, Monsieur l'abbé, vous avoir entendu gloser deux fois à la Martinique; il y a déjà fort longtemps de cela; c'était à l'époque de la mission dirigée par M. l'abbé Carran : votre auditoire était *fort bien composé*, c'était en semaine, et les noirs esclaves n'en faisaient point partie. Vous appeliez les feux de l'enfer sur tous ceux qui vous écoutaient, sans distinction et sans acception entre les personnes; et probablement, Monsieur l'abbé, dans votre opinion, tous ceux qui composaient votre auditoire ne méritaient pas d'être rôtis et brûlés au même degré de chaleur avec lequel vous vous exprimiez pour convertir des âmes à Dieu. Pour ma part, Monsieur l'abbé, quoique je ne sois pas meilleur chrétien qu'un autre, je vous avoue que, vous écoutant dire, je ne pris pas pour moi une seule de vos fulminations. Mais j'en fis mon profit, en ce sens que vos avis pouvaient être bons à quelque chose, par exemple, pour préserver du péché et de l'enfer; car je vous entendis répéter ces paroles de Jésus : « L'esprit est prompt et la chair est faible. » Faudrait-il induire de là que votre auditoire, qui était entièrement composé de blancs et de *libres*, n'était pas digne de la liberté et qu'il était souillé des plus grands crimes pour mériter l'enfer ?

Vous me permettrez, Monsieur l'abbé, de ne pas insister davantage sur ce point, et de vous prier de ne pas y revenir vous-même, car on pourrait supposer, à tort, que vous aussi, Monsieur l'abbé, vous partagez l'opinion de ce respectable ecclésiastique, propriétaire d'esclaves, dont j'ai cité tout à l'heure une hérésie, et qui la complétait par celle-ci :

« *Loin d'être un bien pour les noirs, l'abolition de l'esclavage serait pour eux un mal affreux, parceque le nègre n'est susceptible d'aucune vertu.* »

Répondant au reproche de connivence attribuée au clergé colonial avec les colons pour le maintien de l'esclavage, vous posez encore une autre question que vous résolvez plus tard par une nouvelle question.

« Pour faire le bien parmi les colons, faut-il qu'un prêtre se mette en guerre avec ses paroissiens ? »

On peut d'abord vous répondre, Monsieur l'abbé, non, si cela n'est pas nécessaire pour l'accomplissement de votre ministère, selon les règles de la prudence chrétienne. On veut qu'au lieu d'être au service de quelques-uns, vous vous fassiez « tout *à tous*; » que vous ayez la prudence du serpent et la simplicité de la colombe; que vous soyez *père* à l'égard des fidèles qui vous sont confiés. Ce n'est pas assez : que vous soyez *mère*, suivant la belle expression de Fénelon en parlant à un évêque. Mais aussi, Monsieur l'abbé, on veut que vous soyez, s'il le faut, en guerre pour l'accomplissement rigoureux de vos devoirs, selon cette autre maxime: *Fais ce que dois, advienne que pourra;* que vous prêchiez *à temps et contre temps* la doctrine dont vous êtes dépositaire, même au prix de votre sang, s'il était nécessaire; que vous ne pactisiez pas avec l'erreur; que vous ne transigiez pas avec *la résistance* que dans tous les temps le monde oppose à l'Evangile, et que quelques hommes intéressés dans la colonie où vous exercez votre ministère opposent scandaleusement aux ordres formels du gouvernement pour la *régénération* de la société coloniale. Voilà, Monsieur l'abbé, ce que l'on est en droit d'exiger de vous. Ou bien il ne fallait pas *traverser les mers* pour vous faire l'apôtre de la servitude. Il ne fallait pas accepter du gouvernement le mandat de civilisation qu'il vous donne, ou bien vous deviez consigner, dans les rapports vagues que vous lui adressez officiellement, que les esclaves sont bien comme ils sont; que l'esclavage est l'état le plus favorable pour la civilisation; que le gouvernement est dans l'erreur en prétendant améliorer ce qui existe; et qu'il est inutile de faire traverser l'étendue des mers à tous les missionnaires qu'on enverrait pour préparer des réformes qui n'ont pas le sens commun. — D'autres, hélas! n'auraient pas succombé dans les colonies, ou n'auraient pas été renvoyés pour avoir autrement entendu leur mission.

Vous dites: « On ne craint pas d'attribuer à une connivence avec les colons, pour le maintien de l'esclavage, « le bon accord du clergé avec eux. » Ce n'est pas ce qu'a dit M. le comte de Montalembert; mais d'autres le pensent et le disent tout haut, sans se gêner. L'honorable pair a dit: « Je connais les difficultés de la position du « clergé colonial, je sais que les missionnaires anglais se « sont *attirés la haine et les persécutions des planteurs an-* « *glais en se déclarant les apôtres de l'affranchissement.* Je « sais encore que le clergé des îles françaises n'a rien fait « de semblable, qu'il est très bien avec les planteurs, « qu'il vit en très bonne intelligence avec eux. Je ne veux « pas assurément en conclure qu'il est complice de l'es- « clavage; *mais ce que je n'hésite pas à en conclure, c'est* « *qu'il n'a pas montré ce zèle apostolique, cet indomptable* « *courage, cette austère indépendance que montre toujours* « *le clergé en France*...... Aux colonies, le clergé, sauf des « exceptions recommandables, est tiède. »

Voilà, Monsieur l'abbé, les expressions textuelles de M. le comte de Montalembert; et il a déclaré avoir puisé ces renseignements dans des documents publiés par le gouvernement, lequel ne reproche pas au prêtre de ne pas se mettre en guerre avec ses paroissiens, mais lui reproche *d'être tiède, de ne pas montrer ce zèle apostolique, cet indomptable courage, cette austérité indépendante* que montre toujours le clergé de France.

M. le comte de Montalembert a ajouté que ce reproche « n'est que trop justifié par les faits. » C'est ce que vous avez pris la peine de prouver, Monsieur l'abbé, par cette nouvelle interrogation : N'est-il pas naturel que ces pau« vres *colons, accablés de tant de maux*, soient en bonne « intelligence avec les prêtres qui ont traversé les mers « pour venir leur procurer les bienfaits et la consolation « de leur ministère ? »

Il est évident, Monsieur l'abbé, que votre pitié, que vos préférences ne sont pas pour les malheureux esclaves, car vous ne voyez accablés de maux que les maîtres ; et c'est pour eux, pour eux seuls, que sont réservés les bienfaits et les consolations du ministère du clergé colonial ; pour les pauvres esclaves, chargés de fers et de chaînes, pas un mot de compassion ne s'est encore glissé sous votre plume ! Quand vous ne les accuseriez pas d'être les *véritables* coupables du triste et humiliant état de choses dans lequel ils croupissent par la faute du clergé, du gouvernement et des maîtres, vous offenseriez encore leur infortune en vous apitoyant exclusivement sur les prétendus maux qui accablent leurs dominateurs. Ce qui de votre part est une protestation implicite contre les vues d'amélioration pour le sort des esclaves.

Vous demandez encore, Monsieur l'abbé : « Que veut-on donc de nous ? » Et, sans attendre la réponse à votre question, vous vous empressez d'y répondre vous-même par cette phrase :

« Hélas ! nous le voyons avec peine, et M. de Monta« lembert, entraîné par son zèle pour la liberté des noirs, « nous le montre clairement : on veut que, oubliant notre « noble mission, nous nous fassions *les prédicateurs de « l'émancipation quand même* ; c'est un rôle que nous ne « saurions accepter. »

Et mon Dieu, non, non, encore non, Monsieur l'abbé, vous vous trompez sur ce que l'on veut de vous. On veut, au contraire, que, vous rappelant votre noble mission, vous évangélisiez les esclaves et les maîtres : les esclaves pour les préparer à jouir de la liberté qui leur est promise ; les maîtres pour les préparer à ce grand œuvre de réparation et de justice. On veut que vous usiez de tous les moyens que la religion nous enseigne pour arriver à cette émancipation *qui sera une source de bien pour tous.* On veut que vous rappeliez au maître que Jésus-Christ est mort sur la croix pour la rédemption de tous les hommes, pour racheter tous les crimes de la race humaine; que vous expliquiez aux maîtres que ces paroles que, chaque jour, vous prononcez à votre sainte messe: « *Agnus Dei, qui tollis peccata mundi!* » renferment la doctrine de l'expiation et celle du rachat. (Je n'entends pas le rachat forcé tel que le veut la loi appelée improprement aux colonies la *loi Mackau*, et qu'on appelerait bien mieux la *loi Mérilhou-Charles Dupin*), mais le rachat de tous les crimes, parmi lesquels est compris le *crime de l'esclavage*. On veut encore, Monsieur l'abbé, que vous disiez, comme le Galiléen, au maître devant l'esclave: « *Toute chair est vile*; et à l'esclave devant le maître: «*Tout esprit est divin*; » qu'abaissant l'un par la chair, et relevant l'autre par l'esprit, vous acheviez de formuler cette pensée du divin Sauveur par ces mots: « Tous les hommes « sont les enfants de Dieu; ils sont tous égaux devant lui. » A quoi vous ajouteriez: « *Aimez-vous les uns les autres;* « *c'est la loi.* »

Voilà, Monsieur l'abbé, tout ce que l'on veut de vous. Et, pour compléter la réponse à votre question: S'il faut que vous vous fassiez « *le prédicateur de l'émancipation* « *quand même?* » je réponds: Oui, Monsieur l'abbé, on veut que, fidèle à votre noble mission, vous vous fassiez le prédicateur de l'émancipation *quand même la haine, quand même les persécutions* des propriétaires d'esclaves. C'est un rôle que vous devez accepter, quelque monstrueux qu'il pût paraître aux dominateurs de la Martinique; car ce fut celui de Jésus-Christ, quand il apporta au monde sa doctrine de liberté et d'égalité; quand il fut hué, conspué, injurié, outragé et crucifié par ces dompteurs d'hommes, ces privilégiés Romains qui vivaient, comme vivent leurs pareils de la Martinique, du sang et de la sueur d'hommes, leurs frères en Jésus-Christ.

Comme S. Paul, vous voulez, dites-vous, Monsieur l'abbé, continuer à dire aux esclaves: « Obéissez à vos « maîtres, etc., etc., et aux maîtres: Ne punissez point « vos esclaves à la rigueur, etc., etc... » L'apôtre tenait ce langage, ajoutez-vous, « dans un temps où les esclaves « étaient soumis, par la coutume et par les lois, à tous les « caprices de leurs maîtres, et où l'on ne paraissait pas « soupçonner que ces malheureux eussent la moindre « part aux droits de l'humanité. Cependant l'on remar- « quera avec quelle sagesse et quelle discrétion l'apôtre « fixe les devoirs respectifs des maîtres et des serviteurs. « Il ne se livre pas, comme on voudrait l'exiger de nous, « à *de vaines et futiles déclamations contre l'injustice et la* « *barbarie du droit d'esclavage*....; mais S. Paul savait être

« sage avec sobriété, il respecte l'ordre public, il se con-
« tente d'inculquer les principes qui devaient adoucir le
« sort des esclaves, etc., etc. »

C'est précisément, Monsieur l'abbé, ce que l'on demande de votre charité pour les malheureux esclaves. On désire que vous teniez la même conduite et le même langage que S. Paul; qu'après avoir donné le baptême à un esclave qui se serait enfui de l'habitation de son maître, je suppose, de la commune du Prêcheur, et qui serait venu vous trouver à la Grand'Anse, vous renvoyiez cet esclave à son maître, nouveau Philémon, et lui écriviez ces paroles de l'apôtre à l'occasion d'Onésime :

« Je vous renvoie Onésime, et je vous prie de le rece-
« voir comme mes entrailles. J'avais pensé de le retenir
« auprès de moi; mais je n'ai rien voulu faire sans votre
« avis, désirant que le bien que je vous propose n'ait rien
« de forcé, mais soit entièrement volontaire. Je vous écris
« ceci dans la confiance que votre *soumission* me donne,
« sachant que vous en ferez encore plus que je ne dis. »

Vous vous rappelerez aussi, Monsieur l'abbé, que S. Paul avait commencé par dire à Philémon : « Comme apôtre,
« je puis vous *ordonner* une chose qui est de *votre devoir;*
« néanmoins, l'amour que j'ai pour vous fait que *j'aime*
« *mieux vous supplier,* quoique je sois tel *que je suis à vo-*
« *tre égard, c'est à dire quoique* je sois Paul. »

Oui, Monsieur l'abbé, nous ne vous en demandons pas davantage : absolument comme S. Paul. Et, vous le voyez, c'est avec les textes de l'apôtre, avec les paroles de l'Evangile, et non pas avec « *de vaines et futiles déclamations contre*
« *l'injustice et la barbarie du droit d'esclavage,* » que nous vous supplions de vouloir bien corriger « *ce que les lois et*
« *la coutume ont de dur et d'odieux* » à la Martinique.

Peut-être, appréciant mieux le terrain sur lequel vous êtes, trouverez-vous encore, Monsieur l'abbé, que c'est par trop exiger de vos forces et de votre ministère. Cependant je puis bien vous assurer que les persécutions contre vous n'iront pas jusqu'au martyre, jusqu'au crucifiement. Vous seriez exposé seulement à deux choses : à une plaisanterie d'abord, et ensuite à un désagrément.

Premièrement, un certain membre, très connu, du conseil colonial, qui parle comme un avocat, qui crie beaucoup parcequ'il entend hurler autour de lui, mais qui au fond est plus comique que méchant, se prendrait de rire, vous entendant, vous, Monsieur l'abbé, propriétaire d'esclaves comme lui, demander, comme l'apôtre S. Paul, la liberté d'un autre Onésime, et prêcher la

délivrance des captifs de tous les Philémons des Antilles.
Dans sa coloniale gaîté, il vous dirait :
Vraiment, Monsieur l'abbé !

« Mais tournez-vous de grâce.... »

Et puis viendrait le désagrément dont j'ai parlé. D'autres membres du conseil, qui n'aiment à recevoir *des ordres* de personne, ne verraient pas la *supplique* qui adoucit la forme de vos ordres ; ils repousseraient votre prière pour ne voir dans votre épître que les mots de *soumission et devoir;* et précisément à cause *de la foi de leurs pères et de leurs croyances*, ces nouveaux *Romains*, ces *Cambrones* des îles crieraient : au scandale ! à *l'abomination de la désolation !* Ils diraient que vous mêlez les dogmes de leur *religion* avec la morale de Babeuf, de Marat et autres, puisque vous osez leur dire : « *Je puis « vous l'ordonner;* mais, etc., etc... » Ils s'offenseraient de ces paroles et se trouveraient blessés, froissés dans *leurs intérêts* les *plus chers*, et, se rappelant ce qu'à une autre époque leurs camarades écrivaient à M. le général Donzelot, gouverneur pour S. M. Louis XVIII, roi de France et de Navarre ; ils vous écriraient, avec cette manie qu'ils ont de tout singer, à peu près ceci :

« Monsieur l'abbé,

« Les blancs ne consentiront jamais à se voir les égaux « des nègres qui font partie de leurs ateliers. Nous savons, « Monsieur l'abbé, que les nègres en général resteront « tranquilles ; ils connaissent trop bien l'insuffisance de « leurs moyens ; ils savent que le pape ne souffrira ja- « mais que le système établi soit renversé, ni que les « nègres se disent nos frères en Jésus-Christ. Les quatre- « vingt-dix-neuf centièmes des colons *sont unanimement* « décidés à maintenir et défendre, à quelque prix que ce « soit, l'état actuel de la *religion*, et à ne jamais laisser « porter aucune atteinte aux *dogmes coloniaux*. Si le Saint- « Père avait un jour le projet d'y faire quelques change- « ments, nous vous prions, Monsieur l'abbé, d'être notre « organe auprès de Sa Sainteté, et de *lui faire bien com- « prendre* que, comme il y va de notre *fortune*, de l'exis- « tence de nos femmes et de nos enfants, nous sommes « fermement résolus à n'admettre aucune *réforme*. Nous « demandons le maintien pur et simple de ce qui est, et « que *notre religion* soit exactement maintenue. Pour peu « qu'on s'en écarte *l'échafaud* colonial est attaqué, et, les « propriétaires d'esclaves ayant pris la ferme résolution « de se défendre *et de mourir avec courage et résignation*,

« la colonie sera perdue pour la France, elle ne produira « ni sucre, ni café, et qui en sera cause?... le pape !!! »

Après cela, Monsieur l'abbé, la position, pour vous, ne serait pas tenable; on vous susciterait mille dégoûts, mille tracasseries; et un beau matin, après votre messe, à l'heure de votre déjeûner, lorsque vous vous croiriez bien tranquille à la Grand'Anse, vous verriez arriver à votre presbytère, un gendarme qui vous remettrait, de la part du gouverneur de la colonie, une lettre annonçant que vous êtes renvoyé en France pour rendre compte de votre conduite à *M. le Ministre de la marine et des colonies*, représentant, sans doute, de notre saint père le pape.

On vous accusera d'avoir, comme les colons, possédé des esclaves et de les avoir *vendus* au moment de votre départ de la colonie, en contravention aux avis donnés par le Saint-Père, dans ses lettres apostoliques du 3 décembre 1839, lesquelles lettres apostoliques (par parenthèse) ont été saisies dans la colonie. — Comme d'autres ecclésiastiques, vous serez dénoncé, traqué, calomnié de toutes parts, et le ministre près duquel vous aurez été renvoyé *rendre compte de votre conduite*, ne vous écoutera pas plus que si vous *chantiez les Matines* à la messe de minuit de la Noël. Vous ne verrez même pas SON EXCELLENCE (vieux style), M. le Ministre. Vous vous agiterez, vous courrez de bureaux en bureaux, on vous renverra du séminaire du Saint-Esprit à la direction des colonies, et *vice versa*, comme de Caïphe à Pilate, et partout vous aurez le même accueil; et vos plaintes n'arriveront ni pour le temporel, à Sa Majesté le roi des Français, ni pour le spirituel, à notre Saint Père le Pape, par la raison bien simple, que l'évêque de la colonie est un capitaine de vaisseau, et que les gouverneurs et administrateurs de fait sont des propriétaires d'esclaves.

Voilà, Monsieur, l'abbé, ce que vous savez aussi bien que moi-même, et ce que je prends ici la liberté de vous écrire afin d'expliquer au public et à ceux qui en France s'occupent des affaires coloniales, le motif de votre dissidence avec M. le comte de Montalembert.

J'ai l'honneur d'être,

Monsieur l'abbé,

Votre très humble et très obéissant serviteur.

BISSETTE.

A MONSIEUR LE BARON ROGER,

DÉPUTÉ DU LOIRET.

Paris, le 28 novembre 1845.

MONSIEUR,

Vous êtes du petit nombre des amis des noirs, des abolitionistes de la chambre qui ont jugé sainement tout ce que valent les dispositions de la loi sur le régime des esclaves, votée dans la dernière session. Possédant à fond la question des colonies, vous ne vous êtes pas laissé séduire par les faux semblants de libéralisme de cette loi, et vous avez vu dès l'abord que le projet ministériel n'était qu'un point d'arrêt, une véritable déception, qui ne pouvait avoir été conçu que dans l'unique intention de river pour quelques années de plus les fers des malheureux esclaves, et calmer en même temps l'impatience des *amateurs* de l'émancipation, ces *abolitionistes* qui se contentent du principe de l'abolition sans l'application : espèce de répit demandé par le ministère et accordé par les chambres.

Vous ne vous étiez pas trompé, Monsieur, dans vos prévisions; et, les documents que je recueille et que j'aurai bientôt l'honneur de vous remettre sur l'exécution de cette loi, achèveraient de vous affermir davantage, s'il était nécessaire, dans l'opinion que vous avez soutenue dès la présentation de ce projet de loi et lors de la discussion de ses articles.

En attendant, Monsieur, qu'il vous suffise de savoir que le conseil colonial de la Martinique a choisi dans son sein le membre qui, aux termes de cette loi, doit faire partie de la commission, appelée à statuer sur les rachats; que ce membre est M. Delhomme, propriétaire de *La Marty*, habitation sur laquelle il se passe de si étranges et incroyables choses. Les deux autres membres de la commission, pris parmi les magistrats de la cour royale, sont MM. Duclary et Beausire, tous deux créoles comme M. Delhomme, Voilà donc une commission qui doit décider en dernier ressort sur le prix du rachat, qui se trouve composé de trois membres bien connus pour être opposés au rachat.

Quant à l'accueil fait à la loi du 18 juillet, par la population esclave aux colonies, la voici :

Aussitôt que parvint à la Martinique la nouvelle du vote de cette loi, il y eut, dans un espace de temps de moins de quinze jours, vingt-quatre évasions d'esclaves pour Sainte-Lucie, colonie anglaise.

A la Guadeloupe, dans le même espace de temps, pour fêter la bienvenue de la loi, il y a eu quarante-trois évasions pour la Dominique et Antigues, autres possessions anglaises.

Les évasions s'organisent de toutes parts; de toutes parts les malheureux esclaves qui aspiraient à leur liberté, qui croyaient entendre sonner *l'heure de l'émancipation* qui leur avait été solennellement annoncée en 1839 s'enfuient à l'étranger. Voyant maintenant leurs espérances déçues, ces malheureux esclaves affrontent tous les dangers, tous les périls d'une traversée en mer, pour se soustraire à la servitude et parfois aux mauvais traitements qui accroissent ou diminuent, selon les impressions qu'éprouvent les maîtres à la réception des nouvelles de France.

La vigilance des garde-côtes, des barges de la douane et autres embarcations armées, chargés de veiller *au salut* des colons, ne peuvent arrêter ces évasions. On a vu dans une des dépendances de la Guadeloupe, *Les Saintes*, trois enfants âgés de moins de quatorze ans s'enfuir dans la nuit du 20 septembre dernier, sans autre guide, sans autre boussole pour les diriger, que la volonté d'être libres et de s'affranchir de la domination d'un maître cruel, traverser un bras de mer sur un frêle esquif et attérir au rivage de la Dominique, où ils parvinrent sains et saufs le lendemain de leur départ, malgré les poursuites de deux barges qui leur donnaient la chasse.

Ces évasions se multipliant sont un excellent moyen d'arriver à l'*émancipation graduelle*, sans indemnité aux propriétaires d'esclaves; et les amateurs de ce mode d'abolition, qui reculent devant l'émancipation absolue et instantanée, ne se doutaient guère que les esclaves seconderaient si bien ce moyen de dégrever le trésor de quelques centaines de mille francs, sur l'indemnité qu'il sera appelé, peut-être, à payer aux propriétaires d'esclaves lors de l'affranchissement général.

D'un autre côté, Monsieur, une résistance s'est organisée au sein des cours royales de la Martinique et de la Guadeloupe, pour disputer, soit à de pauvres enfants la liberté de leurs mères acquise légalement, soit à de pauvrès mères la liberté de leurs enfants impubères dont elles sont séparées.

Les membres des parquets qui sont les protecteurs légaux des esclaves, d'après l'ordonnance royale sur le patronage, refusent leur ministère d'office, et par mille entraves, par mille difficultés, ils empêchent ces malheureux de faire valoir leurs droits contre l'injustice qui les retient dans les fers de l'esclavage.

Les choses en sont aujourd'hui à un tel point, que le ministère de la marine, même, est devenu suspect à ces pauvres esclaves, ce n'est plus vers ce département, spécialement chargé de la direction et de l'administration des colonies, que s'élèvent leurs voix, que s'adressent leurs plaintes. Ils ont pris pour confident de leurs doléances, M. le garde des sceaux, ministre de la justice, et voici dans quels termes, une malheureuse mère, réclamant la liberté de son enfant, s'adresse à M. le garde des sceaux.

« Monsieur le ministre de la justice,

« Je suis une malheureuse mère qui réclame, depuis « plus de deux ans son enfant, qui est esclave et qui a droit » à la liberté, en vertu de l'article 47 de l'édit de 1685.

« J'ai formé il y a un an ma demande en justice, et « quoique mon affaire soit semblable à celle de Virginie, « qui a gagné son procès devant la cour de cassation « le 22 novembre 1844, j'ai eu la douleur de la voir re- « jetée par la cour royale de la Guadeloupe.

« J'ai vainement fait des démarches auprès de M. le « procureur du roi, pour qu'il formât dans l'intérêt de « mon enfant esclave un pourvoi en cassation, M. le « procureur du roi m'a fait observer qu'il n'appartenait « qu'au procureur-général de former un pourvoi contre « cet arrêt de la cour. Cependant M. le procureur du roi « a écrit à cet effet à M. le procureur-général en lui « adressant mes pièces, que j'ai moi-même portées.

« M. le procureur-général est le patron des esclaves, il « devrait donc être le premier à me prêter appui dans « l'intérêt de mon enfant et dans l'intérêt de la loi ; mais « M. Bernard, qui possède des esclaves qui pourraient « être libres en vertu de la loi que j'invoque pour mon « enfant, a tout intérêt à ce que ces demandes ne réus- « sissent pas ; c'est pourquoi il m'a fait renvoyer un mois « après mes pièces par M. le procureur du roi, en me « faisant dire que cela ne le regarde pas.

« Voilà, Monsieur le Ministre, de quelle manière M. le « procureur-général interprète les lois sur le patronage.

« Je viens donc vous prier de donner des ordres pour
« que l'on forme mon pourvoi en cassation dans l'intérêt
« de ma fille esclave, qui se jette à vos pieds pour vous
« demander justice.

« Je suis, avec un profond respect,

« DE VOTRE EXCELLENCE,

« La très humble et très obéissante servante,

« OLYMPE. »

« Basse-Terre, 27 juin 1845. »

Ainsi donc, Monsieur, voilà une malheureuse femme qui dénonce un déni de protection au ministre de la justice, et qui prétend que le procureur-général, qu'elle accuse, ne s'abstient de lui prêter son ministère que parceque ce magistrat possède lui-même des esclaves qui pourraient être libres en vertu de la loi qu'elle invoque, elle, mère, en faveur de son enfant !

Mais voici, Monsieur, une autre pétition qui fut adressée le même jour à M. le ministre de la justice. Ici c'est un esclave qui réclame sa liberté, étant séparé de sa femme légitime, affranchie depuis quatre ans.

Le procureur du roi, dit-il, lui refuse son assistance d'office, comme patron des esclaves, et il prouve cette assertion par une lettre à lui écrite par ce magistrat. Il prétend qu'il lui faudrait cinq ou six cents francs pour faire plaider sa cause par un avocat; et que ne possédant pas cette somme, il ne peut avoir recours au ministère de l'avoué des pauvres, le maire de sa commune refusant de délivrer des certificats d'indigence à ceux qui en sollicitent pour réclamer en justice leur liberté. Voici le texte de cette pétition au ministre :

« Monsieur le Ministre de la justice,

« Je viens me jeter aux pieds de Votre Excellence, per-
« suadé qu'elle écoutera la prière d'un pauvre esclave
« qui a droit à la liberté, et qui ne peut l'obtenir malgré
« ses sollicitations.

« Je suis marié depuis longtemps, j'ai une femme légi-
« time, des enfants légitimes ; et malgré la loi qui protége
« la famille, je suis séparé de ma femme qui est libre de-
« puis quatre ans.

« Comme je suis esclave, et que je ne puis rien moi-
« même, j'ai cru devoir m'adresser à M. le procureur du

« roi, comme étant spécialement chargé, par les ordon-« nances des 12 juillet 1832 et 11 juin 1839, de veiller à la « conservation des droits des esclaves.

« Mais depuis plus de cinq mois que j'ai envoyé ma « demande avec toutes les pièces à l'appui, M. le procu-« reur du roi n'a rien fait, et me répond que les instruc-« tions de M. le procureur-général ne lui permettent pas « d'agir.

« Je ne puis prendre un avocat, puisque je n'ai pas « d'argent, et que ces messieurs demandent cinq ou six « cents francs ; je ne puis avoir recours à l'avoué des « pauvres, puisque le maire de ma commune n'accorde « aucun certificat d'indigence à ceux qui veulent s'en « servir pour réclamer leur liberté.

« Aujourd'hui M. le procureur du roi refuse d'agir en « faveur des esclaves, cependant, Monsieur le Ministre, « lorsque M. Auguste Ristelhueber était procureur du « roi, les maris séparés de leurs femmes, les enfants im-« pubères séparés de leurs mères trouvaient en lui un « protecteur, qu'ils ne trouvent plus.

« Mais aujourd'hui les maris peuvent être séparés de « leurs femmes, les petits enfants de leurs mères ; et « malgré l'article 47 de l'édit de 1685 et l'arrêt de la cour « de cassation, M. le procureur du roi reste sourd à leurs « sollicitations, et engage à *attendre patiemment dans l'es-« clavage*, lorsque nous avons des *droits incontestables à la « liberté*.

« J'ai toujours été un bon serviteur, soumis et respec-« tueux vis à vis de mes maîtres, qui m'ont témoigné leur « confiance en me nommant commandeur de leur ha-« bitation.

« Depuis neuf ans que j'occupe cette place, méritée « par ma bonne conduite, je n'ai jamais reçu le moindre « reproche. Cependant tout a changé depuis le jour de « ma demande à M. le procureur du roi ; mes maîtres « irrités de ma démarche m'ont dégradé en m'ôtant mon « commandement, m'ont fait prendre par la gendarmerie « et conduire à la mairie pour recevoir un châtiment.

« C'est sur quoi je vous prie, Monsieur le Ministre, de ne « point faire savoir que j'ai osé vous écrire ; cet acte de « courage m'exposerait à la colère des chefs de la colonie « et m'attirerait inévitablement des châtiments.

« En vous signalant ces faits, Monsieur le Ministre, « j'espère trouver auprès de vous la justice que je ne « puis trouver ici.

« Votre *esclave respectueux*,

« *** »

« Basse-Terre, 25 juin 1845. »

L'*esclave respectueux* de M. le Ministre de la justice a produit à l'appui de sa plainte, l'original de la lettre suivante qui lui a été écrite par M. le procureur du roi. Vous verrez, Monsieur, par les termes de la lettre de ce magistrat, patron des esclaves, que les reproches amers qu'adresse ce malheureux à la justice de son pays ne sont que trop mérités, et justifient de reste le désespoir de ceux qui s'enfuient de la colonie pour aller chercher à l'étranger une protection et une liberté qu'ils ne trouvent pas sous la protection des magistrats français.

« Basse-Terre, le 20 avril 1845.

« *Les instructions de M. procureur général* ne me per-
« mettant pas d'agir, comme le faisait mon prédécesseur,
« M. A. Ristelhueber pour les demandes fondées sur
« l'art. 47 de l'édit de mars 1685, je vous prie de venir
« chercher vos pièces qui resteraient inutilement au par-
« quet.

« *Si vous avez de l'argent*, vous trouverez *peut-être* un
« avocat qui se chargera de faire valoir vos droits en
« justice. Quant à moi, je ne puis que vous exprimer mes
« regrets de ne pouvoir agir dans vos intérêts.

« Continuez auprès de vos maîtres vos bons services ;
« méritez la confiance qu'ils vous ont témoignée en vous
« nommant leur commandeur, et attendez patiemment
« une dernière décision de la justice.

« Le procureur du roi,

« ROBERT. »

Remarquez bien, je vous prie, Monsieur, ce passage de la lettre du procureur du roi : « *Si vous avez de l'ar-* « *gent, vous trouverez* peut-être *un avocat qui se chargera* « *de faire valoir vos droits en justice !* » *Peut-être!* il n'en est pas sûr. Et, en effet, comment peut-il l'être, lui procureur du roi ! lorsque les instructions de son chef, de M. le procureur général Bernard, ne lui *permettent* pas d'agir, même en vertu de la loi.

Voici une nouvelle plainte qui confirme le doute exprimé par M. le procureur du roi de la Basse-Terre. Le tuteur d'un jeune enfant, affranchi séparément de sa mère, réclame la liberté de cette mère, en vertu de l'art. 47 de l'édit de 1685. Il s'adresse d'abord au ministère public, qui refuse de prendre l'initiative et d'agi d'office comme le lui prescrit la loi. Alors, il a recours au ministère d'un homme de loi ; ce tuteur *a de l'argent*, il peut *faire valoir les droits de son pupille en justice* ; mais vainement il s'adresse aux hommes de loi de la colonie ; tous ceux qu'il a vus refusent de se charger de sa cause, parceque, disent-ils : « Ils ne peuvent plaider la légalité « d'un droit qui est contre leurs intérêts, que c'est plai- « der contre eux-mêmes. »

Veuillez lire la pétition de ce tuteur, demandant au garde des sceaux un avoué pour son pupille :

« Monsieur le Ministre de la justice,

« En ma qualité de tuteur du mineur Eugène (Céline), « âgé de neuf ans, affranchi par arrêté de M. le gouver- « neur, en date du....., je viens réclamer de votre EXCEL- « LENCE la liberté de la mère de cet enfant impubère, « d'après l'art. 47, de l'édit de 1685, et l'arrêt solennel de « la cour de cassation, dans l'affaire Virginie.

« Avant d'arriver jusqu'à vous, M. le ministre, j'ai fait « auprès des autorités locales toutes les démarches né- « cessaires pour obtenir l'affranchissement de la nommée « Céline, appartenant à Mlle Catherine Amic. Mais jusqu'ici « tous mes efforts ont été infructueux, mes démarches inu- « tiles. Le ministère public, qui est spécialement chargé « du patronage des esclaves, m'a renvoyé à fins civiles, « quoique la loi lui fasse un devoir de prendre l'initiative « dans les affaires de cette nature.

« Pour mettre un terme à tous les renvois de MM. les « procureur général et procureur du roi, je m'adressai « à tous les avoués de la cour royale de la Basse-Terre ; « mais tous ceux que j'ai vus refusent de se charger de « cette affaire, sous le prétexte qu'ils ne peuvent plaider « la légalité *d'un droit qui est contre leurs intérêts, et que* « *d'ailleurs c'est plaider contre eux-mêmes.*

« Voilà, M. le ministre, la réponse que j'ai obtenue des « fonctionnaires publics qui ont fait serment de défendre « l'opprimé contre l'oppresseur.

« Cependant Céline ne peut rester esclave aux termes « de l'art. 47 de l'édit de 1685. Elle n'est pas la seule dans « ce cas : beaucoup de malheureux croupis ent dans l'es- « clavage, parcequ'ils n'ont aucun moyen pour faire plai- « der leurs droits à la liberté ; et si l'on ne prend pas une « mesure pour assurer l'exécution de l'arrêt sus-men- « tionné aucun esclave ne jouira de ses bienfaits. Ce que

« la loi ne veut pas, puisqu'elle appelle tous ceux qui y ont « droit à la jouissance de la liberté.

« C'est dans cet état de choses, M. le ministre, que je « me suis décidé à vous adresser cette supplique, et je « prie votre EXCELLENCE de vouloir bien user de son au- « torité dans cette circonstance, en faisant droit à la de- « mande que je lui adresse au nom d'un enfant dont la « faiblesse réclame les soins attentifs d'une mère. »

« Je suis avec le plus profond respect, etc., etc.

« DUBUISSON. »

« Juin 1845. »

Voilà qui est clair ; lorsqu'un esclave a des droits à la liberté, et qu'il n'a pas d'argent, on lui refuse un certificat d'indigence pour faire valoir ses droits devant la justice ; et lorsqu'il possède quelques écus, on refuse de plaider pour lui, parceque c'est contre les intérêts des hommes de loi de la colonie, qui possèdent des esclaves, comme M. le procureur général, et qui ne peuvent pas poursuivre et plaider contre eux-mêmes. Alors il faut avoir recours à dix-huit cents lieues au ministre de la justice.

Ce n'est pas tout, Monsieur, voici encore une pétition qui signale à M. le garde des sceaux un fait plus étrange : c'est la duplicité avec laquelle certaines autorités se jouent de l'ignorance des malheureux esclaves. Lisez plutôt.

« Monsieur le Ministre de la justice,

« Mon grand-père, Jean Pierre, vieillard âgé de quatre- « vingt-deux ans, m'a acheté pour la somme de trois cents « francs, à l'âge de deux ans, entre les mains de M. Demeurs « Surmont, habitant propriétaire aux Trois-Rivières.

« Il y a quelques mois, mon grand-père, mon tuteur « légal intenta à M. Demeurs, une action en justice, afin « d'appeler à la liberté ma mère qui était toujours esclave « de mon ancien maître. Celui-ci, pour éviter les frais « d'un procès et reconnaissant la justice de ma demande « qui est basée sur l'art. 47 de l'édit de 1685, prohibant « la séparation de la mère et de ses enfants impubères, « ainsi que sur plusieurs arrêts de la cour de la Guade- « loupe appuyés par l'arrêt de la cour de cassation, en « date du 22 novembre 1844, me fit remise volontaire- « ment de ma mère.

« Depuis la mort du gouverneur on fait courir le bruit « dans tous les quartiers de la colonie que la loi n'existe « plus, et que les mères séparées de leurs enfants impu« bères n'ont plus droit de les réclamer. Dans la dernière « tournée que M. le procureur du roi fit aux Trois-Riviè« res, étant descendu chez M. Demeurs, il l'engagea à « revenir sur la remise volontaire qu'il m'avait faite de « ma mère. M. le procureur du roi envoya chercher ma « mère par la gendarmerie et la sépara violemment et « illégalement de sa famille libre, malgré les conventions « qui existaient entre M. Demeurs et mes parents, et « malgré la loi que M. le procureur du roi est chargé lui« même de défendre. Cet acte émanant d'un magistrat « aussi élevé et presque immédiatement après la mort « du gouverneur, a eu le plus grand retentissement et a « confirmé l'opinion publique que les lois n'existaient « plus.

« C'est pour vous demander, Monsieur le Ministre, si « elles existent encore que je vous adresse ma demande, « afin que vous me fassiez connaître si nous sommes « victimes d'abus que vous ne sauriez tolérer, ou si « réellement les lois meurent avec les gouverneurs.

« J'attends, et nous attendons tous avec confiance le « résultat de la démarche que je fais auprès de vous, « non seulement en mon nom, mais encore au nom « d'une foule de petits enfants qui sont, comme moi, sé« parés de leurs mères et qui réclament vainement l'ap« pui de la loi.

« Je suis avec un profond respect, de Votre Excellence,

« Le très humble et très obéissant serviteur

» Pour Jeannille, ma pupille impubère,

« Son grand-père JEAN-PIERRE. »

« Basse-Terre, 27 juillet 1845. »

Ces diverses pétitions, Monsieur, ne peuvent rester sans réponse; et, comme elles sont toutes parvenues à M. le garde des sceaux auquel elles étaient adressées, je pense que M. le ministre de la justice a dû les communiquer à son collègue, M. le ministre de la marine et des colonies. Dans ce cas, Monsieur, voulez-vous avoir la bonté de poursuivre auprès de ces deux ministres les réclamations de ces pauvres esclaves; et même de porter à la connaissance de la Société abolitioniste, dont vous faites partie, les faits que je relate ici, et qui sont dignes de son attention et de ses occupations? Jamais occasion meilleure ne s'est présentée à elle, de prêter utilement son appui aux malheureux esclaves, en faveur desquels elle lutte, depuis plus de dix ans, pour faire briser leurs chaînes.

Répétez donc, je vous prie, Monsieur, à tous les membres de votre honorable Société, ces paroles qui terminent la supplique de cette jeune fille réclamant la liberté de sa mère :

« J'attends, et nous attendons tous avec confiance le « résultat de la démarche que je fais auprès de vous, « non seulement *en mon nom, mais encore au nom d'une* « *foule de petits enfants qui sont, comme moi, séparés de* « *leurs mères*, et qui réclament *vainement l'appui de la* « *loi!* »

Après vous avoir entretenu de ces réclamations de liberté, permettez, Monsieur, que je passe à un autre ordre de faits : les sévices et les mauvais traitements envers des esclaves. Voici à ce sujet une pétition qui a été adressée encore de la Guadeloupe, en juillet dernier, à M. le ministre de la justice : c'est une pauvre mère *affranchie* de l'esclavage qui se plaint *de châtiments odieux,* dit-elle, dont son fils *esclave* est victime.

« Monsieur le Ministre de la justice,

« Je me suis vainement adressée aux magistrats chargé « du soin de protéger les esclaves contre les excès de « pouvoirs de leurs maîtres. Mon fils, esclave de l'habi- « tation O'Connor, située dans la commune de la Basse- « Terre, est victime de châtiments odieux; le dernier qu'il « reçut a soulevé l'indignation des honnêtes gens de la « commune. Je me suis empressée d'écrire à M. le procu- « reur du roi de la Basse-Terre, M. Fourniols, et depuis « cette époque on n'a donné aucune suite à mes justes « réclamations. Cependant si la justice avait voulu se « transporter sur l'habitation, elle eut été à même de vé- « rifier par elle-même des blessures, horrible résultat du « châtiment que le géreur de cette habitation a fait infli- « ger à mon malheureux fils.

« Mais, Monsieur le Ministre, le temps aura beau s'écou- « ler avant que ma demande soit entendue de Votre Excellence, il ne pourra effacer les traces de cruautés

« exécutées sur mon fils, car il portera toute sa vie des « cicatrices qui attesteront la véracité de ma plainte et « l'inefficacité des lois destinées à réprimer des cruautés « que repoussent la loi et l'humanité.

« Ci-joint la copie de la lettre adressée à M. le procu« reur du roi de la Basse-Terre.

« SÉRAPHINE. »

« Basse-Terre, 27 juillet 1845. »

Je reproduis ici la lettre que cette pauvre femme a écrite au procureur du roi, et dont la copie est jointe à la pétition adressée à M. le ministre de la justice.

« A M. LE PROCUREUR DU ROI.

« La soussignée a l'honneur de vous informer que, « mère d'un jeune esclave, nommé Matthieu, attaché à « l'habitation O'Connor, à la Basse-Terre, et libre depuis « onze ans par suite de ses bons services rendus à sa « maîtresse, feue dame O'Connor, propriétaire de la même « habitation Grande-Rivière, son fils eut été affranchi « aussi, sans la mort inopinée de cette dame.

« Cet esclave, Monsieur le Procureur du roi, essuie « sans cesse des châtiments excessifs qui m'obligent à « me transporter auprès de lui pour nettoyer les vers qui « fourmillent dans les plaies occasionnées par le sillon « du fouet. Après avoir été rudement flagellé, il est obligé « de garder la cabane, souffrant considérablement de sa « chair hachée.

« Admettons qu'il faille une correction : mais doit-elle « être aussi excessive? doit-on, après s'être servi du « fouet, se servir encore du bâton, de la *rigoise* et du pied, « après que l'individu a reçu plus que la mesure de ce « qu'il devrait recevoir pour sa faute? Ce que je ne puis « croire.

« C'est avec confiance, Monsieur le Procureur du roi, « que j'ai recours, comme mère, à votre puissante inter« vention pour que mon fils soit exempt à l'avenir d'aussi « cruels châtiments.

» J'ai l'honneur d'être, etc.

« SÉRAPHINE. »

« Basse-Terre, mai 1845. »

D'autres faits de sévices et de cruautés envers des esclaves me sont signalés dans mes correspondances de la Guadeloupe et de la Martinique: mais je les passe sous silence, pour ne parler que de ceux dont l'authenticité ne peut être mise en doute.

Le 11 février 1845, il a été constaté que le nommé Charles, âgé d'environ 16 ans, et Appoline, *sa sœur*, âgée de 25 ans, tous deux esclaves du sieur Monrosier Dessources, de la commune de Sainte-Marie, à la Martinique, ont été mis aux fers et *detenus ensemble pendant plus d'un mois*; que cette détention a été précédée d'un châtiment, par le seul motif que leur frère Alexandre était en état de marronage, n'ayant d'ailleurs pris la fuite que pour éviter de mauvais traitements.

Le frère et la sœur *détenus ensemble pendant plus d'un mois!* dans le même cachot! C'est sans doute pour nous apprendre de quelle manière on entend moraliser les esclaves, et les préparer au bienfait de la liberté, pour qu'ils soient dignes d'entrer un jour dans la nouvelle vie à laquelle on doit les appeler. Passons à un autre fait :

Le 23 février, la nommé Thérèse, esclave du sieur Charles Huygues Derivery, habitant de la commune du Trou-au-Chat, s'est présentée au quartier de la gendarmerie avec *un collier de fer au cou*; on a omis de demander à cette esclave pourquoi son maître lui avait mis ce collier. Ce n'est sans doute pas sans de graves motifs que cette femme a fait une semblable démarche dans l'espoir de voir alléger ses souffrances.

Ce fait, comme bien d'autres semblables, ainsi que vous allez le voir, Monsieur, doit nous tenir en garde contre ces écrits de certains voyageurs, *amateurs-abolitionistes*, qui passent le tropique pour se laisser séduire par les propriétaires d'esclaves, et reviennent ici nous jurer sur leur *baptême* qu'ils ont voyagé partout aux colonies, et « que *pas une seule fois* ils n'ont *vu ce carcan à branches en application*, quoique leurs excursions à travers les campagnes de la Guadeloupe et de la Martinique aient été nombreuses. » Voici un autre raffinement de cruauté :

Le 11 avril, deux nègres nommés Alexandre et Nelson, appartenant au sieur de Grenonville, de la commune du François, ont été arrêtés et mis au cachot sur l'habitation du Céron, au Diamant, où ils sont restés sept jours, par ordre du sieur Telliam Maillet, géreur, qui avait défendu de leur donner à manger; ce sont les esclaves de cette dernière habitation qui leur ont donné les aliments nécessaires pour les empêcher de mourir. Ce fait a été constaté par l'autorité compétente.

Dans ce même mois d'avril 1845, il a été constaté aussi que le traitement suivant a été subi par un pauvre esclave :

Le 28 avril, le nommé Jean-Marie, esclave du sieur Ferol Deville Duverger, de la commune du Gros-Morne, s'est présenté au quartier de la gendarmerie pour porter plainte contre son maître, qui l'avait roué de *coups de bâton*, après quoi il lui avait encore fait donner *cinquante coups de fouet* par le commandeur de son habitation.

Ce malheureux a montré son corps aux hommes de la brigade, lesquels ont constaté qu'il était tout meurtri et *couvert de sang*, qu'il ne pouvait pour ainsi dire s'asseoir ni se tenir debout.

Le commandant de la brigade l'ayant engagé de venir se plaindre à Fort-Royal, à M. le procureur-général, ce magistrat l'a fait visiter par M. Reignez, médec[illegible] au rapport, lequel a déclaré que le châtiment pouvait être regardé comme *rigoureux* mais *non excessif*; de sorte que l'esclave Jean-Marie a été renvoyé immédiatement sur l'habitation de son maître.

Le 15 mai, le sieur Chery Delassé, boulanger à Fort-Royal, tenait *à l'attache comme des chiens dogues*, dans l'intérieur de sa cour, trois esclaves nommés Faustin, Félix et Alexandre. M. le procureur-général en fut informé. Nous ne sachons pas que le boulanger Delasse ait été poursuivi en justice, pour avoir *attaché des hommes comme des chiens* dans l'intérieur de sa cour; et nous ignorons également quelles mesures a prises M. le procureur-général Morel pour délivrer ces malheureux esclaves des mauvais traitements de leur maître.

Le 19 mai, un esclave de l'habitation Saint-Prix Garnier a déclaré qu'une jeune fille âgée de 13 à 14 ans était *enfermée depuis six semaines* sur cette habitation, située commune du Lamentin, avec *des fers aux pieds*, pour l'empêcher d'imiter son frère, qui s'est sauvé récemment et est passé aux colonies étrangères.

La commune du Lamentin dépend de l'arrondissement du Fort-Royal. Fort-Royal, ville si paisible et si calme! Cependant il a été constaté deux faits graves dans cet arrondissement et dans le même mois. Si nous ajoutons, pour terminer cette série de cruautés, ce qui nous a été révélé à l'endroit d'un acte de désespoir d'un malheureux père de six enfants, nous restons confondu de ce qui se passe au milieu même d'une ville, et nous ne savons plus que penser de cette prétendue protection accordée aux esclaves, par leurs patrons légaux, les procureurs généraux et procureurs du roi. Ecoutez encore ceci, Monsieur, je vous prie :

Le nommé Magalon (Joseph), âgé d'environ 35 ans, esclave du sieur Santoni, d'origine corse et marchand boulanger, demeurant à Fort-Royal, est parti de chez son maître par suite de mauvais traitements, en disant au moment de son départ, à ses six enfants encore en bas âge : vous n'avez plus de mère, mes pauvres enfants, et bientôt vous n'aurez plus de père, car je ne puis supporter plus longtemps les mauvais traitements dont je suis chaque jour l'objet. Ce malheureux a quitté ses enfants en leur montrant un rasoir et en leur disant qu'il voulait en finir avec la vie. Il n'a plus reparu depuis, ce qui fait supposer qu'il a mis fin à ses jours.

Avant de terminer cette lettre, Monsieur, permettez-moi d'ajouter les observations et réflexions suivantes, qui m'ont été adressées par mon correspondant :

« Tous les événements et les actes de violence qui pré-« cèdent ne sont qu'un bien faible échantillon des faits « de cette nature qui se passent impunément dans l'en-« ceinte des habitations, sans qu'il soit possible à la gen-« darmerie et à la justice d'en avoir connaissance, par « le soin qu'on prend de cacher tout ce qui est relatif « aux esclaves ; car les actes d'inhumanité signalés ici « sont journaliers ; on ne néglige cependant aucun « moyen pour donner le change sur la position de ces « malheureux, qui sont dans l'impossibilité de faire en-« tendre leurs plaintes, qu'on est intéressé à laisser igno-« rer en France.

« Journellement on aperçoit des esclaves des deux « sexes avec des masques en ferblanc, des colliers à plu-« sieurs branches, des fers rivés aux pieds avec des

« chaînes, et des enfants traînant des chaînes : on en « voit aussi qui sont attachés comme des galériens.

« Egalement on remarque des enfants des deux sexes « d'un âge voisin de la puberté, tant sur les habitations « que dans les champs, gardant des bestiaux en état de « nudité.

« Soumettez donc ces renseignements à la sollicitude « des hommes généreux qui s'intéressent aux pauvres « esclaves, et qui font des efforts pour les délivrer de leurs « chaînes. Si le Roi et les Chambres savaient à quelles « tortures, à quels actes de violence ils sont exposés cha- « que jour, quoique puisse coûter l'émancipation, on « prendrait bien vite des mesures en faveur de ces mal- « heureux, pour les rendre à la liberté. Cet acte de jus- « tice est aussi nécessaire dans l'intérêt de la morale que « dans l'intérêt de l'humanité. »

En terminant, Monsieur, permettez-moi de vous réitérer ma prière de porter tous ces faits à la connaissance de vos honorables amis de la Société abolitioniste, pour que dans leurs sollicitudes ils veuillent bien user de toute leur influence, de tous les moyens en leur pouvoir, soit auprès des ministres du Roi et du Roi lui-même, soit à la tribune des deux Chambres, afin que tant d'iniquités et d'infamies aient un terme. Je suis très assuré, pour peu que vous daigniez appuyer cette proposition auprès de vos amis, qu'elle aura tout le succès que j'en puis souhaiter. Je ne vous solliciterai pas davantage, j'appréhenderais non-seulement de vous faire croire que je doute de vos sympathies et de votre dévouement à la cause sacrée de l'abolition, mais encore de diminuer le plaisir que vous m'avez toujours témoigné prendre à la défense de mes malheureux frères. Je vous prie de croire que personne n'est, Monsieur, plus véritablement que moi,

Votre très humble et très obéissant serviteur,

BISSETTE.

A MONSIEUR L'ABBÉ RIGORD,

CURÉ DU FORT-ROYAL, MARTINIQUE.

Paris, 4 décembre 1845.

« Enfin, on veut affranchir les esclaves;
« c'est un généreux dessein. On veut leur
« *rendre un bien injustement ravi* : c'est
« une pensée toute chrétienne. »
(BONALD, archevêque de Lyon.)

MONSIEUR LE CURÉ,

L'exemple donné par M. l'abbé Jacquier, chef de la mission apostolique à laquelle vous appartenez, ne devait pas rester sans imitateur parmi les membres du clergé de la Martinique. Et voilà, Monsieur le curé, que vous entrez en lice, en vous jetant dans le champ de la polémique. Vous venez à votre tour mêler la messe aux mauvaises passions des colons propriétaires d'esclaves, et vous prêchez la *sainte* croisade, organisée par votre chef spirituel, pour maintenir indéfiniment en servitude ces pauvres nègres auxquels on a donné le baptême pour les rendre esclaves. Laissant de côté la mission divine de votre apostolat, vous vous faites bénévolement le délégué surnuméraire de ces possesseurs d'hommes, parmi lesquels vous vivez, dites-vous, depuis dix ans, et voulez, sans doute, continuer de vivre paisiblement. Héritier de la charité des apôtres, prêtre du Seigneur, prédicateur censé de l'Évangile du Christ, vous repoussez la croix de Jésus-Christ pour vous faire l'apôtre de la servitude, l'avocat du fort contre le faible, du riche contre le pauvre, abjurant ainsi tout ce qu'a de grand, de généreux, de sublime, votre saint ministère, pour ne pas courir la chance des persécutions. C'est ce qui ressort, Monsieur le curé, de la brochure de cent douze pages d'impression que vous avez publiée en réponse aux opinions émises à la tribune de la Chambre des pairs, en faveur de l'abolition de l'esclavage, par d'honorables et généreux abolitionistes, et notamment par M. le comte de Montalembert.

Déjà votre publication vous a valu, Monsieur le curé, une réponse de la part d'un grand nombre de vos ouailles, ce qui est très fâcheux pour un prêtre qui doit vivre en paix avec *tous* et ne pas *se mettre en guerre avec ses paroissiens.*

Ayant répondu à la lettre publiée dans les journaux de France et de la colonie, par M. l'abbé Jacquier, je vais maintenant essayer de répondre à votre brochure, et compléter, autant qu'il m'est possible, ce que mes amis là-bas ont si heureusement commencé. C'est ici le bon exemple qui, cette fois, sera imité. Toutefois, je ne vous réfuterai que sous le point de vue politique, sauf plus tard à vous reprendre sous le point de vue religieux.

Dans vos observations préliminaires, vous espérez, dites-vous, Monsieur l'abbé, que toute personne qui lira cette brochure vous rendra la justice de reconnaître que votre langage est celui de la religion, celui du prêtre, et que vos intentions ont été bonnes.

Bonnes ou mauvaises, je commence par vous déclarer, Monsieur le curé, que je n'ai pas à m'occuper ici de vos intentions; *le chemin des enfers est pavé aussi de bonnes intentions.* Je ne m'occuperai donc que de votre écrit, de votre langage, et il m'est pénible, dès à présent, d'avoir à reconnaître que ce langage n'est pas celui de la religion, ni celui du prêtre, du prêtre de la religion chrétienne dont le langage doit être toujours fraternel, mesuré et circonspect.

Voyons maintenant, Monsieur l'abbé, si vous êtes resté dans ces conditions, et si, comme ministre d'une religion dont le langage est la vérité même, vous ne vous en êtes pas écarté, à votre insu peut-être, en vous faisant le ministre des passions des planteurs de la Martinique.

Vous dites que « des paroles amères ont été prononcées contre les colons », dans la discussion de la loi sur le régime des esclaves; et vous citez quelques passages des discours prononcés à la Chambre des pairs, pour prouver, selon vous, que « cette loi a été discutée « sous l'influence de préventions défavorables aux co« lons; » à quoi vous ajoutez : « Le temps a fait justice « de toutes les *imputations odieuses* que *l'ignorance* ou *la « mauvaise foi* s'étaient plu à faire peser sur le *système « colonial.* Les planteurs sont *pleinement justifiés* de toutes « les accusations de cruauté et de tyrannie dont on s'était « servi, *dans le temps,* pour *susciter contre eux les mauvai« ses passions.* »

Je commencerai par vous demander, Monsieur le curé, qui a *justifié pleinement* vos commettants. Vous, sans doute? Et puis je prendrai la liberté de vous faire observer que vous ne pouvez, comme leur délégué surnuméraire, que les défendre; et, comme curé, vous ne pouvez que les *absoudre*; mais il ne sera jamais en votre pouvoir, ni au pouvoir de personne de *justifier* vos clients des actes de cruauté et de tyrannie dont on les a accusés, *dans le temps* auquel vous faites allusion, et dont on les accuse encore aujourd'hui, d'après les rapports officiels et les procès-verbaux des magistrats des parquets des colonies.

Dans le temps on a accusé vos clients de coupables sévices, de châtiments cruels envers des esclaves, lesquels auraient occasionné la mort de ces esclaves. Ces accusations sont consignées dans de nombreuses procédures criminelles instruites aux colonies mêmes.

On a accusé des magistrats créoles de ne pas poursuivre les auteurs de ces actes de cruauté, parceque quelques-uns de ces magistrats avaient sur la conscience le meurtre de plus d'un esclave, expirés dans des tortures semblables à celles reprochées aux accusés qu'ils étaient appelés à juger. On les a accusés d'étayer leur *système colonial* sur l'injustice et l'immoralité, en absolvant de grands coupables qui assassinaient des nègres et des mulâtres, en vertu de leur privilége de blanc, de la *noblesse de leur peau*, ou de ne les condamner qu'à de légères peines, lorsque, au contraire, ils condamnaient à mort de pauvres esclaves qui s'enfuyaient à l'étranger!

On les a accusés encore d'avoir condamné une malheureuse mère à assister à l'exécution à mort de son fils, pour « avoir procuré à ce fils un asile, *sous prétexte de pitié*, et en fournissant à sa nourriture et à son entretien. »

Pouvez-vous justifier, M. l'abbé, de pareils actes, soit comme avocat des planteurs, soit comme prêtre du Seigneur?

Et voulez-vous que je vous cite quelques exemples entre mille, de ces accusations que vous imputez à l'ignorance et à la mauvaise foi?

Voici des faits à la charge du *système colonial* de la Guadeloupe; ils sont extraits de documents officiels :

Le 29 janvier 1828, jugement du tribunal de la Pointe-à-Pitre, et le 7 février, arrêt de la cour qui condamnent François-Laroche Desvignes, *colon blanc*, habitant au quartier Sainte-Rose, à *trois mois de prison*, pour avoir tiré un coup de fusil à un jeune nègre esclave de l'habitation Tesseron;

Le 29 juillet 1828, arrêt qui condamne Mignard, *colon blanc*, habitant du *Petit-Bourg*, à *un mois de prison*, pour avoir tiré un coup de fusil, sur un de ses esclaves;

Le 24 janvier 1829, jugement du tribunal de la Pointe-à-Pitre, qui condamne Louis Delprat, *colon blanc*, de *Port-Louis*, à un an d'emprisonnement pour avoir causé la mort du nègre Alcindor, dans la nuit du 22 au 23 septembre 1828, *par oubli des devoirs de l'humanité*, dit le jugement de condamnation. Sur appel, la peine a été réduite à *trois mois de prison ;*

Le 26 avril 1831, arrêt de la cour d'assises de la Pointe-à-Pitre, qui condamne par contumace Charles Ruillier, *colon blanc*, habitant-propriétaire de *l'Anse-Bertrand*, à *trois mois de prison*, pour avoir commis un homicide sur la personne de l'esclave Monfils ;

Le 1er novembre 1831, arrêt de la cour d'assises de la Basse-Terre, qui condamne Joseph de Merendol, *colon blanc*, habitant du quartier des *Habitants*, à 200 francs *d'amende*, pour avoir fait infliger à son esclave Lucette (enfant de onze ans), un châtiment excessif; et convaincu de plus, d'avoir privé de nourriture et surchargé de travail les esclaves de son habitation, de les avoir fait travailler les jours de repos et de fêtes, et pendant la nuit.

Le 22 février 1833, arrêt de la cour d'assises de la Basse-Terre, qui condamne à *un an de prison*, Martin-Frédéric de Vaulx, *colon blanc*, pour avoir commis un meurtre dans la nuit du 15 au 16 décembre 1832, sur la personne du nègre Jean, esclave à la demoiselle Dorville.

Maintenant passons à quelques faits à la charge du *système colonial* de la Martinique :

Le 10 septembre 1809, un sieur Desnoderie-Luppé, colon-propriétaire à la Martinique, s'introduisit, sans y avoir été invité, chez Mme Alexandre, dans le bourg du Robert, où était réunie une nombreuse société de couleur. On y dansait à l'occasion de la fête de la paroisse. M. Desnoderie ne se contenta pas de pousser l'inconvenance jusqu'à se présenter dans un salon où il n'était pas invité ; mais il se crut encore autorisé, en vertu de son privilége de *blanc*, à outrager et à insulter ceux parmi lesquels il se trouvait. Il se permit donc plusieurs insolences envers des dames de cette société (je dis des *dames*, bien qu'à cette époque, il ne fut pas permis de les qualifier ainsi.) Invité, par les maris et parents de celles-ci, à se retirer, M. Desnoderie sortit sans autre provocation. Mais, cinq minutes après, il reparut de nouveau, armé cette fois d'un poignard, et le premier mulâtre qui se présenta à ses yeux, M. Charles, dit Charle, fut lâchement assassiné par ce colon ! *La justice* coloniale resta muette en présence de ce crime. *C'est un maître qu'* *n a tué !...* Bientôt après cependant la *justice* coloniale fit semblant de poursuivre l'assassin pour calmer l'irritation des hommes de couleur de cette commune, et de quelques autres des environs qui avaient juré, même au péril de leur vie, de se faire justice en appliquant au meurtrier de leur frère la loi du talion. L'assassin fut donc engagé par ses amis, qui étaient en possession alors de rendre la *justice* dans le pays, à se cacher, au moins par convenance, pendant quelques jours. M. Desnoderie quitta la colonie, et, après une absence de quelque temps, lorsqu'il jugea calmée la juste indignation des amis et parents de sa victime, il rentra dans le pays en triomphateur; ses amis le portèrent sur la liste des candidats au conseil colonial, et il fut choisi par le gouvernement et nommé membre de ce conseil. En outre il fut revêtu par le gouvernement de la colonie de la première magistrature de son quartier!

C'est dans l'occupation de ces fonctions et de celles de conseiller colonial, que M. Desnoderie-Luppé fit arrêter, en 1823, et déporter, sans jugement de la colonie, tous les hommes de couleur les plus notables de la commune du Robert, et notamment ceux qui, en 1809, avaient *eu l'insolence* de déposer contre lui, dans cette parade de procédure criminelle instruite uniquement pour apaiser les parents et amis de celui dont il avait été le bourreau.

Ces hommes de couleur, déportés sans jugement sur la dénonciation de M. Luppé, avaient commis, en outre, le *crime* d'avoir lu une brochure intitulée : *De la situation des hommes de couleur aux Antilles françaises*, qui fut brûlée par la main du bourreau au pied de la potence; brochure dans laquelle était relaté l'assassinat commis par M. Desnoderie Luppé. Les magistrats créoles qui avaient innocenté M. Luppé, pour avoir assassiné un mulâtre, ne pouvaient que trouver criminelle au dernier chef une brochure qui rappelait cet assassinat, et coupables et dignes de l'échafaud et de la déportation les mulâtres qui se permettaient de la lire.

Et voilà, monsieur l'abbé, ce que vous appelez des *imputations odieuses*, et que *la mauvaise foi*, prétendez-vous, s'était plu à faire peser sur le système colonial, pour susciter des mauvaises passions contre vos clients. Pouvez-vous, comme ministre de la religion, justifier ces actes abominables?.... Mais, remarquez bien que ce ne sont pas des accusations, plus ou moins vraies, que ce sont des faits irrécusables et qui sont appuyés sur des actes de l'autorité publique. Dites, monsieur le curé, si vous n'aimez pas mieux absoudre, comme ministre du Seigneur, d'un Dieu de miséricorde, ceux qui se sont rendus coupables de tels crimes, que de chercher à les *justifier pleinement?*.... On ne peut justifier qu'un innocent injustement accusé; mais des criminels qu'on absout, ne sont jamais justifiés ni devant Dieu, ni devant les hommes.

Mais poursuivons cette série de faits accusateurs qui vous semblent mensongers, calomnieux, parcequ'ils sont d'utiles enseignements pour l'histoire de l'esclavage aux colonies.

Dans une nuit du mois de septembre 1815, plusieurs jeunes esclaves de la ville de Saint-Pierre quittent furtivement la maison de leurs maîtres, et tentent une évasion à l'étranger. Surpris en pleine rade, par la chaloupe de la douane, au moment même de l'exécution de leur projet, au moment où ils se rendaient à bord du navire qui devait leur donner passage, les fugitifs désarmés ne se défendirent point; ils sont arrêtés et livrés à *la justice!* Bientôt l'aréopage colonial se réunit, et le 30 novembre suivant, quatorze de ces jeunes hommes paient de leur vie l'audace d'avoir voulu s'affranchir de l'esclavage en se sauvant. Ils sont condamnés... à être «*pendus et étranglés jusqu'à ce que mort s'ensuive, et les corps morts jetés à la voirie, pour avoir formé le projet*, dit l'arrêt, *de s'évader de la colonie, et avoir ainsi voulu ravir à leurs maîtres le prix de leur valeur!* » (Sic.)

Montesquieu, dont vous citez souvent l'autorité, — tout en tronquant les textes, comme je vais vous le prouver tout à l'heure, Montesquieu a dit: « L'esclavage est aussi « opposé au droit civil qu'au droit naturel. » — Et il se demande: « Quelle loi civile pourrait empêcher un es- « clave *de fuir*, lui qui n'est point dans la société, et que « par conséquent aucunes lois civiles ne concernent? » — Montesquieu ajoute: « Il (l'esclave) ne peut être retenu « que par une loi de famille, c'est à dire la loi du maître. » — Voulez-vous connaître la *loi de famille* de vos chers clients pour leurs esclaves? Lisez:

Par le même arrêt qui condamna à mort des esclaves qui *fuyaient*, deux malheureuses femmes, mère et tante de l'un des suppliciés, sont condamnées à *assister à l'exécution à mort de leur fils et neveu!* Ce jeune esclave avait à peine quinze ans! Sa mère est *coupable*, dit l'arrêt, « *d'avoir recelé son fils, de l'avoir soustrait aux recherches de la justice!* » (De la *justice* qui le cherchait pour le faire mourir, et qui l'a fait *pendre et étrangler par le bourreau.*) « *Soustrait aux recherches de la justice en lui procurant un asile sous prétexte de pitié, et en fournissant à sa nourriture et à son entretien!!!* » (Sic.)

La pauvre mère a donc été condamnée à assister au supplice de son fils, pour lui avoir donné à manger, pour l'avoir disputé aux bourreaux en lui donnant asile afin de le soustraire à leurs recherches. Cette pauvre mère a vu mourir son fils sur l'échafaud par la main de l'exécuteur des hautes œuvres ! Et après cette odieuse exécution, elle fut reconduite à la geôle de Saint-Pierre, où elle garda prison « *sous plus amplé informé pendant un an* ? » La tante du supplicié fut condamnée, elle, aux galères : elle a été fouettée et marquée par la main du bourreau, au pied de la même potence où son neveu attendait le dernier supplice, et où il mourut cinq minutes après par la strangulation ! Voilà la loi de famille ; voilà la loi du maître, la loi de ceux dont vous défendez la cause.

Parlerai-je de ces autres esclaves condamnés dans le même temps, le 1er décembre 1815, et pour le même *crime, crime d'évasion*, à avoir les *jarrets coupés* ! Supplice exécuté par le bourreau !

Rappelerai-je ces autres condamnations prononcées par la cour prévôtale de 1822 à 1827, de ces exécutions en masse, ordonnées par ce tribunal de sang, dont la justice ambulatoire voyageait de compagnie avec le bourreau dans toutes les communes de la colonie, et jamais ne s'arrêtait sans avoir mis à mort quelques victimes, accusées de sortilèges, ou d'avoir empoisonné des bœufs ou des moutons, et quelquefois « *d'avoir donné des tisannes qui auraient pu ocasionner la mort* ! » On sait que ces exécutions se multipliaient d'autant plus que le grand-Prévôt recevait, comme l'exécuteur des hautes œuvres, une prime par tête abattue, à raison du service que chacun de ces deux messieurs, dans leurs atributions respectives, rendaient au *système colonial*.

Oui, ce sont là de ces accusations de cruautés que *nous nous vantons personnellement* d'avoir, *dans le temps*, portées à la connaissance du public de France, non pas comme vous le dites, pour susciter contre vos clients de mauvaises passions, mais pour empêcher le retour de pareils actes de barbarie et de pareilles monstruosités. C'est à quoi jusqu'ici nous n'avons réussi qu'en partie... Ce sont là ces joyeux passe-temps de ces privilégiés d'outre-mer que nous avons fait connaître à la France indignée, et que personne, pas plus que vous, M. l'abbé, ne parviendra jamais, non jamais, à *justifier*.

Et disons que les hommes qui se permettaient tous ces assassinats juridiques ne laissaient pas à leurs victimes la faculté du recours en cassation, ni le dernier refuge à la clémence royale ; pénétrés mieux que personne de l'iniquité de leurs arrêts, bien sûr que toutes ces sauvageries judiciaires ne résisteraient pas à l'examen de la justice métropolitaine, comme ces malfaiteurs qui craignent d'être découverts, et qui expédient leurs victimes au moment même où ils entendent venir au secours ; ces hommes hâtaient leurs coups, jugeaient dans l'ombre et exécutaient tout aussitôt leurs victimes, en mettant à la place des lois et leur haine et leur vengeance !

Oui, M. l'abbé, c'est ainsi que se passaient les choses dans ce temps là ; et, aujourd'hui même encore, les esclaves n'ont guère plus de garantie contre ces excès de la *justice* coloniale, puisque le pourvoi en cassation leur a été formellement interdit, afin que la connaissance de tous leurs maux ne parvienne pas à la métropole.

Eh ! comment avez-vous pu, vous, ministre de la religion chrétienne, vous, successeur des apôtres du Christ, comment avez-vous pu vous résigner à annoncer à vos ouailles, dont pas une seule, dans la population de couleur et esclave ne compte, soit un ami, soit un parent qui n'ait été victime de ces actes de brigandage, que ceux qui ont commis de telles monstruosités, qui ont joué un rôle dans ces lugubres drames judiciaires, sont *pleinement justifiés!* Comment n'avez-vous pas compris, M. le curé, que votre mission est de verser le baume, comme le samaritain, sur tant de plaies encore saignantes, au lieu de les rouvrir en *justifiant* les bourreaux, en présence même des familles des victimes ! Ah ! M. l'abbé, notre sainte religion nous commande le pardon, et nous pardonnons ! Mais la religion vous commande aussi à vous, plus particulièrement, comme son ministre, d'avoir une charité égale pour tous, sans acception de personne. Que ne préfériez-vous, au lieu de vous édifier par des articles de journaux à la solde des colons, et dans lesquels vous avez puisé presque tous les passages de votre brochure, que ne préfériez-vous, dis-je, vous inspirer de ces touchantes et consolantes paroles toutes chrétiennes, que Mgr l'archevêque de Lyon adressait naguère aux ecclésiastiques destinés à la mission des colonies. Ecoutez ces paroles :

« Si le ressentiment se réveille tout à coup au fond du « cœur de ces esclaves, et que pour le justifier, ils viennent « à vous montrer sur leurs corps les traces d'un châti- « ment cruel, pansez ces plaies avec charité ; baisez avec « respect ces membres souffrants ; ce sont les membres « de vos frères. Vous verrez souvent alors couler des « larmes. Vos soins touchants calmeront ces hommes ; « et puis, pour achever de guérir ces cœurs ulcérés, pré- « sentez leur l'image d'un Dieu souffrant pour nous le sup- « plice des esclaves, et dont les dernières paroles furent « des accents de *miséricorde* et de *pardon* pour ses *bour- « reaux !* »

Voilà le langage d'un prêtre chrétien, et c'est le langage que vous devriez tenir ; car ce sont ces actes de cruauté qui n'ont de nom dans aucune langue, ce sont ces accumulations de tout ce que l'inhumanité a de plus abject et la tyrannie de plus insolent; ce sont ces longues suites de catastrophes judiciaires de vos clients qui ont excité ici en faveur de leurs victimes les sympathies et les généreux dévouements de tous ceux qui portent un cœur d'homme; c'est la divulgation de ces actes criminels qui ont amené l'état actuel des choses contre lequel vous vous récriez. Oui, M. l'abbé, il ne nous suffisait pas que tant de crimes fussent enregistrés dans les tristes annales de la *justice* coloniale, il fallait rappeler encore ces souvenirs, les raviver; car la généralité des hommes n'est que trop portée à s'endormir; les esprits sont faibles et routiniers: ils ont besoin de la vue des supplices pour s'attacher à une cause juste; et puisque cet engourdissement, cet égoïsme du monde ne le portent à se réveiller que lorsque tous tremblent pour tous, il était moral, il était humain, *dans le temps*, comme aujourd'hui, de consacrer des pages à ces tristes hécatombes; parceque:

« L'injustice à la fin produit l'indépendance! »

Ne vous étonnez donc point, si je vous dis que « *les modifications qui, d'après vous, ont été introduites* » aux colonies, ne sont dues, comme toutes celles à venir, ne seront dues, qu'aux révélations de ces crimes, que vous appelez des *imputations odieuses*. Soyez persuadé que le carcan de l'opinion publique auquel ont été attachés les grands criminels dont je parle, a été un frein pour leurs successeurs, et une sorte de préservatif pour les malheureux qui souffrent de leur odieuse domination; car la publicité, comme la crainte du blâme, suffit quelquefois pour empêcher le mal. — Voici de nobles paroles d'un prêtre et dont je vous engage à faire votre profit; elles sont de l'abbé Raynal:

« S'il existait une religion qui autorisât, ne fût-ce que par son silence, de pareilles horreurs; si, occupée de questions oiseuses ou *séditieuses*, elle ne tonnait pas sans cesse contre les auteurs ou les instruments de cette tyrannie; si elle faisait un crime à l'esclave de briser ses fers; si elle souffrait dans son sein le juge inique qui condamne le *fugitif à la mort*; si cette religion existait, n'en faudrait-il pas étouffer les ministres sous les débris des autels? »

Et vous demandez, « si, en émancipant les races afri-« caines, on sautera pardessus toutes les barrières; si, « *sous prétexte* de favoriser les populations qui sont dans « la servitude, on sacrifiera la population libre qui peuple « nos colonies? »

Je réponds: Non, on ne sacrifiera aucune partie de la

population, pour favoriser les *races africaines*; mais on sautera pardessus toutes les barrières, s'il le faut, pour *rendre un bien injustement ravi*, LA LIBERTÉ, à des hommes qui en ont été dépouillés, eux et leurs descendants, par le plus affreux brigandage, le vol à main armée. »

Vous dites encore, M. l'abbé, « qu'il est *des personnes* en « France qui ne comprennent l'émancipation qu'en iso- « lant les intérêts des différentes classes de la société « coloniale; qui ne voient dans les améliorations qu'elles « veulent provoquer, que le bien-être de la population « réduite en servitude, sans songer qu'elles sacrifient, « par leurs sympathies exclusives, tout ce qu'il y a « d'hommes libres aux colonies. »

Ces personnes voient l'émancipation au point de vue, où, vous, ministre de la religion, vous devriez la voir. Elles ne veulent pas que l'intérêt privé de quelques-uns, dominent « une pensée toute chrétienne; » *la liberté injustement ravie* à ces races africaines. Elles ne veulent pas que le prétexte des intérêts mercantiles de la métropole, dont les dominateurs, aux colonies, couvrent leur propre intérêt, soit mis en balance avec la dignité humaine. Et, quant à leurs *sympathies exclusives*, sans vouloir sacrifier qui que ce soit, *ces personnes* répètent, après les livres saints, que tous les hommes sont enfants de Dieu; que le riche ne doit pas être préféré au pauvre, le maître à l'esclave. — « Tout ce qui pleure, tout ce qui est abandonné du monde fait leurs délices. »

Ce n'est donc pas, comme vous le prétendez, pour « *leurs utopies que ces théoriciens imprudents* sacrifieraient « sans hésitation les colonies »; car ces *imprudents théoriciens* ne veulent rien sacrifier qui ne soit juste et raisonnable; ils veulent rétablir *l'ordre* et la *justice*, et rien de plus.

« C'est d'après ces aberrations, continuez-vous, que « certains idéologues ont répété ce fameux blasphème « politique, qui méritait d'avoir pour auteur un des fou- « gueux tribuns de 93 : *Périssent les colonies plutôt qu'un* « *principe.* »

J'ai dit, Monsieur le curé, que le langage du prêtre doit être toujours mesuré et circonspect. Ici vous me fournissez l'occasion de vous reprocher la légèreté de vos paroles et le peu de frais que vous avez fait pour vous enquérir de la véracité de votre citation : *Périssent les colonies plutôt qu'un principe*. Vous répétez là, Monsieur l'abbé, une de ces erreurs, une de ces banalités attribuées à Robespierre, et qui n'ont jamais été dites, ni par lui, ni par personne, et que néanmoins, depuis cinquante ans, les défenseurs du *système colonial* ne font que se passer les uns aux autres pour insulter les amis des noirs et rendre odieux leur enthousiasme pour la liberté des nègres. Ces défenseurs de l'esclavage, en semant des alarmes, en effarouchant les imaginations à l'aide d'une prétendue apostrophe qui, suivant eux, aurait été lancée à la tribune de la Convention, n'ont en vue que de tristes rapprochements entre notre époque et l'époque de 93, ou entre les abolitionistes d'aujourd'hui et l'homme auquel vous attribuez, vous aussi, l'apostrophe qui n'est jamais sortie de sa bouche.

Si, réservé comme vous devriez l'être dans votre langage, vous eussiez pris la peine, avant de faire votre citation, de vous assurer de la véracité historique des paroles que vous prêtez à Robespierre, vous ne vous seriez pas exposé à répéter une erreur pour une vérité, comme tant d'autres qui ont intérêt à donner pour vérité ce qui n'en est pas. Il ne fallait pour cela, Monsieur l'abbé, que vous donner la peine de recourir au *Moniteur*, et vous eussiez trouvé qu'à la date du 13 mai 1791, et non pas 93, sur le rapport de Delâtre, l'Assemblée nationale discutait la loi relative à *l'état des personnes* dans les colonies, que M. Dupont, de Nemours, qui n'était pas Robespierre, prononça les paroles suivantes :

« On nous menace du ressentiment de *ces nobles d'outre-*
« *mer*; depuis deux ans nous avons l'expérience qu'on ne
« doit opposer aux menaces que le mépris le plus pro-
« fond. D'ailleurs on calomnie les habitants des colonies.
« Ils ne consulteront que l'honneur, le véritable intérêt
« et non pas une vanité puérile; ils se consoleront comme
« se sont consolés les nobles français qui avaient un peu
« de sens. Si toutefois cette scission devait avoir lieu, *s'il*
« *fallait sacrifier l'intérêt ou la justice*, il vaudrait mieux
« *sacrifier les colonies qu'un principe...* (On applaudit). »

Alors, après que plusieurs orateurs eurent pris la parole, après avoir entendu des députés des colonies, l'un de ceux-ci, M. Moreau-Saint-Méry, ayant voulu, par un amendement, introduire les mots : « *des esclaves* » à l'article 1er de la loi en discussion, Robespierre prit la parole en ces termes :

« Votre plus grand intérêt, dit-il à l'assemblée, est de
« rendre un décret qui n'attaque pas d'une manière trop
« révoltante et les principes et l'honneur de l'assemblée.
« Dès le moment où dans un de vos décrets vous aurez
« prononcé le *mot esclave*, vous aurez prononcé et votre
« propre déshonneur, et... (*Murmures et applaudisse-*
« *ments.*) Je me plains, au nom de l'Assemblée elle-
« même de ce que non content d'obtenir d'elle ce qu'on
« désire, on veut l'obtenir d'une manière déshonorante

« pour elle et qui démentirait tous ses principes. (*Nou-*
« *veaux murmures et nouveaux applaudissements.*) Si je
« pouvais soupçonner que parmi ceux qui ont combattu
« les droits des hommes de couleur, il y eut un homme
« qui détestât la liberté et la constitution, je croirais que
« pour servir sa haine il a voulu vous faire lever le voile
« sacré et terrible que la pudeur même du législateur...
« (*On applaudit et on murmure.*) Je croirais qu'on cherche
« à se ménager le moyen d'attaquer toujours avec succès
« et vos décrets et vos principes ; quand il s'agira de l'in-
« térêt direct de la métropole, on vous dirait : vous nous
« alléguez sans cesse les droits de l'homme, et vous y avez
« si peu cru vous-mêmes que vous avez décrété consti-
« tutionnellement l'esclavage. » (*Il s'élève beaucoup de*
murmures). L'orateur continue :

« L'intérêt suprême de la nation et des colonies est que
« vous demeuriez libres et que vous ne renversiez pas de
« vos propres mains les bases de la liberté. *Périssent les*
« *colonies* (ici s'élèvent de violents murmures) *s'il doit vous*
« *en coûter votre bonheur, votre gloire, votre liberté !* Je le
« répète : *périssent les colonies, si les colons veulent, par les*
« *menaces, nous forcer à décréter ce qui convient le plus à*
« *leurs intérêts* (les murmures cessent). Je déclare, au
« nom de l'Assemblée..., au nom de ceux des membres
« de cette Assemblée qui ne veulent pas renoncer la con-
« stitution, je déclare, au nom de la nation entière qui
« veut être libre, que nous ne sacrifierons pas aux dé-
« putés des colonies qui n'ont pas défendu leurs com-
« mettants, comme M. Monneron (1) ; je déclare, dis-je,
« que nous ne leur sacrifierons ni la nation, ni *les colo-*
« *nies*, ni l'humanité entière; je conclus et je dis que tout
« autre parti, quel qu'il soit, est préférable à l'amende-
« ment de M. Moreau (2) ; je préférerais le plan du comité,
« mais comme il est impossible de l'adopter sans adop-
« ter les inconvénients extrêmes que je viens de présenter,
« je demande que l'Assemblée déclare que les hommes
« de couleur ont le droit de jouir des droits de citoyens
« actifs. »

Maintenant que je vous ai fait connaître toute cette allocution de Robespierre, qu'y trouvez-vous qui ne puisse être avoué par l'homme le plus recommandable et le plus religieux ? Et que pensez-vous de la bonne foi, je ne veux pas dire de l'ignorance, car je les crois très instruits, très capables, à en juger par l'usage qu'ils font de ce *fameux blasphème politique* reproduit par vous, que pensez-

(1) M. Monneron, député de l'Ile-de-France.
(2) M. Moreau Saint-Méry, député de la Martinique.

vous, Monsieur l'abbé, de la bonne foi de ceux qui ont mis ce *blasphème* au bout de votre plume ?

Ce n'est pas tout, puisque je suis sur le chapitre des textes tronqués et falsifiés, permettez-moi une simple observation sur le texte de l'épître de S. Paul à Philémon, que vous reproduisez dans votre livre. J'ai cru apercevoir une petite erreur, une falsification ; je puis bien me tromper, et si je me trompe vous aurez, je vous en prie, l'obligeance de me le dire avec autant de charité que j'ai mis tout à l'heure de complaisance à vous expliquer l'erreur commise par vous à propos de votre citation de Robespierre.

Dans cette épître de S. Paul à Philemon, verset 2, vous prétendez citer les paroles de l'apôtre, et vous dites : « Onésime, qui *nous* a été autrefois *utile*, mais qui vous « sera maintenant très utile, aussi bien qu'à moi. »

Or, j'ouvre le nouveau Testament, et au verset 2 de l'épître de S. Paul à Philemon, je lis :

« Onésime qui *vous* a été autrefois *inutile*, mais qui « vous sera très utile, aussi bien qu'à moi. »

Ce qui n'est pas tout à fait la même chose, Monsieur le curé. Mais peut-être trouverez-vous que ce n'est ici de ma part qu'une chicane de mots ; que dans l'esprit de l'épître de l'apôtre, le mot *utile* est synonyme d'*inutile* ; je vous demande mille pardons, Monsieur le curé, de cette observation qui n'est pas de ma compétence.

En répondant à votre brochure, je n'ai voulu m'occuper, comme je l'ai dit plus haut, que de la réfutation au point de vue politique et historique, sans vous suivre dans la discussion commerciale et agricole que vous avez soulevée à propos d'hommes qu'on veut tenir encore dans l'esclavage pour le plus grand bien du commerce et de l'agriculture. Je ne voulais pas non plus réfuter votre livre sous le point de vue religieux, me réservant de revenir plus tard sur la partie fort peu religieuse, selon moi, que vous avez traitée. Si donc j'ai fait une digression à propos du texte tronqué de l'épître de l'apôtre, c'est que je crois que votre bonne foi a été surprise ; que quelque méchant prote de l'imprimerie du gouvernement de la Martinique, où vous imprimez, a oublié, peut être à dessein, peut-être par *ordre de la censure*, de faire faire les corrections que vous aviez indiquées sur vos épreuves ; et que, de confiance, vous avez donné le *bon à tirer* sans vous apercevoir qu'on vous faisait dire à vous, successeur des apôtres, précisément le contraire de ce qu'a dit l'apôtre S. Paul. Je gage que ce prote est un propriétaire d'esclaves, un partisan du *statu quo*, que vous n'avez pas encore converti *au progrès humanitaire.*

Cela dit, je reviens au texte de la partie politique de votre brochure, et je copie le passage suivant :

« Ces *blancs*, que vous immolez *sont vos frères*. Le sang « de vos pères coule dans leurs veines. *Quel est leur* « *crime* ? Ils ont quitté le beau sol de France pour venir « défricher un sol vierge, sous une zone torride aux dé- « pens de leur vie. Ils ont fait fleurir votre commerce. « Ils enrichissent votre trésor... Et vous voulez les sa- « crifier ! Et pour les sacrifier, vous les calomniez ! De- « puis trente ans vous débitez contre eux *les mensonges* « les plus absurdes... Mais voudriez-vous qu'ils se dé- « pouillassent d'un bien légalement acquis, qu'ils se « réduisissent eux et leurs enfants dans la misère, uni- « quement pour rendre hommage aux progrès du siècle, « qui ne veut plus d'esclaves ? »

Ayant appris depuis longtemps à ne donner aux choses que leur juste valeur, je prendrai la liberté de vous dire, que votre apostrophe à l'adresse des abolitionistes n'a pas le mérite de la nouveauté ; plus de cent fois ce même thème a été battu et rebattu par vos dévanciers et même par vos clients du jour, et puis ce n'est pas là le langage d'un prêtre, ce langage de la religion que vous désirez qu'on reconnaisse à la lecture de votre brochure ; vous imitez par trop le style du pamphlet. La religion ne dit pas que les seuls blancs soient vos frères, M. le curé. Et puisque vous demandez « *quel est le crime des blancs* ? » Je vous demanderai à mon tour : *quel est le crime des nègres ?* Des nègres qui ont été arrachés de leur patrie pour venir cultiver dans l'esclavage le sol des colonies ; pour y faire fleurir votre *commerce*, votre commerce de chair humaine, et pour enrichir vos trésors du prix de leur sueur et de leur sang ! *Quel est le crime des nègres* pour être sacrifiés à l'insatiable cupidité et a l'insolente vanité des colons, depuis plus de deux cents ans qu'ils sont réduits, eux et leurs enfants, dans la misère et dans l'ignorance, uniquement pour rendre hommage à ces *rois de la peau*, et augmenter leurs richesses ! Voulez-vous donc, M. le curé, que ces nègres soient éternellement dépouillés du premier des biens, la liberté ? La liberté que nul homme ne peut, sous quelque prétexte que ce soit, ravir à son semblable ? Les nègres, M. le curé, malgré les lois, les habitudes, les usages contraires, sont vos égaux, parce qu'on ne peut prescrire contre la nature, parceque « il y « a des lois fondamentales contre lesquelles tout ce qui se « fait est nul de soi : » Vous respecterez peut-être l'autorité de celui qui a proclamé l'autorité de cette belle maxime. — Les nègres sont encore vos frères aussi bien que les blancs, devant Dieu ; c'est Jésus-Christ qui le veut ainsi, M. l'abbé.

« Vous savez, dites-vous, que l'esclavage, tel qu'il existe « à la Martinique, est *entouré des égards, des soins que ré-« clame le malheur* ! Les esclaves, prétendez-vous en-« core, *sont vêtus, logés, nourris, soignés dans leurs ma-« ladies ; ils n'ont pas le souci du lendemain*, etc. !

C'est absolument comme les bêtes ! Mais l'homme ne vit pas seulement de pain ; il vit de raison et de lumière ; de la raison qui distingue l'homme de la brute, des lumières qui éclairent son esprit. Eh ! à quelles lumières initie-t-on les esclaves ? quelle raison leur inspire-t-on ? « *Ils sont soignés dans leurs maladies.* » Vraiment, M. l'abbé ! Mais il n'y a pas un seul membre du *Jockey-club* qui ne soigne mieux ses chevaux que les colons ne soignent leurs esclaves. Demandez-le plutôt à M. le prince de la Moskowa, président du *Jockey-club*, qui défend, comme vous, le régime de l'esclavage ; demandez donc au prince, s'il voudrait changer le bien-être de ses chevaux contre la condition des esclaves de la Martinique. C'est donc une erreur, une erreur grave que vous commettez, en disant que tous les esclaves sont entourés des soins que réclame leur malheur. Quant aux *égards*, il vous serait bien impossible de citer des faits, sans vous exposer à donner des notions fausses pour des réalités incontestables ; et je pourrais vous opposer plus d'un fait qui témoignerait du contraire de vos dires et affirmations. Pouvez-vous ignorer que des maîtres abandonnent à la charité publique leurs esclaves, lorsqu'ils sont vieux et incapables de tout service ? Et êtes-vous encore à savoir que l'autorité ne prend aucun souci de ces abandons, aucune mesure sérieuse pour protéger ces malheureux contre l'avarice et l'inhumanité des maîtres ? Voulez-vous des exemples récents !

Le 23 mai dernier, le commandant de la brigade de la Rivière Pilote, signale qu'un esclave du nom d'Elisé, atteint de la lèpre, appartenant à un sieur Martin, agent d'affaires à Fort-royal, s'est réfugié au morne régal dans un *ajoupa*, situé sur le bord de la route, où il ne vit que d'aumônes. M. le directeur de l'intérieur en est averti ; il est prié de faire prendre les mesures nécessaires pour que cet esclave, qui ne peut marcher, soit transporté dans un lieu où il puisse recevoir les soins que réclame sa triste position. Eh bien, M. le curé, l'autorité est tellement accoutumée à voir ces choses-là, que peut-être, à l'heure qu'il est, rien n'a encore été fait en faveur de ce malheureux lépreux, et qu'il continue sans doute de vivre de la charité publique, dans son triste réduit, sous un *ajoupa*.

Des esclaves de deux colons sucriers de la commune *des Trois-Bourgs*, section de la Rivière Salée, viennent tout récemment de recevoir le châtiment *des trois piquets*, par ordre du maire de la commune, M. Pellerin Latouche, et sur la réquisition de leurs maîtres. Voici dans quelle circonstance : ces maîtres ne voulant ou ne pouvant nourrir les esclaves de leurs ateliers, ne veulent pas que ces malheureux emploient la journée du samedi, qui leur est accordée en remplacement de la nourriture et de l'entretien dû par les maîtres, à aucun travail productif pour eux. Un homme de couleur, qui possède des propriétés rurales dans cette commune, emploie tous les samedis cent cinquante à deux cents de ces esclaves ; il les paie et les nourrit plus convenablement que ne le font leurs maîtres, dès lors c'est un révolutionnaire, un homme dangereux pour le *système*, un homme capable de donner de mauvais exemples aux esclaves.

Ne pouvant punir le mulâtre pour un fait si naturel, le maire de la commune est requis par les maîtres de vouloir bien faire fouetter, en présence de la gendarmerie, les esclaves coupables du crime d'avoir été mieux payés et mieux nourris ailleurs que chez leurs maîtres. Ecoutez les plaintes de ces malheureux hommes, de ces malheureuses femmes étendus par terre, à nu et attachés au trois-piquets, sous le fouet de M. Pellerin Latouche, maire de la commune : Pourquoi nous battre ? C'est injuste ! Monsieur *ne nourrit ni nous, ni nos enfants ; et quand nous travaillons un seul jour pour nous procurer la nourriture de toute une semaine, on nous fait mourir sous le fouet* !

Voilà ce que vous savez, et ce que pourtant vous ne dites pas, soutenant au contraire que l'esclavage, tel qu'il existe à la Martinique, est entouré d'égards et de soins. C'est ce qui, sans doute, vous fait désirer que cet état de choses dure le plus longtemps possible, car vous en formez le vœu dans le passage suivant de votre livre.

« Nous avons vu avec plaisir que le ministre de la ma-
« rine a senti la nécessité de laisser au temps et à la re-
« ligion le soin d'aplanir les obstacles qui s'opposent
« encore aux mesures générales. Que le gouvernement
« persévère dans cette voie de prudence et de sagesse ! »

C'est donc, M. le curé, par opposition à des vues de charité, à des vues inspirées par les devoirs de l'homme envers ses semblables ; c'est pour mettre obstacle aux progrès de l'esprit public, qui toujours amènent ceux de la raison et de la bienfaisance réciproque, que vous vous associez, vous, ministre de la religion chrétienne, aux possesseurs d'hommes pour convier le gouvernement à *persévérer* dans une voie que réprouvent l'humanité et notre religion. Persévérez vous-même, M. le curé, dans vos souhaits, et si la Providence les exauce, nul doute que vous ne receviez les bénédictions des pauvres esclaves, car *bienheureux sont ceux qui souffrent.*

Poursuivant vos objections contre l'affranchissement des esclaves, et vous adressant aux abolitionistes, vous leur dites :

« Vous prétendez que le travail survivra à l'esclavage, « les colons ne le croient pas. Dans le conflit de ces deux « opinions, il n'y a évidemment pas de parité. *Ils sont « mieux à même de juger la question* que vous, et ils doivent « subir les conséquences qui seront le résultat de sa so- « lution. Vous, que risquez-vous? de n'avoir pas fait « *triompher une opinion* qui peut vous honorer, mais qui « ne peut avoir aucune influence, du moins nous le sup- « posons, sur votre *bien être matériel!* »

C'est la glorification de l'égoïsme que vous prêchez là, M. le curé, en faveur de *vos très chers clients* propriétaires d'esclaves. Vous croyez donc que les abolitionistes ne veulent dans l'abolition de l'esclavage que le triomphe d'une opinion? Mais la mission qu'ils poursuivent depuis plus de cinquante ans est une œuvre providentielle, tracée par Jésus-Christ. Et, si parmi ceux qui par leur vocation ont spécialement reçu la mission de poursuivre cette œuvre divine, il s'en trouve qui la désertent, qui la sacrifient, parceque leur *bien-être matériel* peut en souffrir, ce n'est pas une raison pour que des hommes de conscience, *vraiment religieux*, des laïques, qui ont le sentiment de la dignité humaine renoncent à voir, comme certains ecclésiastiques des colonies, des *hommes* et des frères en Jésus-Christ, dans les *nègres africains*, et ne cherchent pas à relever ces *hordes d'Afrique* de l'état de misère et d'abjection qui les accable, et où les a réduits la cupidité de quelques Européens. Les abolitionistes ne peuvent donc sans manquer à leur mission, sacrifier aux préjugés absurdes et cruels de vos clients le sort des malheureux esclaves. Et, puisqu'il est réservé à la loi de disposer du sort des hommes, et que la France peut seule faire des lois pour ses colonies, c'est un devoir pour tout abolitioniste de les provoquer; c'est aussi ce que nous faisons.

Vous voilà arrivé à une citation de quelque passage du livre de M. Schœlcher, de M. Schœlcher qui vous vient en aide : et, bien que vous en fassiez amplement votre profit, comme les délégués titulaires des colons, dans l'intérêt de vos communs clients, vous allez payer d'ironie et de sarcasme les services rendus a votre cause par ce grand *abolitioniste* : ce n'est pas bien, M. l'abbé; c'est manquer en même temps de reconnaissance envers *l'abolitioniste*, et de charité envers votre prochain.

Vous ne vous arrêterez pas, dites-vous, à faire ressortir les sophismes qui se trouvent dans un certain passage de son livre que vous citez ; vous aimez mieux, « laisser M. Schœlcher se réfuter lui-même. » Et vous ajoutez ironiquement : « Voici ce que ce négrophile « écrit dans la relation de son voyage aux colonies: »

« L'esclavage est le malheur des maîtres, et non leur « faute. La faute est à la métropole qui le commanda, « qui l'excita. L'indemnité est donc *un droit pour les créo-* « *les*, tout ce qu'on peut avancer pour *soutenir le contraire* « *ne peut-être que de l'injustice et du sophisme. Ceux qui* « *prétendent qu'il est permis d'arracher aux maîtres leur* « *propriété noire parceque* cette propriété *est et a tou-* « *jours été illégitime, méconnaissent qu'elle est et a tou-* « *jours été légale;* ils oublient que le pacte social qui la « protège ne peut rien défaire violemment de ce qu'il a « institué législativement. »

Après cette citation, très exacte d'ailleurs, du livre de notre *Wilberforce-français*, comme l'appellent ses amis, vous ajoutez la réflexion suivante, fort peu charitable, ma foi, et encore moins bienveillante, à l'endroit d'un *Wilberforce* quelconque :

« Les colons ne diraient pas mieux, et ils ne deman- « dent pas autre chose. »

Je vous demande bien pardon, je crois que vous m'avez emprunté cette réflexion ; il me souvient l'avoir faite quelque part, à propos de ce même passage du livre de M. Schœlcher. Et même des amis en *abolition* à la façon de ce monsieur, voulaient m'arracher les deux yeux, lesquels, j'ai pu fort heureusement conserver pour lire aujourd'hui, dans votre brochure, les passages très amers et très sardoniques à l'adresse de ce pauvre *Négrophile*, dont le livre paraît destiné à être mis à toute sauce ; puisque d'un côté vous en faites votre profit avec les délégués dans l'intérêt des colons, contre l'abolition de l'esclavage, et que de l'autre côté, ces prétendus abolitionistes qui m'avaient voulu arracher les yeux, trouvaient, eux aussi, le livre excellent dans l'intérêt des esclaves et en faveur de l'abolition. Il est vrai de dire que plusieurs de ces *abolitionistes*, devenus plus calmes, m'ont avoué n'avoir jamais lu le susdit livre ; mais qu'ils en parlaient très savamment, d'après certains journaux qui en avaient fait l'éloge dans leur compte rendu. Et moi, qui l'avais lu et relu jusqu'au bout par deux fois, qui avais eu même la patience de retenir par cœur plusieurs passages, on voulait que je dise comme les *réclames* de ces journaux, et on me disait que j'avais commis un *Schœlchéricide*, crime nouveau, inventé par une petite secte d'athées; crime horrible, épouvantable prétendent les adeptes.... J'avais en effet réfuté les livres du patron. *Ergò* : prenez garde à vous, M. l'abbé.

En attendant voyons la suite de vos réflexions sur le livre de cet *abolitioniste* :

« Il ne faut pas que la *contradiction*, dites-vous encore, « qui existe dans *ces deux opinions du même homme*, « étonne. Ces *deux opinions* ont été formulées à des « époques et *sous l'influence de convictions différentes*, « voilà tout. La première a été écrite dans le cabinet, « et est le résultat des préjugés ; la seconde *a pris nais-« sance sur les lieux-mêmes*, et n'est qu'un *témoignage de « justice et d'honneur* que son auteur, mieux éclairé, a « voulu rendre à la vérité. »

Puisque, manquant de charité envers votre prochain, vous avez jugé à propos de railler celui dont vous invoquez l'opinion à l'appui de la cause de vos clients, vous auriez pu terminer votre philippique à l'endroit de M. Schœlcher, par la déclaration suivante de cet *abolitioniste* :

« Il y a longtemps que *j'ai fait profession publique de « ma reconnaissance pour les colons.* » Vous l'entendez: *profession publique de sa reconnaissance*! Sa reconnaissance pour vos clients propriétaires d'esclaves! Cette reconnaissance devait vous dispenser, par un sentiment de convenance et par juste réciprocité, de persiffler *le négrophile* comme vous le faites dans le paragraphe suivant, que je copie encore de votre livre :

« Ce n'est pas la *première conversion* de ce genre que « l'on a vue dans les colonies : presque tous ceux qui les « ont visitées, avec des préventions défavorables, *s'en « sont retournés avec la conviction que ces pays étaient vic-« times de l'erreur la plus déplorable*, quand on les repré-« sentait en France *comme ennemis de tout progrès.* »

Ainsi donc, vous voilà bien fort. Oh! oui, bien fort! vous avez à l'appui de votre opinion l'autorité du livre du *premier abolitioniste* de France, de l'Orient, des colonies françaises et des *West Indies.* Maintenant il n'y a plus de doute : « Le temps a fait justice de toutes les imputations odieuses, des mensonges et des calomnies que l'ignorance ou la mauvaise foi s'étaient plu à faire peser sur le système colonial. Les colons sont *pleinement justifiés* de toutes les accusations de cruauté dont ont s'était servi, *dans le temps*, pour susciter contre eux les mauvaises passions » des libéraux, des abolitionistes, voire même des royalistes et des républicains; vous le dites, et vous ne serez pas contredit par *notre Vilberforce;* la vérité ne date-t-elle pas, pour les colonies, de l'an 1842 ! ! ! (1)

(1) Voir *Des Colonies françaises*, par V. Schœlcher; 1 v. in-8° de 443 pag.

« On ne fait pas attention, prétendez-vous, que les « progrès qu'on invoque ont mis dix-huit cents ans à « amener les résultats que les *idéologues* de nos jours « voudraient réaliser dans quelques années. Ce n'est que « depuis vingt-cinq ans que notre législation s'occupe « de l'abolition de l'esclavage, et, dans cet espace de « temps, on veut accomplir ce que dix-huit cents ans de « christianisme n'ont pu faire ? »

Heureuse découverte! Quel est donc l'érudit maître d'école qui vous a enseigné l'histoire de l'esclavage aux colonies? Il n'y a, suivant vous et votre professeur d'histoire, que vingt-cinq ans que notre législation s'occupe de l'abolition de l'esclavage, et cependant la Convention nationale, par son décret du 4 février 1794, avait prononcé cette abolition, si bien que les esclaves de Saint-Domingue, déjà libres par la proclamation de Santhonax, du 29 août 1793, virent confirmer leur nouvel état par la promulgation de ce décret mémorable; et que les esclaves de la Guadeloupe, mis en liberté par suite de ce décret, jouirent de leur nouvel état jusqu'à la paix d'Amiens, époque où ils furent replacés dans l'esclavage par le premier consul. Les esclaves de la Guyane profitèrent aussi pendant quelques années du bienfait de ce décret de la Convention.

Toutefois, Monsieur l'abbé, si les *idéologues de nos jours* en sont encore à lutter pour accomplir ce que dix-huit cents ans de christianisme n'ont pu faire n'en accusez pas les *idéologues*, car Jésus-Christ lui-même, le fondateur du christianisme, fut aussi traité d'idéologue, de révolutionnaire, quand il vint prêcher au monde sa doctrine de liberté et d'égalité. Depuis cette époque il y a des hommes qui partagent votre opinion sur l'esclavage et qui luttent comme vous, en faveur de cette institution, *avec ce zèle qui vous anime toutes les fois* qu'il s'agit de combattre *pour la conservation d'une chose essentiellement bonne*, et les hommes vraiment religieux les ont toujours eu pour adversaires *toutes les fois* qu'il s'est agi de faire triompher une sainte cause; c'est probablement ce qui a empêché jusqu'ici que les lumières de notre religion ne se répandent davantage, et que l'œuvre du christianisme ne s'accomplisse sur toute la terre. — Mais poursuivons :

« Quant à nous, ministre de cette religion qui embrasse « tous les hommes dans sa charité universelle, nous « croyons être plus abolitioniste, dans le sens évangélique, que certains négrophiles qui font tant parade de « leurs austères vertus. » C'est vous qui le dites, Monsieur le curé. « Nous voulons le progrès et les modifications

« sociales qu'il réclame; mais nous disons qu'une cha-
« rité qui ne serait pas égale pour tous ne serait pas la
« véritable charité du christianisme. Une pareille charité
« ne se trouve pas dans l'Evangile. »

Alors pourquoi, Monsieur l'abbé, n'avez-vous pas pour *les hordes d'Afrique*, pour la *dignité du nègre africain*, une charité égale à celle que vous avez pour les dominateurs, pour ces superbes et orgueilleux colons, qui trafiquent des hommes comme des animaux domestiques, et les forcent au travail par des procédés inhumains, tels que de les priver à toujours de leur liberté! Est-ce que cette *charité* là se trouve dans l'Evangile? A quel chapitre, s'il vous plait?

Vous attaquez encore sans ménagement les hommes honorables qui se sont voués à la cause de l'émancipation des noirs; ce sont, dites-vous, « des enthousiastes
« qui, sous le masque de la religion et de la philantropie,
« cachent à peine les motifs intéressés qui les font agir. »
Et vous allez, Monsieur le curé, jusqu'à leur reprocher d'avoir fait de la cause de l'humanité une cause personnelle, comme si ce qui touche à l'humanité n'était pas la cause de tous les hommes. Vous ajoutez : « Cette ques-
« tion était séduisante, revêtue du caractère qu'on s'ef-
« forçait de lui donner, aussi fit-elle en peu de temps de
« nombreux partisans : c'était la cause de la religion et
« de l'humanité. Cette double recommandation devait lui
« procurer de nombreux protecteurs dans un pays sincè-
« rement civilisé. On vit donc une croisade s'organiser
« contre les colons, ces barbares d'une nouvelle espèce.
« Un comité directeur s'établit à Paris, il compte aujour-
« d'hui parmi ses membres des hommes éminents;
« mais, il faut l'avouer, ceux qui les premiers se sont
« écrié, après un beau rêve : plus d'esclavage! plus de
« colonies! ont mal compris leur mission. La religion
« n'était pas pour eux une arme familière; ils avaient
« voulu en faire un instrument *de mensonge*. Tout le
« monde a pu lire, *dans le temps*, les contes qu'ils ont
« débités sur ce qu'ils étaient convenus d'appeler le
« *despotisme colonial*. La *raison publique a fait justice de*
« *toutes ces calomnies que l'ignorance ou la mauvaise foi*
« *avaient accréditées*. »

Il faut convenir que si vous ne faites pas preuve de sympathie pour les noirs, vous n'observez pas non plus la politesse et la bienséance envers leurs amis, car vous ne ménagez guère vos expressions en parlant des abolitionistes; les mots *mensonge*, *calomnie*, *mauvaise foi et motifs intéressés* se reproduisent presque à chaque page de votre brochure; vous appelez des *contes* les actes et les faits puisés dans la législation et dans les annales judiciaires des colonies, dont se sont servi *dans le temps*, et se servent encore, vos adversaires, pour faire connaître à l'opinion publique de la France le régime odieux fondé par vos clients pour assurer leur coupable domination sur la race noire. Comme ces colons, dont vous défendez la cause, vous avez soin de prévenir les esprits contre les opinions des partisans de l'abolition; vous mêlez même assez maladroitement la religion à votre diatribe : *la religion qui*, dites-vous, *n'est pas pour les amis des noirs une arme familière*. Mais heureusement, Monsieur l'abbé, vous faites de cette arme qui vous est familière un si triste usage, que loin de rien ôter au poids des opinions de vos adversaires, vous ne leur donnez que plus de puissance; car à qui persuaderez-vous que M. de Lamartine, par exemple, que vous allez appeler ON, tout-à-l'heure, se sert de la *religion comme d'un masque* pour *cacher des motifs intéressés*, et que la religion n'est pas pour lui une arme familière. Mais continuons :

« Avant cette levée de boucliers philantropiques, les « colonies étaient heureuses et tranquilles. Les ateliers « étaient respectueux et soumis. *Les maîtres avaient modifié leurs prétentions* et les avaient *réduites à un pou-* « *voir* qui ne *pouvait plus être désavoué par l'humanité*. « Une paix profonde régnait partout. Jouissant *sans en-* « *traves* de leurs *constitutions coloniales*, les colonies fran- « çaises excitaient l'envie de leurs voisins jaloux. »

Autant de mots, autant d'erreurs. Mais avant de les signaler, ainsi que vos contradictions, permettez-moi de vous dire, Monsieur l'abbé, que votre maître d'école colonial vous a encore fort mal enseigné cette partie de l'histoire des colonies, et qu'il vous a exposé à montrer que vous l'ignorez totalement.

D'abord ce raisonnement heurte par trop le sens commun. Si d'après vous, les colonies n'ont cessé d'être heureuses et tranquilles que depuis la levée de boucliers des abolitionistes, pourquoi alors, depuis plus de cinquante ans, ces mécontentements, ces agitations d'esclaves? Pourquoi toutes ces insurrections, toutes ces révoltes qui ont troublé les colonies? car enfin les esclaves y ont plus d'une fois tenté de secouer leurs fers? Souvent ils les ont teints du sang de leurs bourreaux, et cependant à ces différentes époques, il n'existait pas de société abolitioniste. Cette société, vous le savez, Monsieur le curé, préserve, au contraire, les colonies de ces fermentations révolutionnaires, de ces catastrophes sanglantes, car elle laisse percer un rayon d'espérance dans le cœur de tant de malheureux qui sentent tout le poids de leur humiliation et de leurs chaînes. Et d'ailleurs est-ce que l'insurrection n'est pas gravée sur les fers mêmes des esclaves? Est-ce que les angoisses du martyre ne prêchent pas la liberté bien plus éloquemment que tous les discours abolitionistes?

Ensuite, si, d'après vous-même, les *maîtres ont modifié leurs prétentions*, s'ils les ont *réduites* à un *pouvoir* qui *ne peut plus être désavoué par l'humanité*, c'est qu'apparemment avant cette réduction, l'humanité pouvait désavouer ce *pouvoir*. Elle le désavoue encore aujourd'hui, Monsieur le curé, tout réduit qu'il soit, car il est encore exorbitant, intolérable, car la religion s'en offense, car la nature n'a marqué nulle part des hommes nés pour la servitude et d'autres pour les commander. Au reste, vous avez fait vous-même justice des prétentions des maîtres, en disant qu'ils les ont modifiées et réduites à un pouvoir qui ne *peut plus être désavoué* par l'humanité. D'où je conclus que les accusations de cruauté et de tyrannie portées, *dans le temps*, contre vos clients, ont produit cela de bon qu'ils ont modifié leurs prétentions, ou pour être plus juste, ces accusations servent aujourd'hui de frein à quelques-uns de ceux qui redoutent la publicité de leurs crimes; car, quant au châtiment, ils sont à peu près sûrs de l'impunité.

Vous ajoutez :

« La majeure partie des propriétés, à la Martinique, « sont grevées de dettes dont le chiffre dépasse leur va- « leur. En abolissant l'esclavage, ajoutez-vous, on mettrait « à nu cette misère qui travaille sourdement la société « coloniale, et qui se cache encore sous le crédit d'une « propriété fictive; on détruirait cette illusion du produit « qui est son avenir, sa vie. »

L'aveu est précieux; et c'est tout ce que vous avez dit jusqu'ici de vrai dans votre livre. Les propriétés sont grevées de dettes, au-delà de leur valeur; le crédit des possesseurs d'esclaves se cache sous une fiction; tout n'est qu'illusion dans cet ordre de chose. C'est cette immoralité qu'il faut combattre, et c'est ce que je viens d'indiquer dans deux lettres à M. le ministre de la marine et des colonies et à M. le garde des sceaux. C'est là que devra s'ouvrir la nouvelle campagne des abolitionistes, s'ils veulent agir sur du positif, s'ils veulent détruire le mal dans sa racine. Je suis vraiment étonné, Monsieur le Curé, que vous ne voyiez d'autre issue à cette situation déplorable des propriétaires grevés de dettes, que l'ajournement indéfini de l'abolition de l'esclavage. Alors donc, suivant vous, Monsieur le Curé, aussi longtemps que les colons seront obérés, aussi longtemps il leur faudra conserver leur *propriété pensante*. Belle moralité! Bien triste et criminel subterfuge de l'intérêt particulier! Vouloir sacrifier tout ce que l'homme a de plus précieux, sa liberté, *sous prétexte* d'assurer *le bonheur d'une portion de la société* coloniale! Appliquez donc à vos clients, Monsieur le Curé, cette maxime de Montesquieu que vous avez prise pour épigraphe : « C'est une bien grande erreur « que celle de vouloir faire triompher son opinion au « détriment de la paix et du bonheur d'une portion de la « société, sous prétexte qu'on veut en favoriser une « autre. »

Examinant l'influence de la religion dans la question de l'émancipation, vous dites qu'on a cru défendre la cause de l'humanité en abolissant la traite; à quoi vous ajoutez : « Mais on ne peut pas avoir oublié que c'est au « nom de cette même humanité que la traite a été léga- « lisée dès sa naissance, et que l'esclavage, que nous « considérons aujourd'hui comme une dégradation, a été « considéré par nos pères comme un moyen puissant de « civilisation. »

Un moyen de civilisation! On en aurait en tout cas étrangement mésusé et abusé. Un moyen de civilisation, ce commerce où tous les crimes sont des instruments nécessaires; cet esclavage qui porte à employer l'effroi des supplices pour excéder de travail des créatures humaines, pour mesurer ce que l'on peut en exiger, non sur leurs forces naturelles, mais sur les efforts qu'arrache aux malheureux la crainte du châtiment! Certainement si, dans le principe, il s'était rencontré des maîtres qui eussent acheté des esclaves pour leur enseigner la parole de vie, pour les élever comme des êtres raisonnables, pour les initier aux lois divines et humaines, pour en faire un jour des hommes éclairés et de bons citoyens, on comprendrait jusqu'à un certain point l'œuvre civilisatrice de vos pères. Mais vos pères les ont gouvernés avec le carcan et à coups de fouet, mutilés, torturés, tués; et cela au nom de la civilisation, au nom d'une religion dont vous êtes l'un des disciples, d'une religion qui vous oblige, vous et vos clients, sous peine d'encourir la malédiction éternelle, d'aimer tous les hommes comme vos frères, encore bien qu'ils appartinssent à *des hordes d'Afrique*, car la *dignité humaine* appartient aussi à la *race africaine*. Vos clients de la Martinique ont-ils accompli sur les Noirs leur prétendue œuvre de civilisation?... Allons donc! Monsieur l'Abbé, jamais personne ne s'est plus impudemment moqué de Dieu et des hommes, que ceux dont vous défendez les intérêts!

Enfin, vous-même vous paraissez étonné que le Nègre

soit classé parmi les hommes, et vous exprimez ainsi votre surprise :

« Aujourd'hui ON nous dit que l'homme ne peut être « acheté, qu'il peut encore moins être vendu, parceque « la *dignité humaine* ne lui appartient pas, qu'elle appar- « tient à la race humaine tout entière. »

Cet ON, que vous n'osez nommer, c'est M. de Lamartine, c'est cet illustre défenseur de toutes les infortunes, de toutes les belles causes, qui a prononcé ces mémorables paroles dans la défense des Noirs esclaves. Que ne le nommiez-vous, puisque vous citez ses paroles pour les réfuter, pour dire que vous êtes *étonné qu'*ON *parle de la dignité de l'homme à propos des hordes d'Afrique. La dignité du Nègre africain!* ajoutez-vous.

Est-ce là ce *langage de la religion,* ce *langage du prêtre* que vous avez tant prôné dans votre preface? Est-ce là cette *voie de modération, de prudence que la charité,* dites-vous, *vous indique au nom de la religion?* ou bien, le langage de ces hautains colons, possesseurs d'hommes, dont vous paraissez partager toutes les sottes et puériles vanités?

Après avoir tenu un langage si opposé, poursuivant votre examen de l'influence de la religion dans la question de l'émancipation, vous faites intervenir l'auteur de *l'Esprit des Lois;* mais les passages que vous citez de son livre n'en sont pas fidèlement extraits, ils sont, par vous, très adroitement mutilés. — Déjà j'ai eu occasion de vous reprocher, Monsieur l'Abbé, d'avoir tronqué un passage de l'Epître de S. Paul à Philémon ; je vais ici placer en regard de votre citation le véritable texte de Montesquieu, pour faire juger le mérite de vos citations.

Citation tronquée.	*Texte véritable.*
« L'esclavage n'est pas bon par sa nature. Il n'est utile ni au maître ni à l'esclave : à celui-ci, parcequ'il ne peut rien faire par vertu, à celui-là, parcequ'il s'habitue insensiblement à manquer de vertus morales. »	« L'esclavage n'est pas bon par sa nature. Il n'est utile ni au maître ni à l'esclave : à celui-ci, parcequ'il ne peut rien faire par vertu; à celui-là, parcequ'il *contracte avec ses esclaves toutes sortes de mauvaises habitudes,* qu'il s'accoutume insensiblement à manquer de *toutes* les vertus morales, qu'*il devient fier, prompt, dur, colère, voluptueux, cruel.* »

Je ne vous reprocherai pas davantage ces petites infidélités aux textes, ni ces suppressions habilement ménagées, car elles tiennent à un sentiment bien légitime de conservation : à la *prudence* mère de la sûreté. Ces mots *cruel, voluptueux, colère, dur, manquer de toutes les vertus morales*, répétés aux oreilles des propriétaires d'esclaves, auraient pu exciter contre vous la colère de ces *fiers* dominateurs, et servir de prétexte à ces maîtres *voluptueux* pour se montrer *cruels*, eux qui veulent et entendent que les successeurs des apôtres du Christ fléchissent devant eux les genoux, et que les missionnaires apostoliques ne prêchent, aux colonies, l'Evangile, que dans les *limites du possible* et d'après le plan tracé par les maîtres. Chacun sait que ces petits seigneurs des îles ne se font pas faute de prouver à ceux des ecclésiastiques qui s'en écartent, que s'ils sont *durs et cruels* envers leurs esclaves, ils n'en sont pas moins *prompts et colères* envers les prêtres qui ne font pas leur volonté. Demandez donc à ceux de vos confrères qui ont voulu *obéir à Dieu plutôt qu'aux colons*, ce qu'il leur est advenu !

Résigné au rôle passif et insignifiant qui préserve de tels déboires, vous allez nous dire, à propos de l'action du clergé colonial dans la question de l'émancipation, que « le clergé catholique sait que sa mission est une *mis-« sion de charité et de paix*, et qu'on ne réussit pas à ré-« générer une moitié de la société en *foulant aux pieds* « *les intérêts de l'autre*; qu'il vous semble que ce serait dans « le cas où il sortirait de cette ligne de conduite que lui « prescrivent *la prudence et l'équité*, *qu'il serait réellement* « *répréhensible*; qu'il faudrait avoir une idée bien peu « exacte de la position des prêtres dans les colonies, « pour supposer qu'ils pourraient rendre leur ministère « efficace en heurtant de front les obstacles qui s'opposent « à leur zèle. » Vous allez nous répéter ce long chapitre sur tous les tons; sans prendre garde que vous vous faites le procès à vous-même, et à ceux de vos confrères du clergé colonial, qui ne heurtent ni de front, ni autrement des préjugés anti-chrétiens, parceque aux colonies, l'intérêt privé ne sait pas céder chez certains hommes, aux principes éternels de justice et d'équité.

Enfin, pour nous donner raison, comme à tous ceux qui accusent le clergé des colonies d'être partisan du système colonial et de n'être pas à la hauteur de sa mission divine, vous allez nous apprendre que vous avez *prouvé* que l'esclavage ne constituait un crime devant aucune « loi, *soit divine, soit humaine*; et que cette condition, en « tant qu'elle était le résultat d'une institution matériel-« lement et légalement établie, n'était pas *de la compé-« tence* du clergé; que ce sont les puissances humaines, « ajoutez-vous, qui ont légalisé la servitude; c'est à elles de

« briser les liens des esclaves. Quant à nous, membres du « clergé colonial, quelle *raison pouvons-nous avoir* pour *sa-* « *per les fondements de l'esclavage*, avec ce zèle qui doit nous « animer toutes les fois qu'il s'agit de *combattre une chose* « *essentiellement mauvaise*? » Ainsi donc l'esclavage *est bon*; ce n'est pas une chose essentiellement mauvaise, et c'est pour cette *raison* que le clergé des colonies n'en sape pas les fondements avec ce même zèle qui l'anime toutes les fois qu'il s'agit de combattre ceux qui veulent l'abolir et de relever la dignité humaine chez ces *hordes d'Afrique* qui gémissent dans la dégradation sous des maîtres barbares.

Et, pour prouver que l'esclavage n'est pas un crime, ni même une chose mauvaise, vous allez nous apprendre encore, que Jésus-Christ *lui-même* est complice de vos clients, parcequ'il a accepté l'esclavage comme un fait accompli. Écoutons plutôt votre raisonnement : « Nous « n'avons pas oublié que l'esclavage a survécu aux « âges les plus brillants du christianisme. Les pieux « missionnaires qui, dès le principe, substituèrent la ser- « vitude dans les pays civilisés à la servitude africaine; « le miséricordieux Las-Casas qui adopta la même me- « sure pour alléger les fers des Indiens du Nouveau-Mon- « de; tous les hommes éminents qui ont siégé pendant « deux siècles dans nos parlements, les apôtres, les « pères de l'Eglise, Jésus-Christ lui-même qui ont ac- « cepté l'esclavage comme un fait accompli étaient donc « des profanateurs de l'homme de Dieu? A-t-on jamais vu « un véritable apôtre du christianisme heurter de front « la servitude, au risque de jeter la conflagration dans les « sociétés humaines? »

Si je ne craignais pas de commettre une irrévérence envers M. le curé de ma ville natale, qui peut-être *encore*, à l'heure qu'il est, est le directeur de la conscience de ma femme et de mes enfants, ses paroissiennes, je lui dirais : vraiment. M. le curé, vous me faites l'effet de n'être pas plus instruit sur la religion du Christ que sur l'histoire des colonies. Où avez-vous lu que Jésus-Christ ait accepté l'esclavage par la raison que c'était un fait accompli? Voyez comment notre divin Sauveur a respecté les faits accomplis même dans l'ancienne loi où les Juifs ne voyaient que des ennemis et des barbares dans ceux qui n'étaient pas de leur nation. Voyez les chapitres de S. Matthieu, sermon sur la montagne. Et comme la magnifique parabole du Samaritain apprend que nous devons voir notre prochain et nos frères dans tous les hommes. On sait aussi comment notre Seigneur respectait les faits accomplis selon la doctrine du monde et des pharisiens. Je n'en dirai pas davantage, puisque j'ai promis de revenir sur votre livre, pris au point de vue religieux.

Pour excuser la tiédeur reprochée au clergé des colonies, dans l'accomplissement de sa mission, vous êtes obligé de convenir d'une partie des obstacles qu'il rencontre, et vous dites avec vérité que : « En France les « ministres de la religion trouvent accès partout; toutes « les portes leur sont ouvertes, du moins *aucune auto-* « *rité ne vient s'interposer entre leur zèle et les personnes* « qui en sont directement l'objet ; mais *dans les colonies,* « *c'est bien autre chose.* Avant d'atteindre l'esclave, il « faut que nous frappions d'abord à la porte du maître ; « il faut que nous obtenions son consentement ; car l'es- « clave n'a pas de volonté, il n'est pas libre. »

C'est bien là le reproche qu'a adressé M. le comte de Montalembert, du haut de la tribune de la chambre des pairs, « à ces trois ordres de coupables : au clergé d'abord; au gouvernement ensuite, et en dernier lieu aux colons. » Ici vous cherchez à justifier le clergé de cette accusation dans laquelle il figure en première ligne; mais vous avouez implicitement que le gouvernement et les maîtres sont les seuls coupables : admettons. Mais le clergé colonial fait-il tout son devoir, lorsque M. Jacquier, son chef à la Martinique, prend la défense des maîtres et ne voit de *coupables que les seuls esclaves*? lorsque vous-même, M. le curé, après nous avoir dit, que l'esclave n'a pas de volonté, qu'il n'est pas libre (ce qui accuse le mauvais vouloir des maîtres), vous allez chercher à pallier cette accusation, en rejetant d'une manière détournée les torts sur les esclaves, afin de vous mettre à l'unisson avec votre chef ecclésiastique.

« Les curés, dans beaucoup de localités, dites-vous, « ont été obligés de renoncer à leurs visites, parcequ'ils « ont reconnu ou qu'il leur était impossible de surmonter « les difficultés que la position précaire et incertaine des « maîtres opposait à leur zèle, ou qu'ils n'étaient pas « écoutés par la population des ateliers, et que s'ils l'é- « taient, ce ne pouvait être que par suite de la sévérité « que les maîtres étaient obligés de déployer pour ame- « ner cette population aux pieds des catéchistes. »

Si cette version était exacte, si elle n'était pas contredite par ce que vous venez de dire tout à l'heure, page 61 de votre livre : *L'esclave n'a pas de volonté, il n'est pas libre,* je vous répondrais : Les chaînes qui lient son corps tiennent aussi à la gêne ses facultés intellectuelles, et affaiblissent les affections sociales de son cœur ; brisez ces chaînes, et vous aurez dans la population des ateliers de cultivateurs un auditoire nombreux pour vos catéchistes, car les esclaves sont généralement disposés à recevoir l'instruction religieuse; mais ils sont comme les enfants, ils n'aiment pas à être *trompés*. Donc aussitôt qu'ils s'aperçoivent qu'on les abuse, ils n'ont plus confiance, et ils ont raison.

Vous ajoutez « qu'une messe, dite messe des nègres, « se dit tous les dimanches, à onze heures, » dans votre paroisse, « qu'une instruction spéciale pour les esclaves « avait lieu autrefois à l'issue de cette messe. Dans les « commencements, l'église était trop petite pour conte- « nir la population qui y accourait. Aujourd'hui cette « instruction n'a plus lieu pour une bonne raison, c'est « qu'il n'y a plus d'auditeurs. Il y a cependant dans la « ville un nombre considérable d'esclaves qui n'auraient « que quelques pas à faire pour se procurer les bienfaits « de l'instruction; à peine en compte-t-on une dizaine « chaque année qui suivent les instructions. »

Cela ne détruit pas ce que je viens de dire du défaut de confiance qui empêche les esclaves de suivre les instructions du catéchisme; au contraire, cet éloignement même du saint sacrifice de la messe prouve qu'on ne doit jamais se faire un moyen politique des choses de la religion pour tromper les populations. On avait annoncé que *l'heure de l'émancipation allait sonner;* tout le monde l'avait cru, et les esclaves aussi. Le concours du clergé était requis pour accomplir cette œuvre de réparation et de justice; c'était une heureuse idée d'y faire intervenir la religion, d'invoquer son secours, car la liberté est l'œuvre du christianisme. Tout fut donc disposé dans ce sens pour l'accomplissement de cette grande œuvre. Mais le mauvais génie qui siége, on dirait, dans les conseils du ministère de la marine et des colonies fit que le ministère voulut prendre l'avis des colons. Or, comme on ne prend pas l'avis des gens quand on ne croit pas qu'ils aient voix au chapitre, les colons de la Martinique, consultés sur différentes questions relatives à l'affranchissement des esclaves, répondirent NON sur toutes les questions.

Le ministère de la marine et des colonies, qui *voulait* l'instruction religieuse et la moralisation des esclaves, avait également demandé aux colons, qui n'en voulaient pas, s'il était CONVENABLE D'ENCOURAGER LES MARIAGES DES ESCLAVES. Les colons répondirent encore NON sur cette question, et les choses en restèrent là.

Voici du reste, à l'appui de ce que j'avance, la réponse officielle faite par le conseil colonial de la Martinique à la communication ministérielle :

« Le conseil est-il d'avis de reconnaître qu'il soit *convenable d'encourager les mariages des esclaves?*

« On vote au scrutin *secret.* Le scrutin est :

« 23 membres présents.

« 23 boules noires dans l'urne de vote. (Ce qui veut dire NON.)

« 23 boules blanches dans l'autre urne. (Ce qui veut dire encore NON.)

« Le président proclame que le conseil *n'est pas d'avis qu'il soit convenable d'encourager les mariages des esclaves.* » (1) (Vifs applaudissements!) Le conseil des colons est aux anges! La farce est jouée; et le ministère de la marine joue de son côté le furieux, afin de mieux persuader ses bonnes intentions à ceux qui, faute de mieux, ont pris le parti de se contenter de ces *bonnes intentions.*

Maintenant, Monsieur le Curé, je ne conçois pas quelle moralisation vous voulez donner aux esclaves, puisque les maîtres ne veulent pas qu'ils se marient, et que vous ne vous en souciez pas non plus.

J'ajouterai quelques mots sur l'absence des fidèles à la messe dite messe des Nègres, et le manque d'auditeurs aux instructions qui se font tous les dimanches, à l'issue de cette messe. Les esclaves, comme je vous le disais tout à l'heure, n'aiment pas à être trompés; ils ont bien assisté, vous en convenez, dans le commencement, à la messe et aux instructions, et l'église ne pouvait pas les contenir tous; mais depuis qu'ils ont cru voir que des membres du clergé colonial mêlaient la messe à la politique, ils n'ont pas voulu, eux, mêler la politique à la messe; car les esclaves font aujourd'hui de la politique, et ils considèrent les empêchements de leurs maîtres à leur moralisation comme un acte politique. Alors ils s'abstiennent de fréquenter les églises dans l'intérêt même de la religion, sachant bien que le ministère des prêtres qui se dévouent à la moralisation sera entravé, et que la mission des prêtres qui se dévouent à l'esclavage, dans l'intérêt des maîtres, ne sera pour eux, esclaves, que mensonge et hypocrisie.

Et puis d'ailleurs quelle confiance voulez-vous que les esclaves aient dans des instructions ministérielles qui disent aux curés « de prêter leur ministère aux maîtres pour l'accomplissement de l'obligation qui est imposée à ceux-ci de faire instruire leurs esclaves dans la religion chrétienne, et de les maintenir dans la pratique des devoirs religieux, » lorsqu'ils savent que leurs maîtres ont

(1) Voir *Avis des conseils coloniaux sur diverses propositions concernant l'esclavage,* publiés par le ministère de la marine.

dit au ministre qu'ils ne veulent pas qu'on instruise ni qu'on moralise leurs esclaves, parceque *les leçons de la religion sont des tendances destructives de l'esclavage;* et que le ministre de la marine et des colonies a fait en conséquence tout ce qu'ont voulu les maîtres, lesquels peuvent *chasser* de la colonie tout prêtre qui fait son devoir, c'est à dire qui obéit aux instructions ministérielles à l'endroit de la moralisation des esclaves, qui les éclaire, les instruit par les leçons de la charité, et les prépare ainsi à l'émancipation.

Est-ce que vous-même, Monsieur le Curé, vous ne dites pas aux esclaves : « Obéissez à vos maîtres avec crainte « et tremblement ; » et puis n'ajoutez-vous pas : Rendez à « César ce qui appartient à César. » Eh bien! on leur a dit, à ces pauvres esclaves, que *César* c'est leur maître, et ils y ont cru d'autant plus qu'ils ont vu le ministre lui-même obéir aux *Césars* des colonies, en rendant à ces *Césars tout ce qu'ils prétendent qui leur appartient :* le pouvoir et la domination, le droit d'user et d'abuser sur leurs esclaves, sur les femmes et les enfants de ces esclaves.

Une autre chose encore : les esclaves ont bonne mémoire ; ils se rappellent fort bien qu'on avait pris le prétexte spécieux de la conversion de leurs pères et de leurs aïeux à la foi catholique, pour les rendre esclaves et les ravaler à la condition de bêtes de somme, tandis que dans le même temps ils voyaient faire des quêtes dans les églises de la Martinique pour le rachat de chrétiens, esclaves chez *d'autres* barbares, parceque ces esclaves chrétiens étaient des blancs. Ils se souviennent aussi que les anciens édits des rois de France ordonnaient d'élever les esclaves dans la pratique de la religion chrétienne, et qu'en même temps des agents de police et de la maréchaussée les traquaient, les poursuivaient en vertu d'autres ordonnances locales qui ordonnaient « à tous et à chacun *de les prendre et arrêter, et de les faire emprisonner pour être poursuivis par le procureur du roi* (le procureur de celui qui ordonnait de les instruire et de les élever dans la religion catholique), de les frapper de condamnations corporelles qui ne pourront être *moindres que le fouet, la marque* et *même la mort,* en cas de circonstances aggravantes, » toutes les fois qu'ils seraient réunis soit pour entendre la messe et manger le pain bénit, soit pour tenir des maisons particulières hors de chez leurs maîtres, *sous prétexte de métier, commerce ou autrement.*

Vous pouvez vérifier l'exactitude de ces textes, vous les trouverez longuement énumérés dans les cinq volumes du code de la Martinique, ou dans le recueil plus récent du *code-Bouillé*, appelé ainsi du nom de son auteur, le général Bouillé, ancien gouverneur de la colonie. Ce recueil est aujourd'hui fort rare ; et cependant nous tenons à votre disposition un exemplaire, M. le curé, car nous en possédons deux, imprimés en 1827 dans la colonie, avec la signature de M. le comte de Bouillé, gouverneur pour le roi. Ce document sort des mêmes presses typographiques *de l'imprimerie du Roi*, *et du Gouvernement*, où vous avez fait imprimer votre livre avec l'approbation de M. Mathieu, gouverneur aussi pour le roi.

Voici, en attendant, le texte de l'article relatif aux messes et aux pains bénits :

« Défendons pareillement ces réunions d'esclaves des deux sexes qui ont *pour prétexte des messes et des pains bénits*, et tout luxe ou vêtement extraordinaire dans leurs convois funéraires. »

Il était aussi recommandé « très expressément aux ministres du culte *d'user de leur influence pour empêcher ces démonstrations superstitieuses qui blessent la religion et nourrissent des idées de désordre.* »

Or, *ces démonstrations superstitieuses* consistaient tout simplement à se cotiser pour faire chanter solennellement une messe que ces esclaves payaient, alors, *un doublon* (*quatre-vingts francs*), au révérend père Mathias, curé des nègres, au Fort-Royal, lequel, il faut l'avouer, les défendait et les protégeait à l'église, en empêchant la police et la maréchaussée d'y pénétrer pour les arrêter. Mais là, se bornait la protection du révérend père, curé des nègres ; la messe une fois dite, et hors de l'Église, il n'y avait point de salut pour ces pauvres diables, qui étaient impitoyablement saisis, appréhendés au corps, et conduits à la geôle, où, sans distinction de sexe, ils recevaient à nu vint-neuf coups de fouet, pour avoir fait chanter une messe, et avoir offert le pain bénit, à l'intention d'un saint, patron de telle ou telle profession ou métier, *en contravention à la loi coloniale.*

Disons, que ces réunions ne causaient jamais aucun désordre, ni ne troublaient la tranquillité publique ; le seul scandale qui en résultait commençait à l'issue de la messe, à la sortie de l'église, au moment où la police et la maréchaussée déployaient leurs forces pour arrêter les membres de la confrérie ou de la corporation, *les assistants à la messe.*

A côté du scandale de ceux qui défendaient aux esclaves de se réunir *sous prétexte de messes et de pains bénits*, on voyait une fois tous les deux mois, s'assembler en *gaoulé*, (c'est le terme flibustier) les *seigneurs et maîtres* de la colonie, faisant chanter à leur tour une messe du

Saint-Esprit, à laquelle ils assistaient en corps, *sous prétexte* d'invoquer la lumière de l'esprit céleste, mais en réalité, pour imposer au vulgaire, et faire croire qu'ils avaient la conscience de cette œuvre religieuse et de piété. Pour donner plus d'éclat et de pompe à leur hypocrite cérémonie, Messieurs de la Martinique, se faisaient escorter par ceux-là même, qui traquaient les esclaves dans leurs pieuses cérémonies. Ils se faisaient donc escorter par la maréchaussée ou les archers de police depuis le lieu de leur réunion, jusqu'à l'église, marchant par file sur deux rangs, et précédés de deux huissiers. Ces Messieurs avaient imaginé la chose la plus grotesque du monde, sans doute pour donner à leur réunion la physionomie qui lui convenait; ils avaient choisi l'homme, le plus laid de la colonie, un espèce de bossu, du nom de Calabre, chef de la police, bancroche le plus singulièrement disgracié de la nature, qu'ils déguisaient avec un habit à la française, culotte courte, et portant une énorme rapière surmontée d'une poignée en argent, laquelle rapière surpendue par une longue chaîne en cuivre au cou de cet homme, formait avec son corps difforme un X, ou une véritable *croix de St. André*. C'était le maître des cérémonies qui ouvrait la marche de ce *superbe* cortége. Les esclaves frappés de cet attirail patibulaire s'en épouvantaient, et les enfants couraient se cacher de peur, à la vue de cette burlesque réunion.

Après cette mascarade, venaient ces lugubres drames, ces sauvageries judiciaires dont j'ai parlé. Oui, Monsieur l'abbé, c'était à la sortie du temple du Seigneur, où un Dieu de paix et de miséricorde venait d'être outragé, où la religion venait d'être profanée, que Messieurs de la Martinique allaient condamner à mort par le supplice de la strangulation, des esclaves qui *avaient formé le projet de s'évader de la colonie et de ravir leur valeur à leurs maîtres*; c'était après ces outrages, ces profanations qu'ils faisaient traîner au pied de l'échafaud une malheureuse mère, pour être témoin de l'exécution à mort de son fils! son fils qu'elle aurait « *recelé*, disaient ces Messieurs, *en lui procurant un asile, sous prétexte de pitié*, et en *fournissant à sa nourriture et à son entretien* !»

Eh! croyez-vous que ces défenses de pratiquer la religion n'étaient imposées qu'aux seuls esclaves ? Non, les personnes libres elles-mêmes n'en étaient pas exemptes. Vous pouvez encore vous édifier; je vais vous indiquer les sources. Donnez-vous la peine de recourir aux registres de la paroisse du fort Saint-Pierre, et vous lirez ce qui va suivre dans un procès-verbal émané d'un préfet apostolique, à l'occasion de sa visite pastorale :

« Avons examiné les registres de la confrérie de la « très Sainte-Trinité établie dans cette église ; que quoique on ait admis de tous les temps des gens de couleur libres à ladite confrérie, cependant, à cause de « leur légèreté naturelle, de la corruption des mœurs, « et pour maintenir la *préférence du sang blanc*, (*le sang blanc !*) et les *distinctions établies dans la société*, nous « croyons qu'il serait plus convenable et plus avantageux à la religion de n'en recevoir dorénavant aucun. »

Ce n'est pas tout ; les gouverneur et administrateur de la colonie sanctionnaient dans les termes suivants cette exclusion :

« Avons remarqué que les mulâtres et nègres affranchis étaient admis parmi les confrères, ce qui nous a « paru mériter attention comme objet de police, contraire *à l'ordre établi* par *rapport à la distinction de couleur*.

« Sur ce qui nous est revenu que les solennités lors « de l'enterrement des esclaves s'étaient renouvelées en « quelques occasions, nous recommandons très exactement aux curés et vicaires des nègres de se renfermer dans la *règle et l'usage établis* là dessus, et de tenir la main aux défenses faites par rapport aux quêtes « et *aux processions dont ils doivent être exclus.* »

Voilà ce que les esclaves n'ont pu oublier ; et lorsqu'ils voient aujourd'hui les tergiversations de l'autorité d'un côté, de l'autre la résistance de leurs maîtres triomphant partout et toujours, naturellement ils doivent se défier de tout ce qui se fait, et voir comme autant de piéges tendus à leur crédulité toutes ces comédies qui se jouent d'accord avec quelques membres du clergé colonial, *sous prétexte* de les préparer à recevoir le bienfait de la liberté. Ces esclaves ne sont pas à s'apercevoir que le cadran de l'horloge ne marque plus l'heure, que la sonnerie est même arrêtée ; puisque depuis six ans, cette heure de l'affranchissement qui *devait sonner* est encore à se faire entendre.

Donc le parti le plus sage, à mon avis, c'est celui que prennent ces pauvres esclaves, qui, bravant tous les périls d'une traversée sur mer, vont chercher la liberté à Sainte-Lucie ou à la Dominique, *en ravissant ainsi leur valeur à leurs maîtres*, et qui s'abstiennent, en conséquence, de fréquenter les instructions des *curés des nègres*, puisque leurs maîtres qui sont les plus forts ne veulent pas qu'ils s'instruisent aux catéchimes, ni qu'ils aillent à la messe.

Dans cette conduite, il y a pour eux double avantage :

premièrement, celui d'être libres sans être obligé de se racheter ; deuxièmement celui de s'éviter les mauvais traitements, que personne, *pas même* le ministre de la marine, ne peut leur épargner.

Vous allez peut-être objecter qu'ils doivent souffrir pour l'amour de Dieu ; mais alors, monsieur l'abbé, vous devriez bien commencer vous-même par leur donner l'exemple, en vous *jetant ostensiblement dans la voie qui a forcé quelques prêtres estimables, qui défendaient une bonne cause, de quitter la colonie*, puisqu'il n'y aura jamais pour vous la répression du *trois-piquets*, ni le cachot, chargé de fers, de chaînes et de carcan, et puis la diète en sus, ou pour toute nourriture du maïs et de l'eau.

Me voici arrivé à la quatre-vingt-cinquième page de votre livre, à ce paragraphe qui résume toute la situation du clergé colonial. Les aveux naïfs que vous faites sur cette situation réfutent d'une manière péremptoire tout ce que vous avez dit vous-même pour justifier les reproches adressés au clergé colonial, par M. le comte de Montalembert. Vous en dites même beaucoup plus que l'honorable pair, qui n'a reproché au clergé, dans la colonie, que d'*être tiède*. Vous, vous avouez qu'il est coupable de faiblesse ; or la faiblesse ici est un scandale, et vous savez que celui qui tolère ou permet le scandale est aussi coupable que l'auteur du mal lui-même.

Je transcris entièrement le paragraphe de votre réfutation par vous-même :

« On ne se fait pas une idée assez juste de la situation « du clergé dans les colonies, des obstacles qu'il a à « vaincre, des intérêts qu'il a à ménager. *Les préjugés sont « un écueil* contre lequel un grand nombre *de prêtres vien- « nent échouer*. A travers le conflit des opinions qui « naissent *des distinctions cutanées*, le prêtre est obligé « de se tracer une ligne de conduite dont il ne doit jamais « s'écarter, sous peine *d'encourir la disgrâce* de l'un des « deux partis. S'il penche trop d'un côté, il est considéré « comme abolitioniste, comme partisan de la fusion ; « s'il se laisse entraîner de l'autre côté, il est imbu de « préjugés, ennemi du progrès, anti-abolitioniste. Dans « cette situation, que faire ? Nous ne le demandons pas à « M. de Montalembert ; il nous accuse déjà d'être parti- « sans des colons ; mais nous lui apprendrons que tous « ceux, parmi nos confrères, qui ont voulu se jeter *trop « ostensiblement dans l'autre voie, ont été forcés de quitter « la colonie*. Il y avait cependant parmi eux *des prêtres « estimables*, et *ils défendaient une bonne cause* ; mais ils « avaient voulu devancer l'heure de la Providence. »

Je veux être généreux envers vous, bien plus que vous

ne l'avez été envers M. Schœlcher *le négrophile*; je vous ferai remarquer toutefois que vous avouez positivement que, pour ne pas être forcé de quitter la colonie, comme ceux de vos estimables confrères qui défendaient une bonne cause, vous aimez mieux prendre la défense contraire et combattre cette bonne cause, afin de vivre longuement dans la colonie, avec les tranquilles oppresseurs de vos frères en Jésus-Christ. Ne voulant pas être considéré comme *abolitioniste*, comme *partisan de la fusion*, vous aimez mieux prendre le parti d'entendre dire que vous êtes imbu de préjugés, ennemi du progrès, anti-abolitioniste ; car s'il y a moins à perdre de ce côté-ci, il y a plus à gagner de l'autre côté. En effet, monsieur le curé, déjà ce reproche vous a été adressé dans une lettre portant la date du 15 août, par un grand nombre de vos paroissiens qui vous ont dit :

« Hélas ! le clergé *cède* trop aux *exigences de l'esprit de parti*, il témoigne *une préférence trop ouvertement exclusive* à ceux-là même qui se considèrent comme les privilégiés du pays, pour qu'il puisse se défendre, à l'égard des esclaves, du blâme qui lui est adressé. Pour fortifier cette opinion d'un exemple personnel, nous vous rappellerons, Monsieur le Curé, qu'à l'inauguration de votre presbytère, vous vous abstîntes, chose inouie, de convier le conseil de fabrique, parcequ'il comptait dans son sein un *homme de couleur*. » — Qu'avez-vous répondu, monsieur l'abbé, à ce reproche de vos paroissiens ? Rien. Vous avez gardé un profond silence.

« Il est rare, dites-vous, qu'un nègre résiste au zèle du « clergé, quand on lui a inspiré le désir d'éprouver les « consolations de la religion. Il arrive d'en rencontrer « qui sont dans l'ignorance la plus complète des vérités « les plus nécessaires au salut ; mais ils écoutent avec « docilité et quelquefois avec des sentiments qui étonneraient, si on ne savait pas que la religion est acces« sible à toutes les intelligences. Le difficile c'est de faire « naître en eux la volonté qui peut seule rendre les leçons « de la morale efficaces. Cette bonne volonté, on le con« çoit, doit se trouver aujourd'hui rarement chez le « nègre. »

Cette bonne volonté ne se rencontrera pas, tant que le nègre sera dans les chaînes. C'est la confiance dans le pasteur qui lui manque ; mais il a la foi dans les consolations de la relig on, et c'est ce qui vous fait trouver cette docilité et ces sentiments dont vous parlez, toutes les fois que le zèle du clergé *ose* se montrer. Osez davantage, et ne prenez pas le prétexte de ne vouloir pas devancer l'heure de la Providence, et vous aurez acquis cette confiance et fait naître cette bonne volonté qui peuvent seules rendre facile votre sainte mission.

« Le Prêtre, ajoutez-vous, est généralement vénéré des « esclaves, mais à cause de cette même vénération, et, « nous osons dire de l'espèce de culte dont il est l'objet. « d'après l'idée souvent exagérée que le nègre se fait de « son caractère, a-t-il peut-être moins d'accès auprès « d'eux. Ils ne se livreront jamais du moins à lui avec « cette confiance et cet abandon qu'il est nécessaire, « avant tout, de leur inspirer. »

C'est précisément ce que je viens de vous dire, et c'est à cause de cela même, que le clergé colonial a été accusé d'être le premier coupable, dans l'exposition qu'a faite M. le comte de Montalembert, du triste et humiliant état des choses aux colonies.—Vous ajoutez encore :

« A cause même des devoirs qui ressortent du carac-« tère du Prêtre, il fait concevoir facilement aux plan-« teurs des préventions défavorables, dès qu'il touche à la « question de l'émancipation. Ajoutez à cela que le clergé « a déjà fait des tentatives qui n'ont pas été couronnées « de succès. »

Vous ne serez pas, sans avoir remarqué que le plaisir que je me donne de transcrire certains paragraphes de votre livre, n'est pas pour les réfuter, mais pour vous mettre en opposition avec vous-même; car ici, comme ailleurs, vous battez en brèche tout ce que vous avez dit précédemment de la sollicitude des maîtres; de ces maîtres qui *construisent d'élégantes chapelles entourées d'arbustes et de fleurs*, favorisant partout la mission du clergé, se mettant à sa disposition avec zèle, et déployant de la sévérité pour amener leurs esclaves aux pieds des catéchistes. Mais continuons notre examen :

« Comme M. de Montalembert, ajoutez-vous encore, « nous croyons qu'on ne saurait trop consolider l'auto-« rité ecclésiastique dans les colonies, en établissant l'or-« ganisation du clergé sur l'épiscopat. Nous nous réser-« vons seulement de demander comme une faveur, pour « ce qui concerne la Martinique, que le digne vice-pré-« fet apostolique, qui est ajourd'hui à la tête de cette « mission et qui a été porté à cette haute dignité par le « vœu unanime du clergé, soit désigné pour être le pre-« mier évêque de cette colonie. »

Merci, monsieur le curé, Dieu veuille préserver mon pays du pontife, que, dans votre tendre sollicitude pour M. l'abbé Jacquier, vous voulez donner à la Martinique! Espérons que le gouvernement saura faire un meilleur choix, et que, s'il a pu tolérer le scandale d'un vice-préfet apostolique possédant des esclaves, il ne le récompensera pas par l'épiscopat, à cause même de sa qualité de propriétaire d'esclaves, il ne le récompensera pas, par l'évêché des Antilles, à cause aussi de sa dernière publication en faveur de l'esclavage. Quant à vous, monsieur le curé, il est à craindre qu'on ne voie dans le vœu désintéressé que vous émettez pour M. l'abbé Jacquier, en voulant lui passer l'épiscopat, le désir secret qu'il vous passe le vicariat général de son futur évêché. J'avoue, quant à moi, que je n'y verrai pas pour vous le même inconvénient, malgré votre brochure; car pour moi, qui ne veux pas la mort du pécheur, je ne désespère pas de votre conversion; il ne vous faut, monsieur l'abbé, qu'un peu moins de *respect* humain vis-à-vis des colons, et un peu plus de résolution pour abjurer vos hérésies à l'endroit de l'esclavage; que le ministre de la marine veuille seulement vous garantir qu'il ne vous laissera pas *forcer*, par les colons, de *quitter la colonie*, et je suis assuré que vous vous jetterez *ostensiblement* dans la voie qui fait encourir aujourd'hui la disgrâce; que vous ne balancerez pas à pencher du côté qui fait considérer comme abolitioniste, comme partisan de la fusion, tous ceux qui s'y jettent, que vous vous déclarerez ami du progrès, comme tous les abolitionistes passés, présents et futurs, et comme Jésus-Christ lui-même, dont vous niez la doctrine dans votre livre, car Jésus-Christ était abolitioniste, c'est le plus grand que nous ayons eu sur la terre. . . . .

Enfin je suis arrivé à votre conclusion; vous voulez que les esclaves soient libres, mais vous voulez « que la « liberté soit un véritable bienfait pour eux, et, par con« séquent, qu'on leur *apprenne auparavant* à en aprécier « les avantages. » Nous voulons cela comme vous, Monsieur l'abbé, mais nous différons sur *l'apprentissage* qui est parfaitement inutile; attendu qu'on n'apprend pas plus à devenir libre dans l'état d'esclavage, qu'on n'apprend à devenir esclave dans l'état de liberté. Et puis d'ailleurs où trouver des professeurs? Lorsque vous avez été obligé de convenir que les prêtres, qui sont *généralement vénérés des esclaves*, qui sont même l'objet d'une espèce de culte, d'après l'idée exagérée que les nègres se font de leur caractère, ne leur inspirent pourtant pas cette confiance si nécessaire pour l'accomplissement de l'œuvre, et que *les tentatives du clergé n'ont pas été couronnées de succès*. C'est donc *le statu quo*, l'ajournement indéfini que vous voulez, et c'est en effet votre conclusion finale, car en terminant vous demandez; « qu'on laisse la religion préparer gra« duellement les voies à l'émancipation, et qu'on n'entrave « pas son influence par l'impatience, afin qu'elle puisse « faire des esclaves des hommes sociables et religieux,

« avant qu'on les jette dans la société. Enfin nous de-
« mandons DU TEMPS ! ! ! »

Telles sont vos froides conclusions, Monsieur l'abbé, et comme ce *temps* n'est pas précisé, et que depuis cinquante ans les colons et leur partisans demandent, comme vous, du *temps* et toujours du *temps* pour préparer les esclaves à la liberté, si ce *temps* ne doit avoir un terme qu'aux calendes grecques, ou à la consommation des siècles, il est à craindre que les pauvres noirs attendent encore longtemps la fin de leurs maux : car c'est l'esclavage éternel que vous demandez pour eux, Monsieur l'abbé, déguisé sous la forme de je ne sais quelle espérance de liberté qu'ils ne verront jamais se réaliser, ni vous non plus.

Et, comme en droit commun la *restitution* de la liberté, aux nègres des colonies, n'est pas un bienfait, une faveur; mais un devoir rigoureux, mais un acte de justice, qui ne ferait que déclarer ce qui est, plutôt qu'il ne décréterait ce qui doit être, loin d'engager le gouvernement à temporiser, pour remplir ce devoir et accomplir cet acte de justice, il est évident que, dans l'impossibilité absolue où est une grande nation, comme la nation française, de concilier l'esclavage avec la liberté, et de maintenir plus longtemps l'ancien régime des colonies, le gouvernement et les chambres ne sauraient, sans déshonneur pour la France, retarder plus longtemps la réparation de cette grande iniquité sociale, à laquelle l'Angleterre a déjà mis un terme pour ses possessions d'outre-mer voisines de nos colonies.

Le gouvernement et les chambres doivent donc, immédiatement, aviser aux moyens d'abolir l'esclavage, en conciliant les intérêts de l'humanité avec les intérêts des maîtres ; et, si ces deux intérêts ne se peuvent concilier, si des difficultés, des obstacles s'y opposent, ce ne sont pas les intérêts des esclaves, ceux de l'humanité qui doivent être sacrifiés.

Dans le cours de cette lettre j'ai déjà eu occasion d'emprunter une citation de l'abbé Raynal ; je vais emprunter encore, au point de vue social de la question, un de ces tableaux tracés des mains de la vérité, et que nous a légués ce savant écrivain : il s'agit de l'influence malheureuse qu'exerce l'esclavage sur le caractère et les mœurs de l'homme environné d'esclaves :

« C'est de l'esclavage des nègres, dit l'abbé Raynal, que les créoles tirent peut-être en partie un certain caractère qui les fait paraître bizarres, fantasques et d'une société peu goûtée en Europe. A peine peuvent-ils marcher dans l'enfance, qu'ils voient autour d'eux des hommes grands et robustes, destinés à deviner, à prévenir leur volonté. Ce premier coup-d'œil doit leur donner d'eux-mêmes l'opinion la plus extravagante. Rarement exposés à trouver de la résistance dans leurs fantaisies, mêmes injustes, ils prennent un esprit de présomption, de tyrannie et de mépris, pour une grande partie du genre humain. Rien n'est plus insolent que l'homme qui vit presque toujours avec ses inférieurs; mais quand ceux-ci sont des esclaves accoutumés à servir des enfants, à craindre jusqu'à des cris qui doivent leur attirer des châtiments, que peuvent devenir des maîtres qui n'ont jamais obéi, des méchants qui n'ont jamais été punis, *des fous qui mettent des hommes à la chaîne.*

« Élevés sans connaître la peine, ni le travail, ils ne savent, ni surmonter un obstacle, ni supporter une contradiction. La nature leur a tout donné, et la fortune ne leur a rien refusé. Semblables à la plupart des rois, ce sont des êtres malheureux de n'avoir jamais éprouvé l'adversité.... »

Je n'irai pas plus loin, Monsieur l'abbé, et je terminerai cette longue réponse, à votre livre, qu'il ne m'a pas été possible d'abréger, à cause des nombreuses citations qu'il m'a fallu reproduire, par ces quelques passages de la lettre pastorale de Monseigneur l'archevêque de Lyon, à l'époque où le gouvernement annonçait que *l'heure de l'émancipation allait sonner*, et faisait un appel au clergé en faveur de cette sainte mission. Je recommande ces nobles paroles à votre méditation aussi bien qu'à la méditation de tous vos confrères du clergé colonial :

« L'heure de la délivrance et de l'affranchissement va « sonner dans nos colonies pour des milliers d'esclaves.

« Des fronts jusque-là courbés sous un joug ignomi-« nieux vont se relever libres et français; et ceux qui « semblaient chargés des anathèmes de la société ne « tarderont pas à participer aux bienfaits et aux lumières « de la civilisation chrétienne.

« Enfin on veut affranchir les esclaves : c'est un géné-« reux dessein; mais il faut les préparer à ce bienfait. On « veut leur rendre un bienfait injustement ravi, la li-« berté : c'est une pensée toute chrétienne; mais il faut « auparavant qu'ils soient dignes de l'émancipation. On « veut les régénérer, en quelque sorte, d'un baptême « nouveau; mais il faut les disposer à entrer dans la vie « nouvelle à laquelle on doit les appeler.

« A vous, qui *n'avez d'autre fortune à faire* que de ga-« gner le ciel, d'autre famille à nourrir que les pauvres. « Oh! qu'il est honorable pour la religion catholique, « l'appel que vient de vous faire le gouvernement fran-

« çais ! Entendez, prêtres du Seigneur, héritiers de la « charité des apôtres, entendez les paroles que vous « adresse le ministre du roi : *L'œuvre de la suppression « de l'esclavage est enfin sur le point de s'accomplir ! l'heure « de l'émancipation va sonner !*

« Ainsi, voilà 300,000 âmes à arracher à l'ignorance et « à conquérir à la vertu. N'est-ce pas un objet bien di- « gne de l'ambition d'un prêtre. Ne sentez-vous pas, nos « très chers frères, s'agiter en vous le zèle apostolique ? « La tendresse si expressive de S. Paul pour Onésime « n'émeut-elle pas vos cœurs ? Et n'entendez-vous pas « retentir à vos oreilles les touchantes supplications que « le grand apôtre adresse à Philémon, en faveur de ce « cher fils qu'il avait enfanté dans des chaînes ? Déjà ces « 300,000 esclaves ne vous sont-ils pas chers, *comme vos « propres entrailles* (1), comme des enfants, comme des « frères.

« Le ministre du roi réclame trente-six prêtres pour « cette œuvre toute catholique. N'aurons-nous pas l'hon- « neur, dans ce diocèse si croyant, de fournir de saintes « recrues pour former cette cohorte d'apôtres ?

« A Dieu ne plaise que la sève apostolique soit tarie « parmi nous ! Nous ne serons occupés qu'à tempérer « votre ardeur ; nous ne serons embarrassés que de choi- « sir, au milieu de ce grand nomdre d'ouvriers qui se « présentera pour aller travailler à la vigne du Père de « famille.

« Prêtres du Seigneur qui éprouvez de l'attrait pour « cette laborieuse mission, levez-vous et venez nous con- « fier vos saintes pensées. Et vous aussi, ministres infé- « rieurs de l'Eglise, vous pouvez dès à présent aspirer à « l'apostolat si glorieux que nous offrons à vos aînés dans « la milice sacrée. Vous pouvez préparer vos pieds *à « porter la bonne nouvelle* à des hommes qui la rece- « vront avec joie. Mais nous ne devons pas vous dissi- « muler *les devoirs* de ce ministère. Vous en découvrir « *l'étendue et les difficultés* ne sera pour vous qu'un en- « couragement de plus à les embrasser. C'est *la croix* « que nous vous présentons ; un apôtre de Jésus-Christ « ne la repousse jamais...

« Devenus les pasteurs de ces pauvres esclaves, vous « devez vous faire esclaves avec eux pour les gagner à « la religion et les faire passer à la liberté. L'infection de « leurs cabanes ne rebutera jamais votre délicatesse... « Si le ressentiment se réveillait tout à coup au fond du « cœur de ces esclaves, et que pour le justifier ils vins-

(1) Epist. ad Philem., c. 1, 12.

« sent à vous montrer sur leurs corps les traces d'un « châtiment cruel, pansez ces plaies avec charité; baisez « avec respect ces membres souffrants : ce sont les mem- « bres de vos frères. Vous verrez souvent alors couler « des larmes. Vos soins touchants calmeront ces hommes; « et puis, pour achever de guérir ces cœurs ulcérés, « présentez-leur l'image d'un Dieu souffrant pour nous « le supplice des esclaves, et dont les dernières paroles « furent des accents de miséricorde et de pardon pour « *ses bourreaux*.

« Quelquefois vous surprendrez sur les lèvres de ces « *hommes arrachés à leur patrie et à leur famille* la malé- « diction contre leurs ravisseurs, et la menace contre « les colons qui les ont achetés. Parlez-leur aussitôt de « la Mère de miséricorde séparée sur le Calvaire d'un « Fils bien aimé. Répétez-leur qu'elle est aussi mère, et « placez sa douce image sur ces poitrines que soulèvent « le désespoir et la vengeance.

« Enfin parlant souvent à ces chers esclaves d'un Dieu « qui sur la terre a mangé son pain à la sueur de son « front, qui s'est fatigué pour votre salut; leur rappelant « tantôt la justice du Seigneur et tantôt sa miséricorde, « et plus souvent sa miséricorde que sa justice; les ha- « bituant à trouver en vous leur conseil, leur défenseur « et leur ami, vous leur apprendrez à employer leur « liberté à se procurer, par le travail, la nourriture de « chaque jour.

« Vous leur inspirerez des idées de justice, d'ordre et « d'économie, et vous leur ferez apprécier le bonheur de « vivre entourés d'une famille chrétienne. Ainsi votre « ministère domptera ces âmes jusqu'alors impatientes « de tout frein; et il transformera ces hommes abrutis « en des enfants doux et soumis, en des chrétiens fer- « vents et généreux. Tout cédera aux efforts de votre « charité.

« Plus favorisés des dons de la Providence que ces no- « vices au service desquels vous irez vous consacrer, « vous ne vous enorgueillirez pas d'une supériorité que « vous ne tenez pas de vous-même, et vous rapporterez « à la force seule de la croix les triomphes que votre « parole remportera sur l'ignorance et la corruption. « Vous ne ferez honneur de vos succès qu'à la religion, « dont l'action civilisatrice s'exercera là comme dans « d'autres contrées, par le moyen des plus faibles instru- « ments, de quelques pauvres bateliers, changeant par sa « puissante vertu les pierres du désert en de véritables « enfants d'Abraham.

« Si *cette mission*, qui est proposée à votre zèle, *doit*

« *avoir*, comme toutes les missions, ses fatigues et *ses*
« *persécutions*, elle aura aussi ses consolations et ses
« espérances.

« Si la voix de Dieu vous appelle à préparer, par *les*
« *œuvres* et *la parole*, *l'émancipation des esclaves*, suivez
« le *mouvement de l'Esprit saint*, et ne craignez de notre
« part ni entraves ni refus. Cette *vocation est trop sublime*
« à nos yeux pour la contrarier.

« Que ne nous est-il donné de nous soustraire à l'hon-
« neur que l'on nous impose malgré nous, pour aller à
« votre tête évangéliser une classe si malheureuse et si
« intéressante! Oui, il nous serait plus doux d'aller nous
« asseoir avec vous dans la cabane de l'esclave que de
« remonter, au péril de notre âme, sur un siége illustre
« que tant de pontifes ont sanctifié par des vertus que
« nous n'avons pas, et par cette charité que doit avoir
« celui qui succède aux disciples de l'Apôtre bien aimé,
« et en quelque sorte à l'Apôtre bien aimé lui-même. »

Vous voyez, Monsieur le curé, que M. de Bonald est *partisan de la fusion*, qu'*il défend une bonne cause*, qu'*il se jette ostensiblement dans la voie contraire aux préjugés des distinctions cutanées*, etc. Et par conséquent il est fort heureux pour Mgr l'archevêque et pour vous qu'il ne lui soit pas permis de quitter son siége, d'aller à votre tête évangéliser une classe *malheureuse et intéressante*, et de s'asseoir avec vous dans la cabane de l'esclave, où il est si difficile de se tracer une ligne de conduite selon l'Évangile *sans encourir la disgrâce de l'autre parti*.

Nul doute que M. de Bonald devenu missionnaire n'eût été frappé des disgrâces les plus affreuses s'il eût dit sur place la millième partie de ce que son beau zèle lui inspire dans son mandement. Nul doute qu'il n'eût été taxé de haute imprudence et rendu impossible à son retour en France au séminaire du Saint-Esprit, — où son mandement a été lu religieusement pourtant. — Et c'est *un prêtre estimable* et qui *défend une bonne cause*; et malgré sa modestie il a toutes les vertus que doit avoir celui qui succède au disciple de l'apôtre bien-aimé.

J'ai terminé, Monsieur le Curé, cette première réponse. Je ne dis pas, j'ai fini, puisque j'ai promis de revenir sur votre livre, considéré au point de vue religieux. En attendant,

J'ai l'honneur, d'être, Monsieur le Curé,

Votre très humble et très obéissant serviteur,

BISSETTE.

A M. LE BARON DE MACKAU,

MINISTRE DE LA MARINE ET DES COLONIES.

Paris, le 26 décembre 1845.

MONSIEUR LE MINISTRE,

Je croyais ne plus avoir à revenir sur l'acte arbitraire qui m'a frappé dans ma propriété par la confiscation sans jugement de mes ballots de brochures à la Martinique, en octobre 1844 ; et, d'après la lettre que vous m'avez fait l'honneur de m'écrire, le 5 septembre dernier, je pensais que c'était une affaire terminée avec votre département. En effet, vous m'annonciez dans cette missive que le gouverneur de la Martinique était invité par vous *à vouloir bien* autoriser la remise de ces brochures à mon consignataire, à charge de réexportation partout ailleurs que dans une colonie française; j'avais cru de bonne foi à la sincérité du contenu de votre lettre, et tout en protestant contre l'injustice et l'arbitraire de la décision, j'avais néanmoins cédé à la force pour en finir, et ne pas perdre mon temps à discuter de mauvaises raisons avec ceux qui ne pouvaient m'en donner de bonnes.

J'écrivis donc, en conséquence, à mon neveu, M. Waddy, à la Martinique, en lui envoyant votre missive du 5 septembre, afin qu'il pût réclamer lesdites brochures, et les expédier à Sainte-Lucie, où j'en avais traité le placement, me conformant en cela aux termes mêmes de votre décision, qui permettait la *réexportation partout ailleurs que dans une colonie française.*

Mais il paraît, monsieur le ministre, que vos agents à la Martinique ne veulent pas que je vende mes brochures, ni à la Martinique, ni à Sainte-Lucie, colonie anglaise, car les ballots de brochures confisqués administrativement n'ont point été rendus à mon consignataire pour être réexportés de la colonie, comme vous me l'imposiez arbitrairement.

M. Glatigny, directeur de l'intérieur *par intérim*, a répondu positivement à la réclamation qui lui a été faite, par mon neveu, que, *conformément à vos instructions, les ballots de brochures saisis* par la douane au mois d'octobre 1844 ont été renvoyés en France, à *l'adresse de S. E. le ministre de la marine et des colonies*, sur le navire *la Pauline.*

Maintenant, monsieur le ministre, que dois-je croire? votre missive du 5 septembre, ou bien la lettre de M. Glatigny, directeur de l'intérieur?

S'il est vrai que les brochures confisquées vous ont été adressées par le navire *la Pauline*, que sont-elles devenues, *depuis plus de trois mois que ce navire est arrivé au Havre?*

Si, au contraire, M. Glatigny prétexte vous avoir adressé ces brochures pour ne pas les rendre à mon neveu, parceque des colons ne sont pas satisfaits de votre décision, que doit-on penser de la déférence de vos agents pour l'*invitation* que vous dites avoir faite au gouverneur de la colonie, afin *qu'il veuille bien* (S'IL LUI PLAIT) autoriser la remise de ces brochures?

Je vous avais prévenu, monsieur le ministre, par ma lettre du 8 septembre dernier, de ce qui devait arriver, que le *mezzo termine* pris par vous ne satisferait pas *les seigneurs et maîtres de la Martinique*, qui gouvernent la colonie pour le compte de M. Mathieu, gouverneur pour le roi.

Je sais pertinemment, monsieur le ministre, que, dans cette affaire de confiscation de ma propriété, votre département, comme les autorités de la Martinique, n'agit contre mes intérêts que pour être agréable à cette poignée de factieux, et à certain délégué qui les pousse à résister aux volontés de la métropole. Mais si votre département, si ses agents dans la colonie n'ont pas le courage de se faire respecter, de se faire obéir par ces insolents factieux, et de mettre à la raison le délégué dont il s'agit, cela ne regarde personnellement que vos agents, et peut-être aussi, par contre-coup, votre département; mes intérêts n'en doivent pas souffrir, et ce n'est pas à moi de payer les frais de cette anarchie administrative.

Voilà plus d'un an, monsieur le ministre, que je suis en réclamation près du département de la marine pour obtenir justice; j'ai fait tout ce qui était humainement possible, pour le ramener envers moi à des sentiments de justice et d'équité. Le département de la marine et des colonies s'est constamment abstenu de répondre à mes pétitions pour complaire à des gens qui lui font la loi, qui le bravent en tout et sur tout, qui méprisent et foulent aux pieds les instructions ministérielles de votre département, parceque ces instructions n'ont peut-être pas le degré de résolution et le caractère de fermeté désirables. Et c'est sur moi, sur moi, monsieur le ministre, sur moi, malheureuse victime de ces gens, que votre département fait tomber tout le poids de sa puissance!

Vous remarquerez, monsieur le ministre, la nouvelle

position des choses résultant de la réexportation de mes brochures *à votre adresse*, par l'autorité locale, et de leur arrivée en France sur *la Pauline* depuis plus de trois mois, sans que j'en aie été seulement informé par votre département. Ceci est bien loin de vos instructions, qui prescrivaient la remise à mon consignataire et me laissaient la libre disposition de ma propriété, au moins *hors des colonies françaises.*

Dans cette situation nouvelle, je viens vous demander si vous avez confisqué définitivement, au profit des colons de la Martinique, mes ballots de brochures, et si vous entendez maintenir cette confiscation à tout jamais, sans une juste et préalable indemnité?

Et comme la plus grande franchise a toujours présidé, de mon côté, à tous mes rapports avec votre département, je crois devoir vous prévenir, monsieur le ministre, qu'à l'ouverture du Parlement, je déposerai une pétition à la Chambre des Pairs et à la Chambre des Députés, pour me plaindre de l'acte arbitraire en vertu duquel vos agents à la Martinique, et votre département lui-même, en France, croient pouvoir confisquer ma propriété.

Je suis, monsieur le ministre,

Votre très humble et très obéissant serviteur,

BISSETTE.

P.-S. — J'apprends, monsieur le ministre, que des exemplaires du discours prononcé par M. le comte Beugnot, à la Chambre des Pairs, aux séances des 3 et 4 avril, dans la discussion du projet de loi sur le régime des esclaves, ont été saisis à la Martinique. Comme c'est moi, monsieur le ministre, qui ai fait imprimer ce discours et qui l'ai envoyé à la Martinique, ce sera encore une nouvelle réclamation que j'aurai à faire à votre département, contre le nouvel arbitraire de vos agents dans la colonie.

A M. LE BARON DE MACKAU,

MINISTRE DE LA MARINE ET DES COLONIES.

Paris, le 31 décembre 1845.

MONSIEUR LE MINISTRE,

Aux mois de septembre et octobre 1844, trois ballots de brochures expédiés par moi à la Martinique, sur les navires *le Bon-Henri* et *le Bélisaire*, du Havre, et pour lesquels toutes les déclarations et formalités en douane avaient été remplies, furent arbitrairement saisis à leur arrivée dans la colonie.

Aussitôt mon consignataire à la Martinique adressa requête au juge royal du tribunal de première instance de Saint-Pierre, afin d'assigner à bref délai M. de Vivé, adjoint au maire de cette ville, qui avait ordonné cette saisie arbitraire.

Le juge renvoya à se pourvoir dans les délais ordinaires, attendu que l'urgence ne lui paraissait pas suffisamment démontrée.

Dans ces entrefaites, les autorités municipales de Saint-Pierre s'agitaient pour provoquer quelques désordres, afin de justifier les mesures arbitraires prises par elles à l'occasion de cette saisie. La population resta calme devant ces agitations et ces déploiements de la force publique, pour la saisie de quelques brochures, et notamment des lettres apostoliques du pape Grégoire XVI contre l'esclavage. On se moqua des frayeurs de M. de Vivé, qui devint, dit-on, malade des suites de cette campagne exécutée avec M. le général Rostoland.

Alors, redoutant une décision de la justice qui devait les couvrir de confusion, attendu que les brochures saisies n'étaient condamnées par aucun tribunal régulier, ni poursuivies par le parquet de la colonie, les autorités municipales s'adressèrent au gouverneur, M. Duval-Dailly, invoquant l'arbitraire qu'on attribue aux gouverneurs des colonies, en vertu duquel la circulation des écrits pourrait être interdite ou permise, selon leur bon plaisir, ou plutôt selon la VOLONTÉ DES COLONS QUI GOUVERNENT de fait la Martinique.

Le gouverneur de la colonie, requis en même temps par le consignataire des ballots de brochures, d'avoir à prononcer sur la continuation des poursuites judiciaires, répondit par sa lettre du 6 octobre 1844, qu'il ne pouvait autoriser ces poursuites; prononça administrativement la confiscation desdites brochures, et ordonna que les ballots resteraient déposés sous scellés à la douane, jusqu'à ce que vous, Monsieur le ministre, vous ayez statué définitivement sur les faits qui seraient portés à votre connaissance.

M. le gouverneur a dessaisi ainsi la justice, qui fut réduite à l'impuissance; il refusa même de faire poursuivre ceux qui lui étaient désignés comme colportant des passages tronqués des brochures censées mises sous scellés. Ceux à qui étaient consignées ces brochures, ne pouvaient les lire, et ceux qui les saisissaient pouvaient non seulement les lire, mais les faire lire à leurs amis, et même en envoyer des exemplaires au journal le *Globe*, ainsi que la déclaré ce journal.

Dès que je fus mis en possession des pièces de cette saisie et de la décision du gouverneur de la Martinique, je m'empressai de vous adresser requête sous la date du 30 novembre 1844, vous exposant les faits, et produisant à l'appui un exemplaire de chacune des brochures, afin d'éclairer votre religion et vous mettre à même d'apprécier en connaissance de cause le caractère de ces écrits prétendus *incendiaires*. Je concluais à la remise des brochures saisies provisoirement par l'administration de la Martinique.

Vous avez gardé, Monsieur le ministre, le plus profond silence sur cette requête; vous ne m'avez pas fait l'honneur de me répondre; et je l'ai d'autant plus regretté, que vous me laissiez supposer que vous étiez, vous aussi, personnellement intéressé à la saisie et à la non-circulation de ces brochures; que vous vous faisiez justice dans votre propre cause, et que le *ministre* se vengeait de la critique faite du projet de loi de *M. le baron Mackau*, sur le régime des colonies.

En effet, l'une de ces brochures a pour titre: « *Du* « *Projet-Mackau tendant à violer la loi du* 24 *avril* 1833, « *sur le régime législatif des colonies*, » et n'est rien autre chose que la réfutation du projet de loi qui avait été présenté par vous à la Chambre des pairs, le 14 mai 1844. Vous savez, Monsieur le ministre, que vous avez vous-même condamné ce fatal projet, puisque vous ne l'avez pas soutenu, ni devant la commission de la Chambre des pairs, ni devant la Chambre elle-même. Je ne pouvais donc être coupable pour avoir jeté le premier cri d'alarme contre un projet de loi qui violait toutes les garanties constitutionnelles de mon pays.

Après avoir attendu cinq mois votre réponse à ma requête, j'ai sollicité de vous une audience; vous me l'avez accordée le 5 mai 1845.

Dans cette ancience, où je n'eus pas à me plaindre de

votre urbanité, vous m'engageâtes, Monsieur le ministre, *à laisser dormir encore quelque temps cette affaire* (je cite vos propres expressions, Monsieur le ministre); et je reçus de vous l'assurance positive que « très prochaine- « ment j'aurais à me louer de votre décision, et que j'en « serais satisfait. »

En présence de ce témoignage, au moins apparent, de bon vouloir et de cette promesse de rendre justice, je crus devoir patienter et attendre votre décision. J'ai donc attendu encore trois autres mois; et, après deux nouvelles démarches en personne, et deux lettres à M. le sous-secrétaire d'Etat de la marine, j'ai eu l'honneur de vous écrire, le 12 août dernier, pour rappeler vos promesses de justice, et réitérer ma demande d'un jugement qui condamne et confisque légalement mes brochures, ou qui en ordonne la remise à mon consignataire à la Martinique.

En même temps, M. Houat, mon ami, qui avait un intérêt dans l'expédition de ces brochures, et qui, lors de leur saisie, était absent de France, arrivait de la Russie; il fut engagé par moi à vous écrire, afin d'avoir une décision favorable, *au moins, pour sa part d'intérêt dans cette opération*, car je ne lui dissimulai pas mon opinion, comme à vous-même, Monsieur le ministre, que je n'avais rien à attendre de votre département, et que *jamais*, quoi que je fasse, à tort ou à raison, *on ne serait juste envers moi*.

Le 22 août, vous répondîtes à M. Houat, comme je l'avais prévu, que « vous aviez autorisé le gouverneur de la « Martinique à *faire remettre à qui de droit les brochures*, « *à charge de réexportation pour France*. »

Nos intérêts étant communs dans cette expédition, votre décision me fut communiquée par M. Houat; et, dans une nouvelle requête que j'eus l'honneur de vous adresser sous la date du 27 août, j'ai protesté formellement contre cette décision, attendu que je ne reconnais à personne le droit de disposer de ma propriété, et de faire voyager où il lui plaît mes ballots de brochures; que si l'arbitraire qui règne aux colonies permet au gouverneur d'interdire, sans examen, la circulation de tels ou tels écrits dans la colonie, son pouvoir ni le vôtre, Monsieur le ministre, ne peuvent s'étendre jusqu'à imposer le lieu où ces écrits doivent être réexportés; que le choix de ce lieu de réexportation à l'étranger ou en France regarde le propriétaire des ballots saisis, et non l'administration.

Vous aviez paru reconnaître, Monsieur le ministre, ce droit du propriétaire, en renonçant à vos prétentions, puisque, par votre lettre du 5 septembre 1845, en réponse à ma protestation, vous avez modifié vos instructions au gouverneur de la colonie, et que vous m'avez mandé que vous « *l'invitez à vouloir bien autoriser la re-* « *mise à mon consignataire, pour réexportation partout* « *ailleurs que dans une colonie française;* » c'est à dire à l'étranger.

Conformément à cette décision, contre laquelle j'ai protesté pour sauvegarder le principe de la liberté de la presse, et maintenir la question entière, l'arbitraire administratif me paraissant encore dans l'espèce avoir outrepassé son droit, j'avais traité du placement de mes brochures à Sainte-Lucie, et, en conséquence, j'avais adressé à mon consignataire votre lettre du 5 septembre, afin qu'il pût réclamer les ballots confisqués, et les expédier à mon nouveau consignataire à Sainte-Lucie.

Cette nouvelle réclamation resta encore sans résultat satisfaisant pour mes intérêts. Le directeur de l'intérieur, de la Martinique, répondit, le 11 novembre 1845, que « conformément à vos instructions, les brochures sai- « sies en octobre 1844 vous ont été adressées, à vous, « M. le ministre, sur le navire *la Pauline*, capitaine Pernelle. » Cette réponse ne m'est parvenue que depuis peu de jours, par le soin de mon consignataire.

Or, le navire *la Pauline* étant arrivé au Havre depuis le mois de septembre, c'est donc trois grands mois encore que vous avez jugé à propos de garder sous scellés des brochures que je croyais rendues à Sainte-Lucie, où je les avais vendues et devait les livrer.

Le 26 de ce mois de décembre vous ayant écrit pour vous faire connaître la reponse de M. le directeur de l'intérieur à mon consignataire, et vous annoncer que, dans cette nouvelle situation, j'adresserais une pétition aux deux Chambres, à l'ouverture du parlement, pour me plaindre de cet excès du pouvoir, vous m'avez fait répondre par le commissaire général de la marine du Havre, pour m'annoncer que, « *conformément à vos or-* « *dres*, les ballots de brochures arrivés de la Martinique « sur *la Pauline* (depuis le mois de septembre dernier), » me sont expédiés par le roulage ordinaire » et à mes frais.

Je ne pense pas, monsieur le ministre, que vous ayez pu croire un seul instant que j'accepterais cette nouvelle décision de votre département sans protestation. Cette décision n'est fondée ni en droit, ni en justice, ni en équité. C'est une violation manifeste du droit de la propriété. Ce n'est pas à Paris que je dois recevoir livraison des ballots de brochures que j'avais fait parvenir à la

Martinique et que je devais réexporter de cette colonie à l'étranger, pour me conformer à votre décision du 5 septembre. « Elle autorisait *la remise à mon consignataire,* « *à charge de réexportation partout ailleurs que dans une* « *colonie française.* » J'avais accepté cette décision et j'avais traité la vente de mes brochures à Sainte-Lucie. Mais je n'entends pas subir la décision actuelle et l'aggravation du dommage qui en résulte.

Je demande donc, monsieur le ministre, que lesdites brochures soient livrées à la Martinique, à mon consignataire, pour qu'il les réexporte à Sainte-Lucie ; et que, conformément aux articles 1382, 1383 et 1384 du Code civil, votre département répare le dommage qu'il m'a causé, soit par le fait de ses agents à la Martinique, soit par son propre fait en France, en négligeant depuis plus d'une année de répondre à mes requêtes, et de donner des *ordres*, au lieu de *prier* ses agents qui ne savent obéir qu'aux colons, de *donner des ordres*, dis-je, pour faire terminer cette ridicule saisie.

Je demande, en conséquence, monsieur le ministre, que votre département m'indemnise de tous les frais de transport, frais de fret et de commission ou autres qu'il m'a fallu débourser, pour expédier lesdites brochures à la Martinique : lesquels déboursés se montent à la somme de *cent vingt francs cinquante centimes.*

Que votre département m'indemnise également du préjudice qu'il m'a causé, en arrêtant depuis quinze mois la distribution de mes brochures, et en m'empêchant de les vendre où je voulais ; pour raison duquel préjudice je réclame une somme de *douze cents francs,* si mieux vous n'aimez, monsieur le ministre, garder pour le compte de votre département lesdits ballots de brochures que je ne puis, ni ne dois recevoir à Paris, et me payer le prix que j'avais traité à Sainte-Lucie, savoir :

Pour le ballot de M. Houat, *neuf cent cinquante francs* ; et, pour les deux miens, *quinze cent cinquante francs.*

J'ose espérer, monsieur le ministre, que vous ferez droit à cette demande, et que vous me ferez prochainement connaître ce que vous aurez décidé à cet égard, car lesdits ballots de brochures ne seront pas reçus par moi jusqu'à ce que vous ayez fait droit aux conclusions de ma requête.

Je suis, monsieur le ministre,

Votre très humble et très obéissant serviteur,

BISSETTE.

RÉPONSE DE M. LE MINISTRE DE LA MARINE

AUX DEUX PRÉCÉDENTES REQUÊTES.

Paris, le 30 Janvier 1846.

Monsieur, je réponds à vos lettres du 26 et 31 décembre dernier, relatives aux brochures envoyées par vous à la Martinique, en octobre 1844, et qui n'ont pas été admises à y circuler.

En approuvant les dispositions prises à ce sujet dans la colonie, j'ai invité M. le gouverneur, dès le 14 mars 1844, à assurer le renvoi direct en France de vos brochures.

Plus tard, et sur vos instances, j'ai consenti à autoriser la remise directe sur les lieux, entre les mains de votre consignataire, à charge de réexportation immédiate à l'étranger. Mais cet ordre du 5 septembre et les instructions que vous avez par suite données vous-même à votre consignataire, sont arrivés dans la colonie lorsque les ballots avaient déjà reçu la direction prescrite par ma dépêche du 14 mars.

Enfin, dès que j'ai eu avis de l'arrivée de vos brochures au Havre, à bord de *la Pauline*, j'ai invité M. le commissaire général, chef du service maritime, à vous les expédier à Paris, après avoir acquitté le fret et le coût du transport par terre. (1)

Tels sont les faits, et je n'y aperçois matière à aucune réclamation fondée, soit contre l'autorité coloniale, soit contre mon département lui-même.

Il ne peut d'ailleurs être donné suite à aucune des demandes qui terminent votre dernière lettre.

Recevez, etc., etc.

Le vice-amiral, pair de France, ministre secrétaire d'état de la marine et des colonies,

Baron DE MACKAU.

(1) Toutes ces assertions sont complétement inexactes, et le ministre le sait bien ; mais c'est égal, il n'affirme pas moins le contraire de ce qui est. — *La Pauline* est arrivée au Havre le 10 septembre, et ce n'est que le 28 décembre, en réponse à ma réclamation du 26 du même mois, que j'ai reçu du commissaire général, chef du service maritime au Havre, la lettre d'avis m'annonçant, par ordre du ministre, l'arrivée en ce port de mes brochures. On m'a réclamé en deux fois le coût du transport, que j'ai refusé formellement d'acquitter, renvoyant à se faire payer par le ministre ; une lettre de la maison de roulage constate ce fait. — Le ministre n'affirme pas moins avoir invité le commissaire général de marine à acquitter ce fret avant l'expédition desdites brochures. Aux preuves écrites, incontestables, M. le baron de Mackau oppose sa *parole* de ministre... — Que dire et que faire, lorsqu'il n'y a pas de tribunal pour nous juger? L'article 12 de la charte qui déclare les ministres responsables, bien qu'écrit sur le papier, n'est pas encore en vigueur.

A M. ÉTIENNE ARAGO.

Paris, le 12 août 1846.

MONSIEUR,

C'est à la bienveillante sympathie de quelques-uns de mes jeunes amis et compatriotes, qui me le font lire, que je dois la connaissance de votre feuilleton de *la Réforme* du 3 de ce mois, sur le drame le *Docteur noir*, de MM. Anicet-Bourgeois et Dumanoir.

J'ai été engagé par mes amis à vous écrire cette lettre, pour protester, en leur nom et au mien, contre la fausse appréciation que, dans votre amitié pour M. V. Schœlcher, vous avez faite de ses écrits *philanthropiques* à l'endroit des nègres et des mulâtres, en lui adressant votre feuilleton.

Cette appréciation, au point de vue de l'émancipation des hommes de couleur, m'a paru de tous points contraire à la vérité; et, quoique je n'aie pas l'honneur de vous connaître personnellement, j'honore trop votre caractère et reconnais trop l'autorité de votre nom, pour que je n'aie pas saisi avec empressement cette nouvelle occasion de rectifier des faits qui peuvent induire en erreur ceux qui ne connaissent pas les écrits de M. Schœlcher sur les colonies et sur la race noire, et qui pourraient se laisser séduire sous le patronage ou la garantie que vous prêtez à ces écrits.

Avant d'entrer dans les détails sur ce sujet important, permettez-moi, Monsieur, de vous exprimer ma vive sympathie pour ce que vous avez dit judicieusement de l'arrêt de la cour royale de la Martinique, qui condamna, en 1824, mes compatriotes Fabien, Volny, et moi. J'ai vu avec plaisir l'expression de la généreuse indignation avec laquelle vous flétrissez cet inique arrêt, et le reproche justement mérité que vous adressez, en même temps, aux auteurs de ce drame, d'avoir désigné l'un de nous, jusque dans la triste circonstance qui le représente comme aliéné; mais je vous avoue, Monsieur, que j'ai lu avec des sentiments bien différents les éloges que vous prodiguez avec tant de largesse aux écrits publiés par M. Schœlcher, et auxquels vous attribuez l'émancipation des hommes de couleur.

En attachant au nom de M. Schœlcher un mérite qu'il n'a pas et qu'il ne s'est pas donné dans l'œuvre de notre émancipation, vous vous êtes gravement trompé. — Que des esprits légers, superficiels, tombent dans une telle erreur, cela se conçoit, quand il s'agit de ces hommes du lendemain, de ces nouveaux venus dans l'arène, qui tâchent de faire oublier leur passé en exagérant leur équivoque concours d'un jour. — Vous ne sauriez prêter la main, Monsieur, à de telles manœuvres.

Outre le manque de modestie qu'on pourrait reprocher à M. Schœlcher dans cette occasion, on pourrait mettre encore en regard son prétendu dévouement avec le dévouement sans conteste de tous les hommes généreux qui, depuis plus de vingt-cinq ans, défendent notre cause avec autant de talent que de persévérance, sans avoir besoin de la calomnie et de ces phrases bassement outrageantes que la race noire devra éternellement reprocher à M. Schœlcher.

Ces vrais amis de notre cause, que nous avouons et reconnaissons, n'ont jamais eu la prétention de se donner à nous comme des sauveurs, ni d'exercer cette espèce de tyrannie en s'imposant par une obsession continue à notre reconnaissance; car c'est une véritable tyrannie, Monsieur, et la tyrannie, sous quelque forme qu'elle se présente, est toujours odieuse, toujours révoltante pour ceux auxquels on la veut faire subir.

Vous prétendez que les hommes de couleur tombent naturellement dans le domaine de M. Schœlcher! que leurs intérêts ne devraient être débattus que par lui..... Les nègres, les mulâtres, les métis, les griffes, selon vous, lui *appartiennent par droit de dévouement.*

Et, en vous adressant toujours à M. Schœlcher, vous ajoutez:

« Ces hommes de couleur, à l'émancipation desquels « tu as dévoué ta vie, les auteurs de ce drame nous les « ont montrés comme des êtres *avant tout résignés.* Oh! « ce n'est pas ainsi cependant que tu nous les as fait « connaître! »

Puis, vous terminez en lui disant qu'à la représentation du *Docteur noir* « on s'est intéressé grandement à un « mulâtre et à la femme blanche, qui foule aux pieds « d'injustes préjugés de couleur. C'est une victoire pour « tes opinions. Pends-toi, Schœlcher, tu n'y étais pas! »

C'est sur le volume qu'a publié M. Schœlcher, intitulé: *Des Colonies françaises*, que vous vous appuyez, Monsieur, pour gratifier votre ami de tous ces droits, de tous ces privilèges à la reconnaissance de la race noire.

C'est là une grande erreur de votre part, Monsieur, et vous avez trop sacrifié à votre amitié pour M. Schœlcher, la vérité, l'histoire et le dévouement des vrais amis des noirs et de leur émancipation. Les hommes de couleur ne tombent ni naturellement ni autrement dans le domaine de M. Schœlcher, et leurs intérêts ne sauraient être confiés à de plus mauvaises mains que les siennes. Donc, ni les *réclames* de toutes sortes en faveur de ses livres, ni même les ridicules prétentions de M. Schœlcher, ne pourront faire que ce qui est ne soit pas; à savoir, que M. Schœlcher, dans ses écrits, *s'est montré* plutôt l'ennemi que l'ami de notre cause et de notre émancipation. Je dis *l'ennemi* de notre cause et de notre émancipation, parceque c'est ma conviction; et cette conviction je l'ai puisée dans les nombreuses pages de tous ses livres. Je me contente de quelques citations prises au hasard.

« Les femmes de couleur, dit-il, qui vivent TOUTES EN » CONCUBINAGE ou dans la DISSOLUTION, parmi lesquelles » les blancs viennent chercher leurs maîtresses comme » dans un bazar, contribuent par leur *libertinage* à entre- » tenir *l'abaissement* de la *race qu'elles déshonorent*.... Les » hommages de la caste privilégiée les flattent, et *elles » aiment mieux se livrer* à un blanc, vieux, sans mérite » et sans qualité, *que d'épouser* un sang mêlé. Les exem- » ples ne manquent pas de ce *déplorable effet de la cor- » ruption.* » (Voy. *Des Colonies françaises*, page 193.)

Mais poursuivons ces hideux détails *philanthropiques*, quelque dégoût que nous éprouvions à les reproduire :

« Les femmes libres, aux colonies, n'ont pas le peu de « ressources que possèdent leurs frères pour échapper « à la misère..... Elles se trouvent obligées de suppléer « à ce qui leur manque par des *moyens déshonorants*. Aux « femmes libres qui n'ont pas *un esclave pour les faire « vivre de son labeur*, il ne leur reste, *n'hésitons pas à le « dire*, il ne leur reste *que la prostitution.* » (*Voy.* pag. 193-194, même volume.)

Dès lors, d'après M. Schœlcher, *toutes les femmes libres* qui possèdent aujourd'hui des esclaves se livreront *à la prostitution pour vivre*, le jour où s'accomplira l'œuvre de l'abolition de l'esclavage, puisque les esclaves qui les font vivre de leurs labeurs seront affranchis. — Cette réflexion ne vous semble-t-elle pas la conséquence forcée de l'assertion de votre ami? — Mais ce n'est pas tout; ayons jusqu'au bout le courage de reproduire ces pauvretés, ces sales calomnies, comme celles qu'il adresse, dans la même page, aux ouvriers de France :

« Au milieu de tant de *vices* et de *dépravations*, au mi- « lieu de tant de *misères* et de *mépris*, aurais-je dû dire ; « car misères et mépris comportent *tous les vices* et *toutes « les dépravations*, etc., etc. » (*Voy.* p. 194 même volume.)

Déjà, à la page 190, M. Schœlcher avait dit :

« Les gens de couleur, *presque tous sans famille, fruits « du concubinage* ou *de la débauche*, plus ou moins aban-

« donnés de leurs parents, mais *nécessairement infectés* « *des vices du pays*, etc., etc. » — C'est ce qui explique cette pensée de M. Schœlcher sur la *dépravation*, la *misère* et le *mépris* au milieu desquels il a vu *tous ses protégés*. Le *protecteur! (Voy.* encore *Revue de Paris*, 1830, t. XX.) De plus, dans ce même volume de la *Revue de Paris*, M. Schœlcher s'exprime ainsi :

« La *dissolution des mœurs*, chez les nègres, est telle, « que pour cinquante sous *un mari cède sa femme* à un « autre pour huit jours. »

Et vous, Monsieur, ami de M. Schœlcher, qui avez sans doute lu son livre sur les colonies françaises, ses articles dans la *Revue de Paris*, vous adressez aux auteurs du *Docteur noir* le reproche d'avoir représenté le mulâtre comme un être *résigné* à son sort ; vous vous plaignez à M. Schœlcher de cet écart de MM. Anicet-Bourgeois et Dumanoir! dans cette circonstance, votre mémoire a été deux fois la dupe de votre cœur : d'abord, dans cette assertion relative au prétendu dévouement de M. Schœlcher ; ensuite dans les prétendues doctrines de ses livres contre la résignation des hommes de couleur. Non, il n'est pas vrai que M. Schœlcher ait dévoué sa vie à l'émancipation des hommes de couleur, et personne ne peut lui attribuer le mérite de cette émancipation. C'est historiquement contraire à la vérité, et je vais le démontrer.

A l'époque où il fut question, après 1830, de l'émancipation des hommes de couleur, nous n'avons pas rencontré une seule fois M. Schœlcher, une seule fois, dans les rangs des hommes généreux qui, bien avant cette époque et alors, s'étaient dévoués à notre cause et au triomphe de notre émancipation. — Avec votre permission, Monsieur, je prendrai la liberté de dire (car j'ai conservé, avec le souvenir des faits, la reconnaissance la plus vive pour tous les amis des noirs qui nous ont prêté l'assistance de leurs efforts et de leurs talents), je prendrai la liberté de dire que, toutes les fois que M. Schœlcher a pris la plume, c'était, ou pour combattre notre émancipation, ou pour émettre des idées nuisibles à cette émancipation. En voici la preuve :

Dans une brochure publiée en 1833 par M. V. Schœlcher, intitulé : *De l'Esclavage des Noirs*, M. Schœlcher se bornait, lui, à demander en faveur des *hommes de couleur* qu'ils ne fussent plus fouettés, qu'ils ne fussent plus assimilés aux esclaves par le châtiment des *trois piquets*. C'était de sa part une naïveté, car ce qu'il demandait qu'on ne fît pas n'avait jamais existé pour les hommes libres. — Quant aux esclaves, comme par le passé, ils devaient être fouettés à nu, parceque, disait M. Schœlcher, « *il faut bien tolérer le fouet!* Enlevez, ajoutait-il, ce « *moyen* au propriétaire, il ne pourra plus faire travail- « ler! » — Puis il *permettait* qu'un propriétaire pût *maltraiter son esclave à un certain degré*. Il émettait aussi le vœu « qu'on en vînt à ne *pouvoir infliger le fouet ailleurs* « *que dans un lieu public.* » — Afin, sans doute, d'avilir de plus en plus, par cette exposition publique, la race qu'il est censé protéger, et dont il se dit le *grand émancipateur!* (Voy. *De l'Esclavage des Noirs*, pag. 108, 123 et 125).

Il y a mieux encore. Un de ses amis, M. F. Millirou, lui ayant confié, pour être déposée à la chambre des Députés, une pétition se rattachant à l'émancipation des esclaves, pétition qui naturellement devait provoquer une de ces discussions publiques si favorables à l'abolition de l'esclavage, M. Schœlcher s'abstint de déposer la pétition, craignant sans doute de « *compromettre les intérêts et la vie de tant de colons attachés à l'esclavage.* » — C'est lui-même qui en fait l'aveu, page 142 de sa brochure *De l'Esclavage des Noirs*, 1833. Voici ce qu'il dit :

« Quant à m'adresser directement à la Chambre, *je n'en* « *eus jamais l'idée.* Après un long délai, quelque honora- « ble rapporteur serait venu dire, un samedi, au milieu « de ses collègues, indécemment couchés sur le dos, et « occupés à lire leur correspondance ou à lorgner les « femmes des tribunes : Messieurs, ce projet, contenant « des vues éminemment utiles, nous avons l'honneur de « vous proposer d'en faire le renvoi au ministre de la « marine et des colonies. »

Puis il ajoutait :

« On sait que les pétitions renvoyées aux ministres, « par la *chose* qui tient lieu en France d'assemblée légis- « lative, sont toujours celles qu'ils lisent le moins et « qu'ils oublient le plus vite. »

Assurément, tout ce raisonnement est faux et ne signifie rien du tout, et cette excuse n'en est pas une; car le moment était plus opportun que jamais, au sortir d'une révolution, pour obtenir des réformes. — Dans tous les cas, il serait resté la discussion publique, qui eût éveillé et soutenu l'opinion publique en faveur de l'émancipation. Donc, s'abstenir de provoquer cette discussion, sous le prétexte ridicule que les députés s'occupaient à lorgner les femmes des tribunes, c'était sacrifier l'intérêt de l'émancipation, et non s'y montrer dévoué.

Aujourd'hui, il est vrai, M. Schœlcher adresse des pétitions *à la chose qui tient lieu en France d'assemblée législative*; il fait après coup ce qu'il aurait dû faire avec les amis de notre émancipation; ce qu'il aurait dû faire avec nous en temps opportun : d'où il faut conclure que sa confiance est plus grande dans la *chose qui tient lieu* de chambre en 1846 qu'elle ne l'était en 1830, sortie de la révolution de juillet ; ou bien que son radicalisme s'est singulièrement modifié depuis cette époque, puisqu'il aime mieux s'adresser aux 213 *pritchardistes* (mot à la mode) qu'aux 221 de la révolution de juillet. — Mais M. Schœlcher va nous répondre qu'il *n'a pas voulu bouleverser le monde à cette époque.*

Non, Monsieur, encore non, ce n'est pas à M. Schœlcher qu'il convient d'en appeler de l'appréciation telle quelle du caractère du mulâtre, faite par les auteurs du *Docteur noir ;* ce n'est pas à M. Schœlcher qu'il faut en appeler, lui qui montre les mulâtres, lâchement résignés dans leur condition *d'où ils n'ont rien fait pour sortir ;* lui qui, page 67 de son livre des *Colonies françaises*, dit que les noirs adorent avec stupidité la bienveillance qui daigne leur donner du bouillon lorsqu'ils sont malades ; lui qui, page 203 du même livre, dit que la postérité fera l'éternel reproche aux hommes de couleur de ne s'être *point mêlés aux luttes fraternelles ;* lui qui accuse ceux des nôtres élevés au sein des collèges de France, sitôt qu'ils retournent aux colonies, de se dégoûter vaniteusement de l'infime condition où ils se trouvent, ne sachant pas se suffire avec l'élite de leurs semblables ; qui les accuse d'aspirer à ce qu'ils devraient mépriser, de s'irriter de leur solitude et de quitter peu à peu le pays pour n'y plus reparaître ; lui qui les accuse d'abandonner la patrie avec la noble tâche qu'ils avaient à remplir pour la réhabilitation de leur race, en désertant une cause sacrée ; lui enfin, qui cite l'exemple d'un officier d'artillerie de sang mêlé (M. Perrinon), envoyé à la Martinique, comme ayant demandé vite à permuter, ne pouvant tolérer la situation gênante que lui faisait la couleur de sa peau, et d'avoir reculé devant quelques déboires passagers.

Est-ce clair ? eh bien, voici qui ne l'est pas moins, et vous allez voir que M. Schœlcher ne juge pas, comme M. Dumanoir le créole, que le nègre et le mulâtre soient dignes de la liberté ! Ecoutons-le :

« L'oisiveté qui dévore et avilit cette race (des mulâ-« tres), sa médiocrité, ses moyens d'existence toujours « problématiques, son *inutilité*, ses mœurs répréhensi-« bles, son manque de dignité et le peu d'estime que « mérite la majorité de ceux qui la composent, etc., etc. » (Voy. *Des Colonies françaises*, p. 190).

Et ailleurs :

« Loin de nous la pensée de *bouleverser le monde, de « compromettre les intérêts et la vie de tant de colons atta-« chés à l'esclavage.* Ceux qui veulent *l'émancipation des*

« *noirs* actuelle et spontanée parlent et agissent dans un « esprit d'humanité très honorable, sans doute ; mais « *soit ignorance, soit entraînement*, ils ne tiennent pas « compte d'une circonstance, c'est l'état moral *de nos* « *protégés. Que faire de nègres affranchis ? Pour quiconque* « *les a vus de près, cette question est impossible à résoudre.* « Les nègres sortis des mains de leurs maîtres avec « l'ignorance et tous les vices de l'esclavage, *ne seraient* « *bons à rien, ni pour la société ni pour eux.* Je ne vois « pas plus avec personne *la nécessité d'infecter la société* « *actuelle, déjà assez mauvaise, de plusieurs millions de* « *brutes décorées du titre de citoyen*, qui ne seraient en « définitive *qu'une vaste pépinière de mendiants et de pro-* « *létaires.* Quant à cela, laissons faire le grand maître : « LA MORT, etc., etc. » Et M. Schœlcher termine ainsi son éloquent plaidoyer en faveur de l'esclavage contre la liberté : « *Envisager la question autrement* que moi, *c'est* « *faire du sentiment en pure perte.* » (Voy. *Revue de Paris*, 1830, article signé V. Schœlcher.)

Eh bien, pensez-vous maintenant, Monsieur, que les intérêts des hommes de couleur ne devraient être débattus que par M. Schœlcher ? Que les hommes de couleur tombent naturellement dans son domaine ? Que ces nègres, ces mulâtres, ces métis, ces griffes lui appartiennent par droit de dévouement ? Qu'il a dévoué sa vie à leur émancipation ? — Etes-vous édifié, et ces citations puisées dans les écrits de votre ami suffisent-elles pour vous désabuser de vos erreurs, et vous prouver que nos intérêts peuvent être confiés en de meilleures mains que les siennes ? N'est-il pas vrai que votre ami a fait connaître le nègre et le mulâtre sous des couleurs bien plus avilissantes que le créole Dumanoir, qui ne les montre, lui, dans son drame, que résignés ? n'est-il pas vrai encore que les auteurs de ce drame ont sur M. Schœlcher cet avantage qu'ils n'ont fait *connaître* qu'un être fantastique, créé, bâti au gré de leur imagination, un personnage enfin pour la scène, pour le théâtre ; tandis que M. Schœlcher, lui, a fait *connaître* le mulâtre tel qu'il le suppose à son point de vue, sur la scène du monde ? En un mot MM. Anicet-Bourgeois et Dumanoir ont écrit un roman, un drame, et M. Schœlcher prétend avoir écrit l'histoire.

Mais, pour faire de l'histoire, il faut avoir, vous le savez, des connaissances que ne possède pas M. Schœlcher. Et c'est une erreur *phénoménale* de prétendre qu'il lui suffit d'avoir voyagé aux Antilles pour avoir acquis la science infuse, et se croire capable d'écrire, sur les mœurs et sur toutes les questions coloniales, de gros volumes *destinés à faire autorité* dans la question de l'émancipation. On peut bien réussir à entasser des balivernes de toutes sortes, des mots composés de syllabes vides de sens ; tout cela ne fait pas qu'on ait droit et privilège de débattre nos intérêts. A ce titre, Monsieur, d'autres voyageurs, qui ont parcouru les Antilles à la même époque que M. Schœlcher, pourraient aussi revendiquer les mêmes droits et priviléges que lui. Je ne veux pas citer des noms propres dans le rapprochement que je fais ici des voyageurs ; je serai suffisamment compris. Et certes, s'il s'agissait du mérite, comme écrivain, je ne vois pas pourquoi ceux auxquels je fais allusion n'obtiendraient pas, de la confiance des nègres et des mulâtres, le privilége de défendre leurs intérêts. Chacun à sa manière et ses tours, et peut prétendre également nous défendre en défendant les colons dont les intérêts ne sont pas les nôtres.

Si le sujet, comme le dénouement du *Docteur noir*, que nous ne connaissons que par l'analyse que vous en faites dans *la Réforme*, est une *victoire pour les opinions* de M. Schœlcher, nous l'en félicitons de tout notre cœur, et désirons bien sincèrement que cette victoire de ses opinions ne soit pas aussi funeste à l'émancipation de *ses protégés* que ne l'a été pour eux *la victoire* que ses livres ont procurée *aux opinions* des colons, *ses hôtes bons et généreux* des Antilles françaises.

Oui, Monsieur, les livres de M. Schœlcher ont été une victoire pour les opinions des possesseurs d'esclaves de nos colonies ; et les tristes conséquences de leur publication dans une ancienne colonie à esclaves, aujourd'hui État indépendant, ont complété cette victoire. J'avais prévu ces sinistres résultats, lorsque je fis la critique du volume de M. Schœlcher *sur les colonies françaises* ; et je n'avais assigné ces résultats que dans un temps donné, éloigné de nous, et pour les colonies françaises seulement où existe l'esclavage. Mais son volume sur Haïti, qui a paru postérieurement, a porté ses fruits. — On s'en était vanté dans le principe, et les amis avaient fait chorus ; depuis on s'est tu, et on se tait encore ; on fait même l'indifférent, on se voile, parceque le sang a coulé à torrents.

Oui, Monsieur, toute la vie de M. Schœlcher, toutes ses larmes, ne suffiront jamais pour réparer le mal qu'il a causé en Haïti, par ignorance ou autrement. Il peut chercher à s'étourdir sur de tels résultats, n'en point parler, et faire semblant de ne pas s'apercevoir de ce qui se passe loin de lui, en reportant exclusivement son attention sur les colonies françaises et faire ainsi diversion à l'opinion; mais les amis de notre cause, et nous, qui ne voyons pas exclusivement les intérêts de la race noire aux colonies françaises, il nous est permis de juger autrement ses livres et de savoir à quoi nous en tenir sur son dévouement.

Qu'il travaille ou non au succès de l'abolition de l'esclavage, l'abolition de l'esclavage arrivera sans efforts. Et, quoi qu'il fasse ou ne fasse pas, jamais notre reconnaissance ne lui sera acquise; car il n'est pas en son pouvoir de réparer tout le mal qu'il a fait à notre race, par ses incitations et ses provocations, qui ont eu pour résultat de réveiller des rivalités de castes, tristes fruits de l'esclavage, dans un pays où l'union et la paix sont si nécessaires pour résoudre ce grand problème si contesté par nos ennemis : la civilisation de nègres sous un gouvernement fondé par eux-mêmes.

Ah! oui, Monsieur, les colons peuvent dire avec vous : « Pends-toi, Schœlcher, tu n'y étais pas! »

Et, si jamais M. Schœlcher, ce grand *apôtre de la liberté des noirs et de l'émancipation des hommes de couleur, des griffes et des métis, que sais-je?* allait prendre à la lettre ces paroles, et voulait par une sorte d'expiation mettre fin à ses jours, croyez bien, Monsieur, que nous détournerions votre ami de ce sacrifice : car pour nous, pauvres nègres et mulâtres, qui ne demandons pas la mort du pécheur, mais sa conversion, nous lui demanderions de faire de ses méchants livres un *auto-da-fé*, de les livrer aux flammes pour toute pénitence.

J'ai fini, Monsieur, et si quelqu'un s'étonnait encore de mon intervention, de mon insistance à combattre les écrits de M. Schœlcher, je répondrais ce que j'ai déjà dit, à savoir : je me crois suffisamment autorisé à élever la voix pour protester pour tous et au nom de tous, en ma qualité de descendant de nègres. — Et si parmi les hommes de cette race, à laquelle je suis fier d'appartenir, moi qui ne crois pas et ne dis pas avec M. Schœlcher, que c'est un *honteux malheur* pour un mulâtre de naître avec du sang africain dans les veines; si, dis-je, parmi les hommes de cette race il s'en trouve un seul qui approuve en secret les honteux écrits de M. Schœlcher, sans oser l'avouer ouvertement; que celui-là ose se montrer à visage découvert, qu'il vienne combattre en face et réfuter les opinions et les sentiments que nous manifestons au grand jour; qu'il vienne, et qu'il ait le *honteux courage* de déclarer que nos critiques sont imméritées, injustes, parceque les mulâtres sont des êtres *inutiles*; qu'ils sont *tous le fruit du concubinage ou de la débauche*; que leurs mères, leurs femmes vivent *toutes de la prostitution et dans la dissolution*, comme l'a dit et écrit M. Schœlcher dans ses livres et ses articles de *Revue* suscités.

Je vous livre ces pages, Monsieur, que je destine à la publicité ; libre à vous d'en faire de votre côté tout l'usage que dans votre loyauté vous jugerez convenable. Et je vous prie d'agréer l'hommage de ma considération très distinguée.

BISSETTE.

AU CLERGÉ FRANÇAIS.

Paris, ce 9 juillet 1847.

« NOTRE RÉDEMPTEUR, ayant daigné prendre la nature humaine pour nous délivrer des liens de la servitude, et nous replacer dans notre liberté primitive, c'est une action sainte d'affranchir, par le bienfait de la manumission, ceux que la nature a créés libres... »

S. GRÉGOIRE Ier, liv. V, Ep. 12.

« Nous avertissons, par l'autorité apostolique, et nous conjurons instamment, dans le Seigneur, tous les fidèles, de quelque condition qu'ils soient, qu'aucun d'eux n'ose à l'avenir tourmenter les Indiens, les nègres ou autres semblables, ou les dépouiller de leurs biens, ou les réduire en servitude, ou assister et favoriser ceux qui se permettent ces violences à leur égard... Nous réprouvons tout cela comme indigne du nom chrétien. »

GRÉGOIRE XVI, *Lettres apostoliques de* 1839.

Trois évêques et près de neuf cents ecclésiastiques de tout ordre ont demandé aux Chambres, avec dix mille autres citoyens français, la prompte émancipation des esclaves. « Nous vous supplions, disaient les pétitionnaires, de déterminer une époque *précise et prochaine* pour l'abolition absolue de l'esclavage dans nos colonies... C'est l'émancipation *immédiate* que nous sollicitons, en prenant ce dernier mot dans son sens raisonnable. S'il faut un certain intervalle pour les mesures préparatoires, il importe aux intérêts bien entendus de tous que cet intervalle soit aussi court que possible. »

La France entière a lu les mémorables séances du 24 et du 26 avril. La Chambre des députés, après avoir entendu avec une douloureuse indignation le récit des sévices atroces exercés par les maîtres sur les esclaves, a renvoyé à trois ministres, d'une voix presque unanime, les pétitions des onze mille citoyens.

Le gouvernement s'est ému à son tour, et a présenté deux nouveaux projets de loi, l'un sur l'expropriation forcée, l'autre sur la réorganisation des cours d'assises dans les colonies.

Mais ce n'est encore qu'un premier pas : rien n'est fini, rien n'est même commencé, dans le vrai sens de l'abolition de l'esclavage. L'homme est toujours la propriété de l'homme. Le crime de la législation subsiste, et les nouvelles lois qu'on propose n'y apporteront, comme tant d'autres, que de vains palliatifs. Point de règle à établir dans un régime qui est en soi la violation de toute règle ; point d'efficace remède aux iniquités de l'esclavage, si ce n'est la suppression de l'esclavage même. Et si le cri de la conscience nationale cessait de se faire entendre, non seulement il n'y aurait rien de gagné, mais le souvenir de ces efforts sitôt abandonnés pèserait sur le pays comme une honte et un remords.

Il faut donc persister. Tous les hommes intelligents et généreux, dans les Chambres et hors les Chambres, n'ont qu'une voix là-dessus. Que de nouvelles pétitions soient rédigées ; que l'on y compte les signatures, non par milliers, mais par centaines de milliers. Alors seulement les esclaves seront affranchis.

Évêques et prêtres de l'Église de France, c'est à vous qu'il appartient de marcher à notre tête dans cette sainte croisade et de donner à tous un noble exemple. Nos pétitions auront une autorité morale irrésistible, si, au nom de la foi chrétienne, dont vous êtes les dépositaires et les interprètes, vous sollicitez l'émancipation des noirs. Leur sort matériel, moral et religieux, leur présent, leur avenir sont entre vos mains, plus que dans celles d'aucune autre classe de la nation.

Je m'empresse d'aller au-devant d'une objection qui s'élèvera peut-être dans plus d'une conscience. Ne faut-il pas laisser résoudre cette question au pouvoir temporel ? Nous, prêtres de Jésus-Christ, avons-nous à y intervenir ?

Oui, et précisément, parceque vous êtes prêtres ; car vous avez à faire prévaloir, autant qu'il est en vous, la volonté du Seigneur sur les institutions humaines qui lui sont opposées. Vous avez à instruire les âmes dans la connaissance et la pratique de la religion. Or l'esclavage colonial est tout ensemble, comme je le prouverai, contraire aux principes fondamentaux du christianisme, et systématiquement hostile à l'éducation religieuse des noirs. Les plus puissants motifs de foi et de conscience vous pressent donc de les combattre, et si quelqu'un demandait encore de quel droit l'Église intervient dans cette question, il n'y aurait qu'un seul mot à répondre : *Le droit de l'Église est dans son devoir.*

C'est ainsi qu'elle a compris de tout temps ses obligations envers les esclaves. Il serait impossible de résumer dans un écrit de quelques pages ses enseignements et ses actes sur cette grave matière. D'autres l'ont fait (1). Qu'il me suffise de dire que, du moment où elle put s'adresser à des princes chrétiens, l'Église n'a point cessé

(1) Voy. notamment *le protestantisme comparé au catholicisme*, par l'abbé Balmès, tome 1er.

de réclamer l'adoucissement et enfin l'abolition complète de l'esclavage. Comme une mère tendre et dévouée, elle a soutenu, protégé, relevé l'esclave, et ne s'est reposée que le jour où elle eut brisé le dernier anneau de sa chaîne.

Or, ce qu'elle a fait pour la race blanche, ne le fera-t-elle pas pour la race noire? Si je m'adressais aux matérialistes qui nient l'unité de l'espèce humaine, je devrais combattre l'argument qu'ils tirent de leur prétendue distinction des races. Mais, auprès de vous, ce serait un soin superflu et injurieux. Vous savez et vous croyez que *Dieu a fait naître d'un seul sang tout le genre humain*, pour parler avec l'apôtre S. Paul. Vous savez et vous croyez que tous les hommes sont essentiellement égaux par leur nature, que le Christ est mort pour la rédemption de tous, qu'il n'a devant lui *aucune acception de races*, que nous devons être *un* en lui, et faire à autrui ce que nous voulons qu'il nous soit fait à nous-mêmes. Chacun de ces articles de notre foi n'est-il pas un acte d'accusation contre l'esclavage colonial? N'y trouvez-vous pas déjà la preuve que cette institution est absolument contraire à la religion du Christ? et, de même que vous auriez horreur de renier votre Dieu, votre Eglise, les traditions des Pères, les canons des Conciles, les déclarations du Saint-Siége, de même ne devez-vous pas concourir à l'émancipation des esclaves de nos colonies?

Les délégués des colons, essayant de séduire les consciences chrétiennes, s'il leur était possible, répondent que l'Eglise a été patiente pour les propriétaires d'esclaves et qu'elle a consacré de longs siècles à son œuvre d'affranchissement, tandis que nous prétendons tout obtenir, tout achever d'un seul coup. N'est-ce pas, disent-ils, aller au-delà du but? n'est-ce pas, à la place de l'esprit de l'Evangile, mettre l'esprit de parti?

Constatons d'abord un fait : quels sont les défenseurs actuels de l'esclavage? Des hommes qui reçoivent un salaire, des commerçants qui se préoccupent par-dessus tout de la prospérité de leur négoce, des créanciers qui craignent de perdre les sommes qu'ils ont prêtées, des fonctionnaires de l'Etat qui obéissent à des calculs politiques, les colons enfin qui croient que leur fortune est engagée dans la lutte. Ainsi, chez tous, pour tous, un intérêt. Les abolitionistes, au contraire, qu'ont-ils à attendre du triomphe de leur principe? Pas le moindre intérêt pour eux, ni de négoce, ni de politique, ni d'argent. De quel côté donc doit se trouver l'esprit de parti, la passion, l'aveuglement?

J'en appelle à votre bon sens. N'est-il pas évident que les colons et leurs avocats doivent, toutes choses égales, être bien plus dominés par l'esprit de parti que les abolitionistes? Mais venons à la question même.

Le principal point à considérer dans ce débat, c'est que l'esclavage renverse, comme je l'ai déjà fait voir, la doctrine et la morale chrétiennes! Est-il vrai, oui ou non, qu'il substitue à l'égalité de la nature et de l'Evangile la plus énorme, la plus monstrueuse des inégalités? est-il vrai qu'il fasse agir le maître envers son prochain, son frère, comme ce maître ne voudrait pas qu'on agît envers lui? est-il vrai que toute conscience droite, celle même des anti-abolitionistes, interrogée de bonne foi, proteste contre ce crime de la loi humaine? est-il vrai que, si l'esclave était seul en cause, s'il n'y avait rien à dépenser pour la métropole, rien à perdre pour les maîtres, l'esclave serait affranchi demain? Encore un coup, cela est-il vrai, oui ou non?

Les délégués des colonies ne répondront jamais directement à ces questions; ils ne peuvent pas y répondre; car, lors même qu'on est salarié, on ne s'avise pas de nier la lumière du jour en plein midi.

Maintenant l'Église n'a pas détruit immédiatement l'esclavage, nous le savons. Mais pourquoi? Dans les trois premiers siècles, étant persécutée elle-même, que pouvait-elle? Se serait-elle adressée à des autorités païennes pour émanciper les esclaves de l'empire romain? Cette démarche eût été inutile et insensée. Elle se contenta donc d'établir, d'après le nouveau Testament, des maximes qui, en droit, condamnaient l'esclavage, et en fait imposaient aux maîtres chrétiens des conditions telles que leurs esclaves ne l'étaient plus que de nom. Voilà sa première œuvre.

Plus tard la religion chrétienne étant montée sur le trône des empereurs, l'Église mit aussitôt la main à l'affranchissement des esclaves. Si elle ne l'accomplit pas tout d'un coup, c'est qu'il y avait, prenez-y garde! le mot est important, *conflit de devoirs*. Les païens étaient encore très nombreux dans l'empire. De plus, la masse des esclaves, comparée à celle de la population libre, était énorme. L'émancipation immédiate eût provoqué une affreuse guerre sociale. Il fallait éviter le bouleversement de l'État, l'effusion du sang, et l'Église dut se résigner à n'obtenir que des affranchissements partiels.

Qu'y a-t-il de semblable ou seulement d'analogue aujourd'hui? Rien. Il n'y a plus de païens en France ni dans nos colonies. Les esclaves ne sont pas mêlés à toute l'existence domestique et politique de la métropole même. Ils peuvent être émancipés, sans mettre le moins du monde en péril ni la vie, ni la liberté, ni la propriété des blancs. « L'émancipation des esclaves, demande » M. de Broglie dans son rapport, est-elle compatible aujourd'hui, dans nos colonies, avec le maintien de l'or» dre matériel, avec la sécurité des personnes et des ha» bitations, avec le respect des propriétés publiques ou » privées? » Et il répond : « *Nous n'en faisons aucun » doute*; notre opinion sur ce premier point n'est pas » contredite, même par les conseils coloniaux. (p. 6.) »

Si les délégués des colons traçaient encore le hideux tableau des blancs égorgés, asservis ou dépouillés, à la suite d'une émancipation générale, ils mentiraient solennellement, et ne tromperaient aucun homme éclairé. Mais ils ont la pudeur de s'en abstenir; il n'y a plus que quelques journaux gagés qui tombent dans cet excès d'imposture et de bassesse.

La question se résume donc dans des termes bien simples. L'ancienne Eglise était placée entre deux devoirs, entre l'obligation d'émanciper les esclaves et celle d'éviter une effroyable guerre sociale. L'Eglise actuelle n'est placée qu'entre un devoir et des *intérêts matériels*. Il ne s'agit plus de sang, mais *d'argent*. Est-ce assez clair? et quiconque n'a pas perdu le sens moral ne comprendra-t-il pas aussitôt qu'il existe entre les deux situations une différence immense?

Pour moi, je le déclare sans détour : si l'état des choses et des esprits était le même qu'au cinquième et au sixième siècles, je ne demanderais pas l'émancipation complète et immédiate. Mais quand, dans l'un des plateaux de la balance est le devoir, et dans l'autre, quoi? quelques millions à donner par la mère-patrie, puis quelques balles de coton et de sucre de moins peut-être, je demande s'il n'est pas immoral de transiger, immoral d'attendre, immoral d'hésiter? Est-ce que la conscience, je ne dis pas même d'un chrétien, mais d'un honnête homme, d'un homme d'honneur, peut rester suspendue entre un devoir et un intérêt?

Les anti-abolitionistes, forcés de se taire sur ce point, se retournent vers un autre. Ils prétendent que l'Eglise même a autorisé l'asservissement des noirs! Nous en croirons, quant à nous, le pape Grégoire XVI plutôt que les colons et leurs apologistes. On a déjà lu l'épigraphe que nous avons empruntée aux lettres apostoliques du Saint-Père. En voici un deuxième fragment : « Nous le » disons avec douleur, il y en eut depuis, parmi les fidèles » mêmes, qui, *honteusement aveuglés par l'appât d'un gain » sordide*, ne craignirent point de réduire en servitude, » dans des contrées lointaines, les Indiens, les *nègres*, ou » autres malheureux, ou bien favoriser cet *indigne atten-*

» *tat*, en établissant et en étendant le commerce de ceux » qui avaient été faits captifs par d'autres. Plusieurs Pon» tifes romains, nos prédécesseurs, de glorieuse mé» moire, n'omirent point de blâmer fortement, *suivant* » *leur devoir*, une conduite si dangereuse pour le salut » spirituel de ces hommes, si injurieuse au nom chré» tien, conduite de laquelle ils voyaient naître ce résul» tat que les nations infidèles étaient de plus en plus » confirmées dans la haine de notre religion véritable. »

Ainsi le Saint Père atteste que l'asservissement des noirs, au moyen de la traite, a été fortement blâmé par ses vénérables prédécesseurs comme par lui-même, que c'est l'effet d'un honteux aveuglement, d'une cupidité sordide, qu'il y a là un attentat indigne, et que cette conduite est injurieuse au nom chrétien. Que les colons imaginent, après cela, un soi-disant consentement de l'Eglise : qui donc tromperont-ils ? Est-ce que le pape Grégoire XVI n'a pas connu la pensée de l'Eglise ou ne l'a pas exprimée ?

Les colons ne se sont point abusés sur la portée de ces lettres apostoliques. Ils les ont repoussées des colonies comme un pamphlet dangereux et révolutionnaire. Quoi d'étonnant dans cette manière d'agir ? Quand on est en opposition avec tous les préceptes de la religion, il est tout simple qu'on outrage la majesté du Siége pontifical. Mais vous, Evêques et Prêtres, qui vous glorifiez d'être unis comme par les entrailles au centre de l'autorité catholique, vous verrez dans ces lettres ce que Rome pense de la servitude des noirs, et vous jugerez si l'heure n'est pas venue de prouver que l'Eglise n'est ni insensible à tant de misères, ni disposée à pactiser avec tant d'iniquités !

On avait pu espérer, dans les commencements, que les colons s'occuperaient avec zèle de l'éducation religieuse et morale de leurs esclaves. Du moins ils l'avaient solennellement promis, et c'est ce qui avait entraîné l'adhésion du législateur civil, comme le Code noir en fait foi. Vaine espérance ! promesse illusoire ! Loin de favoriser l'enseignement du christianisme, les colons l'ont entravé, et ce qui avait paru être entrepris pour le plus grand bien de la religion est devenu le plus terrible obstacle à ses progrès.

La preuve de cette triste vérité, je n'irai pas la chercher ailleurs que dans les déclarations des colons mêmes. Quand on leur parle d'émanciper les noirs, que répondent-ils ? Les esclaves ne sont point préparés à la liberté ! Ils sont ignorants, vicieux, abrutis ! Ils n'ont pas l'ombre de foi religieuse ! Ils ne savent pas ce que c'est que la conscience! Et, dès le lendemain de leur affranchissement, ils iraient dans les bois pour vivre de la vie sauvage.

Qui est-ce qui affirme cela en toute occasion et de mille manières? Je le répète : ce sont les colons et leurs amis. Chose étonnante! chose incroyable! ils prononcent de leur propre bouche et contre eux-mêmes la plus terrible des sentences de condamnation! Il y a, depuis deux cents ans, des esclaves dans nos colonies, et c'est là qu'ils en sont encore! Vous pouviez, vous deviez les faire instruire dans la religion : la loi, qui vous avait accordé le droit de posséder des êtres humains, vous avait expressément imposé ce devoir; et maintenant, vous attestez devant le ciel et devant la terre que vos esclaves n'ont ni Dieu, ni foi, ni conscience, ni même ce degré élémentaire d'intelligence qui suffit pour porter le poids de sa liberté personnelle! Vous les avez donc, non instruits, mais dégradés; non relevés, mais abrutis; et ce ne sont pas vos plus ardents adversaires, — non, c'est vous qui l'attestez!

Je n'examinerai point le fond de cet inconcevable argument. Je crois que Dieu donne à tout homme les facultés nécessaires pour jouir de la liberté à laquelle il le destine : sinon, Dieu serait en contradiction avec lui-même, ce qui est une pensée impie. Je crois que, malgré l'abjection systématique à laquelle les noirs ont été réduits, ils seraient capables d'être libres, parceque l'iniquité humaine ne peut pas anéantir l'œuvre de Dieu; et les esclaves émancipés dans les îles anglaises, dans une moitié de l'Amérique du Nord, dans l'Amérique du Sud, en sont d'éclatants exemples.

Je ne m'arrêterai pas davantage à montrer que les colons ont déchiré leur seul vrai titre de possession. Si la France leur disait : « Je vous ai permis d'avoir des esclaves, mais à la condition formelle et absolue de les « élever dans le christianisme. Cette condition, de votre « propre aveu, vous ne l'avez pas remplie. Au lieu de « faire des chrétiens, vous déclarez que vous avez fait « des brutes! Eh bien! je vous reprends vos esclaves « et je ne vous dois rien; car il est de toute évidence « que celui qui viole les principaux articles d'un contrat « n'est plus fondé à réclamer le bénéfice des autres. » — Si la France parlait ainsi, que répondraient les colons? Nieraient-ils que l'éducation religieuse des noirs fût une clause expresse de leur possession? Mais nous avons le texte des lois! ou bien, se démentant eux-mêmes selon la nature des objections, comme ils ont coutume de le faire, nieraient-ils qu'ils aient manqué à ce devoir? Mais nous avons leurs propres déclarations!

Il est certes bien temps de s'enquérir si les colons continueront à se jouer de la sainteté des conventions, de la volonté de la mère-patrie, et si, après avoir violé toutes les lois, ils en appelleront aux lois mêmes pour conserver leur immorale propriété!

Mais j'en viens à ce qui doit surtout vous préoccuper, membres du clergé de France, vous les gardiens, vous les apôtres de la religion et des mœurs! Si vous pouviez encore espérer que les maîtres fussent disposés à faire de leurs esclaves des chrétiens, je comprendrais les conseils de la patience et de la longanimité. Mais le passé ne doit-il pas nous apprendre quel sera l'avenir? Ce qui n'a pas été fait, ce qui n'a pas même été sérieusement commencé depuis deux siècles, sera-t-il accompli au bout de quelques années? Et n'est-il pas incontestable que les mêmes causes qui ont empêché de donner aux noirs une véritable éducation religieuse continueront à produire les mêmes effets? On attendra cinq ans, dix ans, vingt ans; et, au bout de cette longue période, que trouverons-nous? Justement les mêmes obstacles, la même fin de non recevoir, les mêmes objections de la part des maîtres, le même abrutissement intellectuel et religieux chez les esclaves. Nous aurons seulement prolongé les souffrances des victimes! Jusqu'à quand durera donc cette cruelle moquerie?

Essayons de pénétrer encore plus avant dans la nature de l'esclavage, et particulièrement de l'esclavage colonial, le pire de tous, par l'aggravation des préjugés de couleur.

Le colon sait (et comment ne le saurait-il pas, puisque la chose est aussi claire que l'évidence même?) ; il sait que, si ses esclaves devenaient réellement chrétiens, dans toute l'acception du mot, chrétiens par la croyance et par le cœur, ils soupireraient plus ardemment après leur émancipation, ou, pour mieux dire, qu'ils cesseraient par cela seul d'être esclaves; car ils auraient le sentiment de leur parfaite égalité avec leurs maîtres; ils auraient une conscience personnelle, une volonté propre; leur âme serait à eux, et la propriété de leur corps devrait s'ensuivre. Ils seraient, en un mot, dans la situation d'esprit de l'Européen qui est enchaîné par les forbans d'une puissance barbaresque. Alors il deviendrait complétement impossible à quelques milliers de colons de tenir dans les chaînes une si grande masse de noirs. L'esclavage serait un non-sens, un fait absurde, une brutalité impraticable. Le colon sait cela. Il est donc contraint, s'il ne veut compromettre et perdre sa propriété-homme, de l'enfermer dans une étroite prison intellectuelle et religieuse, afin de pouvoir la retenir dans ses liens matériels. Il est contraint de ne laisser enseigner le christianisme que *dans les limites du possible*, selon la naïve expression de l'amiral de Moges, c'est-à-dire de borner cet enseignement à la pratique de quelques formes du culte. Il le doit par la nécessité de sa position, et le fera tant que l'esclavage sera maintenu. C'est là un fait inexorable et fatal. L'asservissement du corps entraîne la servitude de l'être humain tout entier.

Voilà la vérité vraie. Qui soutiendrait le contraire serait un ignorant ou un fourbe. Esclavage et foi chrétienne sont deux termes absolument inconciliables.

Si les colons trouvent là une excuse pour n'avoir pas obéi à la condition imposée par la métropole, je le veux bien. C'est l'institution que j'attaque bien plus que leur caractère personnel. Ils sont à plaindre. On les a mis dans la plus fausse et la plus immorale des positions. On les a rendus propriétaires d'hommes, et ils ne peuvent les garder qu'en les réduisant à l'état de brutes. Pitié donc pour les colons! Mais, s'ils ont leur logique, nous avons la nôtre. S'ils subordonnent le principe moral au fait matériel, nous subordonnons, quant à nous, le fait matériel au principe moral. S'ils disent : les noirs ne peuvent être vraiment chrétiens, parce qu'ils sont esclaves, nous répondons, nous : qu'ils cessent demain d'être esclaves, puisque dans l'état d'esclavage ils ne peuvent être chrétiens!

Ce qui précède excuse aussi les prêtres des colonies. Eux, de même, sont plus à plaindre qu'à blâmer. Si quelques-uns sont coupables de ne *pas montrer ce zèle apostolique, cet indomptable courage, cette austère indépendance* que doit toujours montrer le clergé, je suis loin de les envelopper tous dans cette accusation; la plupart voudraient faire mieux; mais ils ne le peuvent. Ils obéissent (et combien d'entre eux, sans doute avec une secrète douleur!) à la fatalité des choses. Avant même de les envoyer dans les colonies, on les avertit de ne pas franchir certaines limites dans leur enseignement. Dès qu'ils débarquent, l'avertissement devient encore plus positif, et le pouvoir civil a soin, comme l'a observé M. le comte de Montalembert, de tenir le pouvoir ecclésiastique sous sa dépendance, afin de protéger l'esclavage, qui est estimé à bien plus haut prix que le devoir du chrétien et le ministère du prêtre.

Il est interdit d'enseigner à l'esclave qu'il est l'égal, le prochain, le frère de son maître par le double droit de la nature et de l'Evangile. Et, ce point fondamental du christianisme étant retranché, que reste-t-il du christianisme ? Ministres du Dieu vivant, je vous adjure d'y réfléchir. Le christianisme n'est-il pas alors mutilé, défiguré dans toutes ses parties ? Est-il un seul article de foi, un seul principe de morale qui puisse encore être pleinement développé ? Que devient le dogme de la rédemption ? que devient le devoir de la fraternité ? . . . .

Quelques respectables prêtres ont tenté de franchir ces barrières. Ils ont parlé, exhorté, prêché, agi, comme ils feraient en Europe. Plus d'un esclave peut-être commençait à ouvrir les yeux. Aussitôt, écoutez ! quelles clameurs ! quelles plaintes ! quels cris de colère ! quelles invectives ! et, s'il a le courage de poursuivre, quelles violences exercées contre ce digne prêtre de Jésus-Christ ! Pour les colons, c'est un *énergumène, un ignorant fanatique, un disciple de Marat et de Babeuf.* N'a-t-il pas l'impudence de croire et de dire que les intérêts de l'intelligence, de la conscience, de l'âme humaine, doivent prévaloir sur ceux d'une exploitation agricole ? On le dénonce à ses supérieurs ; si ce n'est pas assez, on l'accuse devant le gouverneur. S'il reste inflexible, on le chasse de la colonie, comme un perturbateur du repos public. Il a commis le crime impardonnable de mettre en péril la propriété-homme des colons ! . . . . .

Est-ce une histoire inventée à plaisir ? Non, ce sont des faits parfaitement connus ; bien plus, c'est une conséquence fatale de l'esclavage. Encore une fois, quiconque nierait cela serait le plus ignorant des hommes ou le plus fourbe ! . . . .

Aussi l'éducation religieuse des esclaves, sauf quelques cas exceptionnels dans les villes ou pour les noirs qui participent à la vie domestique, est-elle nulle, à parler sérieusement. Ils sont baptisés à leur naissance, puis on les habitue à prononcer quelques mots de prière et à pratiquer quelques formes du culte, dont le vrai sens leur est caché. Ils conservent dans leur esprit, dans leur langage, des traditions païennes. C'est l'idolâtrie de leur vieille terre d'Afrique bien plutôt que le christianisme de leur nouveau séjour. Et, s'ils abandonnent enfin ces superstitions grossières, ils tombent dans un stupide formalisme qui n'est qu'un matérialisme insouciant et déguisé. Telle est toute la religion qu'on a généralement laissé donner aux esclaves, si l'on peut nommer cette autre sorte de fétichisme du nom sacré de religion.

Ai-je maintenant besoin de peindre leur état moral ? Il ne peut pas plus y avoir de moralité que de religion dans l'esclavage. Cette institution dénature et corrompt tout ce qu'elle touche. . . . . . .

Les nègres sont naturellement doux et affectueux, sensibles aux bienfaits, reconnaissants des moindres marques d'attention. Libres, ils seraient faciles à conduire et marcheraient dans une meilleure voie, comme on l'a vu partout. Esclaves, ils n'ont pas le droit d'avoir une conscience et sont forcés de suivre le pur instinct.

Le noir asservi n'a pas de famille, dans la vraie acception du mot. Il ne se marie pas, sauf de rares exceptions. Il se vautre dans une immonde promiscuité. Les maîtres disent que c'est sa faute. Non, c'est la leur, et surtout celle de l'esclavage même. Pourquoi l'esclave se marierait-il ? Cette union sainte est subordonnée pour lui à un droit préexistant et supérieur. Avant d'être mari, avant d'être père, il est esclave; et le colon a toujours lutté, malgré les ordres du législateur métropolitain, contre le principe de l'indivisibilité de la famille. Il faut bien le dire : le colon montre sur ce point plus de logique que le législateur. Qui a le plus doit avoir le moins. Qui est propriétaire de l'homme doit l'être du mari, du père, de la femme, de l'enfant, ou pour parler avec plus d'exactitude, il ne doit pas savoir ce que c'est qu'un père ou une mère, une femme et des enfants dans son troupeau de bétail humain. C'est l'ordre du désordre.

On n'empêche cependant pas l'esclave d'assouvir ses passions. Il peut aller, la nuit, dans quelque habitation voisine, se repaître de brutales voluptés, comme l'animal errant dans nos carrefours. Les maîtres le laissent faire; au besoin, ils l'y pousseraient. Cette promiscuité accroît le nombre de leurs têtes d'hommes. C'est un échange de bons services entre les propriétaires voisins. Leur intérêt y gagne, et la morale seule est outragée.

Les colons se réservent, il est vrai, de dire ou d'écrire aux honnêtes gens de la mère patrie que ces inclinations brutales sont invincibles chez les noirs. Après les avoir démoralisés par l'esclavage, ils les calomnient; c'est juste.

N'insistons pas sur les autres immoralités de même nature qui se sont tellement invétérées dans les mœurs coloniales qu'elles n'y étonnent plus personne. Il est bien clair qu'une femme esclave ne s'appartient pas, et qu'après l'avoir achetée on a le droit de l'avilir.

Je fais de nouveau mes réserves en faveur des maîtres. C'est toujours l'institution que j'accuse plutôt que les hommes. Les Français des colonies ne sont pas naturellement pires que ceux de la métropole. En France, ils seraient probes, intègres, pleins d'honneur et de générosité. Ils le sont dans les colonies mêmes, dès qu'il s'agit de leurs relations avec les blancs. Mais, dans leur conduite envers la population servile, la nécessité de la situation l'emporte sur leurs bonnes qualités. Ils sont esclaves aussi, les malheureux! Esclaves, parcequ'ils ont des esclaves, dégradés, parcequ'ils dégradent l'auguste majesté de l'être humain, et je comprends ce mot profond d'un planteur anglais : « Le jour qui a rendu la « liberté à nos esclaves nous a émancipés. »

Les maîtres ne sentent plus ce que nous sentons, ne voient plus ce que nous voyons, et sont devenus aveugles sur les maximes les plus élémentaires de la religion et de la conscience. Jugez-en par l'étonnement qu'ils éprouvent lorsqu'ils entendent revendiquer avec énergie les inaliénables droits des esclaves. Ce sont donc des hommes ces noirs, des hommes comme eux! Ils ne s'en doutaient pas! ils ne l'auraient jamais imaginé dans les colonies! A leurs yeux, entre le maître et l'esclave, la distance est plus grande qu'entre l'esclave et la bête de somme! Sachez bien qu'ils sont de bonne de foi dans cette opinion. La loi qui a fait de l'être humain leur propriété a eu pour résultat de fausser entièrement sur ce point leur sens moral. On s'en aperçoit assez dans la manière dont ils jugent les colons qui ont maltraité, mutilé, ou même tué leur esclave. Ils les acquittent ou les condamnent seulement à une peine qui nous paraît dérisoire et scandaleuse. A leur point de vue, ils ont complétement raison. L'injustice pour nous, c'est la justice pour eux; car c'est la conséquence rationnelle et nécessaire de l'état d'esclavage.

Mais il est temps de conclure :

Il n'y a pour la métropole qu'un seul moyen d'empêcher cette effroyable série d'iniquités : ce n'est pas d'adoucir ou de mitiger le sort des esclaves : c'est de briser l'esclavage même. Hors de là, nul progrès de quelque valeur dans le régime colonial, parcequ'il y a partout contradiction entre les inévitables suites de l'esclavage et les améliorations qu'on y veut apporter. C'est folie de tenter d'organiser le désordre : il faut le remplacer par l'ordre.

Ensuite, pour les colons : nous devons les délivrer de leur dangereuse et dégradante position. Nous devons les affranchir. Ils ont, à présent, une morale inverse de la vraie morale. En violant continuellement les devoirs les plus sacrés, ils obéissent aux devoirs que le crime de la loi leur a imposés. Il faut les replacer dans un état normal.

Enfin, pour les esclaves : point de relèvement sensible et réel dans leur condition, surtout en ce qui touche aux besoins les plus élevés de la nature humaine, tant qu'ils resteront dans la servitude. Le législateur de la mère-patrie donnera des ordres, mais l'éducation religieuse et morale des esclaves sera toujours incomplète, insuffisante, si elle n'est pas absolument nulle. Il exigera une meilleure justice, ou plutôt la justice : car il n'y a pas en cette matière du plus ou du moins ; mais il ne sera pas écouté parcequ'il demande une chose essentiellement contradictoire avec le maintien de l'esclavage. En résumé, tout sera stérile, tout sera illusoire, et l'esclave ne deviendra pas plus capable d'être libre, parcequ'il n'y a que la liberté seule qui puisse donner les idées, les sentiments et les habitudes qui conviennent à l'état de liberté.

Évêques et prêtres, vénérables pasteurs de l'Église, j'ai l'assurance de vous avoir dit la vérité, la vérité dans toute son étendue, sans exagération et sans faiblesse. Hésiterez-vous maintenant sur ce que vous avez à faire? vous qui avez reçu d'en haut la mission de répandre dans le monde entier la connaissance de la doctrine et de la morale chrétiennes, selon cette parole: *Allez, et enseignez;* resterez-vous spectateurs indifférents et passifs des inexprimables misères du régime colonial? N'aurez-vous de sympathies ni pour les maîtres que la possession de leurs semblables corrompt, ni pour les esclaves que la servitude abrutit? N'éprouverez-vous ni sainte jalousie pour l'honneur du christianisme, ni le pieux désir de renverser enfin les barrières qui l'empêchent de se propager dans les colonies?

Daignez arrêter un moment votre pensée sur ce que je vais vous dire. Vous avez de nombreux et dévoués missionnaires. Ils s'en vont, loin du ciel natal et du foyer paternel, porter la sainte parole aux peuples idolâtres. Ils se lèvent, ils parlent, sans se mettre en souci de leur vie. Peut-être ils seront, comme les anciens martyrs, lâchement flagellés, torturés, jetés dans les fers ; peut-être (combien de récents exemples j'en pourrais citer!) leur tête sera tranchée par le glaive, et ils dormiront sur la terre étrangère, sans qu'un ami, sans qu'une mère vienne pleurer sur leur tombeau. Oui, chaque jour, des hommes sortis du milieu de vous, de cette milice sainte, font ces grandes choses. Allez, dignes apôtres du Seigneur : nous reconnaissons dans cette charité plus forte que la mort l'esprit du Dieu que vous annoncez!

Eh bien! voici deux cent cinquante mille êtres humains qui, parcequ'ils sont esclaves, ne peuvent être instruits dans la vraie foi chrétienne, et n'appartiennent à l'Église que par un vain nom ; les voici dépouillés de la relig on du Christ, plus misérables, plus démoralisés, plus abjects que beaucoup d'entre les idolâtres à qui s'adressent os pieux missionnaires; les voici qui vous montrent leur corps meurtri, leur âme dégradée, leur intelligence condamnée à végéter dans les ténèbres, leur promiscuité brutale! Prêtres du Seigneur, je n'en appelle pas à votre sensibilité, j'en appelle à votre conscience. Placez-vous devant Dieu, et alors, demandez-vous si, pour l'esclave, pour l'esclave que nos propres lois, que nos propres concitoyens tiennent asservis, vous ne devez pas faire autant que pour l'idolâtre de l'Inde et de la Chine? Demandez-vous si sa conversion n'est pas aussi précieuse que celle de l'étranger, et si elle ne mériterait pas d'être scellée du sang des confesseurs?...

Mais que parlé-je de sang? Non, il n'en faudra point répandre; non, vous n'aurez pas besoin de faire appel au dévouement des martyrs. Que faut-il pour émanciper les esclaves et pour ouvrir ainsi leur cœur à la prédication du christianisme? Des pétitions et des signatures. Autrefois l'on a vu des chrétiens prendre les chaînes des captifs pour les affranchir; plusieurs le feraient encore s'il était nécessaire; mais le Seigneur ne leur impose plus de si douloureux sacrifices. Ah! que du moins la voix de l'Eglise catholique s'élève et crie jusqu'à ce qu'elle soit écoutée! qu'elle retentisse de proche en proche dans les paroisses, dans les diocèses, dans le pays tout entier! qu'elle réclame, (ce n'est pas assez dire,) qu'elle ordonne, au nom de la religion dont elle garde le saint dépôt, l'émancipation des esclaves, et qu'elle ne se taise point jusqu'à ce qu'elle l'ait obtenue! Je vous dis qu'elle l'obtiendra. Le prêtre est fort quand il s'appuie sur les immuables maximes que Dieu a gravées tout ensemble, et dans sa révélation et dans la conscience de l'humanité!

Une autre réflexion me frappe : et pourquoi ne l'exprimerais-je point? On sentira bien que, loin d'attaquer l'Eglise, je parle comme l'un de ses fils, comme un fils jaloux de maintenir son influence morale, sa dignité et son autorité.

Trois adversaires de l'esclavage se sont levés dans notre siècle et ont déjà remporté de grands succès : le protestantisme, la philosophie et le mahométisme.

L'esclavage a été aboli par l'Angleterre protestante dans toutes ses possessions. Il n'y a plus aujourd'hui, depuis la Jamaïque jusqu'au l'île de Ceylan, un seul esclave. La Suède protestante vient de suivre son exemple; la Hollande protestante, le Danemarck protestant se disposent à entrer dans la même voie. Bientôt il n'y aura plus une seule puissance protestante de l'Europe qui n'ait effacé de son Code la flétrissure de l'esclavage....

Et la France catholique, la fille aînée de l'Église, resterait en arrière! et ses Pasteurs, ses Évêques n'iraient pas, de leurs mains vénérables, frapper aux portes du parlement, pour se laver de toute complicité dans cette violation des lois divines et humaines!

Ah! alors même que vous ne réussiriez pas (et cette hypothèse est bien gratuite), je vous supplierais encore d'aller en avant, avec une mâle constance; car vous pourriez dire au monde : — Nous sommes nets du crime de l'esclavage; nous sommes nets des douleurs et du sang des noirs; nous en repoussons avec indignation la solidarité, et que la honte de l'attentat retombe sur la tête de ceux qui persistent à le commettre.

En France, la philosophie semble avoir pris les devants et avoir plus agi que le catholicisme pour l'affranchissement des esclaves. Je ne sonde pas les croyances du cœur; je n'en ai ni le droit ni le pouvoir. La généreuse pensée de l'émancipation était chrétienne avant d'être philosophique. Je n'oublie pas non plus que des voix catholiques, celle de M. le comte de Montalembert, pour n'en citer qu'une seule, ont parlé aussi haut, plus haut que les autres. Mais je signale un fait. Église de France, protectrice du faible, mère du pauvre et de l'opprimé, ne marcheras-tu pas toujours à l'avant-garde dans la défense des grands intérêts moraux et religieux de l'espèce humaine?

Qu'ajouterai-je encore? Les mahométans, oui, les mahométans, animés d'un souffle qui leur est venu des rivages de la chrétienté, commencent à libérer leurs esclaves. Le bey de Tunis a prononcé la complète émancipation des siens, tandis qu'en Algérie la France ne l'a pas encore fait. Le vice-roi d'Égypte marche sur les mêmes traces. Le sultan de Constantinople a supprimé les marchés d'esclaves, et se prépare à prendre des mesures plus décisives. Mahomet se sent donc ému dans ses entrailles! Mahomet entend la voix de l'humanité outragée et avilie! Mahomet fait de nobles sacrifices pour obéir à son devoir! Mahomet semble vouloir agir en chrétien! Et l'Église!... Je n'achève point.

Prêtres de France, je n'examine plus s'il y a pour vous un devoir à accomplir. Qui pourrait le contester ou élever à ce sujet le moindre doute? Une seule chose reste à considérer : les moyens d'action. Que faire, demanderez-vous, pour hâter l'émancipation? quel plan de conduite adopter?

Avant tout, je l'ai dit, il importe d'envoyer des pétitions aux Chambres; c'est le chemin le plus droit et le plus court. Personne ne s'étonnera de voir le clergé à la tête de cette pieuse entreprise; on s'étonnerait bien plutôt qu'il n'y fût point. C'est son droit; c'est sa place. Et si, au lieu de trois évêques et de neuf cents ecclésiastiques, la majorité du clergé français figurait sur les listes des pétitionnaires, nul doute que cette intervention ne pesât d'un poids immense dans les délibérations des Chambres et du gouvernement.

Ne vous préoccupez point de la question des intérêts matériels : c'est l'affaire des pouvoirs publics; ils y pourvoiront : c'est à eux qu'appartient de rédiger les nouvelles lois. Il s'agit ici d'un principe bien supérieur à la production coloniale. Le prêtre demande que la volonté de Dieu soit obéie, la liberté humaine réhabilitée, le droit reconnu. Son œuvre s'arrête là. Il sait d'ailleurs que ce qui est juste en soi, ce qui est conforme à la loi divine, finit toujours par être le plus utile à une nation. La bonne politique et la morale se donnent la main, et il n'en peut être autrement, puisqu'il y a un Dieu qui gouverne le monde.

Ne vous inquiétez pas davantage de la question d'indemnité pour les colons. S'il faut de l'argent, on en aura; on en trouve toujours quand l'opinion le commande. Ce n'est que dans les choses où elle se prononce faiblement que la difficulté d'argent se présente. Pour les questions nationales, cette difficulté n'existe plus. L'Angleterre a dépensé cinq cents millions pour émanciper ses esclaves. La France n'en dépensera-t-elle pas cent ou cent cinquante, si toutefois l'indemnité est reconnue obligatoire pour la métropole?

Ne soyez pas non plus en souci sur la pensée du gouvernement. Le gouvernement sera heureux et fier, sans doute, d'obéir à la voix publique sur cette question. Il s'est abstenu, arrêté, parcequ'il n'a pas été pressé d'agir. Il attend l'initiative du pays; il doit l'attendre. Mais, quand l'Église, quand les Chambres, quand les masses exigeront sérieusement l'émancipation, elle s'accomplira. Ce sera l'une des gloires d'un règne, et la gloire d'un cabinet.

Inscrivez donc vos noms au bas des pétitions; faites plus encore, vous le pouvez. Votre parole est respectée parmi les membres de votre paroisse : instruisez-les donc sur les vrais caractères de l'esclavage colonial; montrez-leur les victimes d'une trop longue iniquité dans leur malheureuse et abjecte condition. Excitez la pitié, la charité des fidèles en leur faveur. Déjà quelques orateurs sacrés l'ont fait dans Paris même, et leurs auditeurs ont compris qu'ils s'acquittaient d'une importante et solennelle obligation. Suivez leur exemple, et que les membres de votre Église écrivent leurs noms à côté du vôtre. Avec un million de signatures, tout sera bientôt fini.

Vénérables Évêques, permettez à un homme obscur descendant de noirs esclaves, et qui ne peut avoir d'autre titre à votre bienveillance que son zèle pour la cause qu'il soutient, de vous supplier d'intervenir. Les lettres apostoliques de Grégoire XVI, qui, en flétrissant l'infâme trafic de la traite, attaquent indirectement l'esclavage colonial, vous ont ouvert le chemin. Vos mandements ne feront-ils aucune mention de ce grave sujet? Ne chercherez-vous pas, avec le Saint-Père, à émouvoir la conscience et les entrailles des peuples pour des opprimés qui semblent porter en vain dans leur âme et sur leur front la sainte image de Dieu? Ne tiendrez-vous pas à honneur et à devoir de vous placer sur les pétitions à la tête des Prêtres de votre diocèse? Pontifes de l'Église, votre pouvoir est grand dans une telle matière. Ce que Jésus-Christ, ce que les Apôtres, les Pères, les Docteurs des Conciles eussent fait à votre place, voilà, je n'en doute point, ce que vous ferez, et le monde reconnaîtra que l'Église, en traversant les siècles, n'a rien perdu de son dévouement à la religion, ni de compassion pour le malheur.

Ah! si les esclaves étaient à vos portes, à côté de vous; si vous les rencontriez, Prêtres du Seigneur, au milieu de vos paroisses, et que, voyant leur dénûment spirituel, leur misère morale, il vous fût interdit pourtant de leur enseigner toute la vérité chrétienne; si la jalousie des maîtres, leur position, leur intérêt, imposaient à votre parole de continuelles entraves, et qu'il vous fallût laisser ces infortunés vivre et mourir dans leur abrutissement; parlez: quel parti prendriez-vous?

Eh bien! ce que je suppose existe; il n'y a que la distance de plus. Entre ces malheureux et nous, l'Océan roule ses flots; mais que fait la distance pour le disciple du Christ? Ce que son oreille n'entend pas, il l'entend dans sa conscience, et ce que l'œil de son corps ne voit pas, il le voit des yeux de son âme. Contemplez donc ces deux cent cinquante mille créatures humaines, indignement dépouillées de tous leurs droits; souvenez-vous que d'heure en heure, il en est qui montent devant le tribunal de Dieu. Pensez à cette éternité dans laquelle entre toute âme d'homme. Et si vous faites cela, je n'ai plus rien à vous dire: vous sentirez quelles sont vos obligations mieux que je n'ai pu l'exprimer dans ce faible discours.

BISSETTE.

A MM. LES MEMBRES DES CONSEILS GÉNÉRAUX

DES DÉPARTEMENTS.

Paris, ce 25 août 1847.

MESSIEURS,

Les Conseils généraux des départements ayant le droit d'exprimer des vœux sur les grandes questions qui intéressent le pays, permettez-moi de recommander à votre attention un sujet qui mérite les sympathies de tous les hommes généreux et de tous les amis de la liberté : *l'émancipation des esclaves dans les colonies françaises.*

Ce n'est pas la première fois qu'un appel semblable vous est adressé. Déjà il y a dix ans, au mois d'août 1837, la *Société pour l'abolition de l'esclavage*, présidée alors par M. le duc de Broglie, vous a invité à demander le prompt affranchissement des Noirs, et plusieurs Conseils généraux se sont associés à cette pensée de justice, de prévoyance et d'humanité.

L'année dernière l'expression du même vœu a été renouvelée par cinq Conseils généraux : ceux de la Seine, de l'Allier, de la Drôme, de l'Ariége et du Nord.

Voici le texte de la délibération prise à l'unanimité par le Conseil général de la Seine, dans sa séance du 15 novembre 1846, en présence de M. le Préfet :

« Vu la lettre de M. Bissette en date du 10 novembre courant ;

« Considérant que l'état d'esclavage prolongé dans les « colonies françaises est plein de troubles et de dangers ;

« Considérant que cet état est contraire à l'humanité, « à la religion, à la justice, à l'intérêt des colons et à celui « du pays en général ;

« Considérant, dans un autre ordre d'idées, que l'éman- « cipation et la liberté créeront de nouveaux besoins « auxquels il devra être satisfait au moyen des produits « de nos manufactures, ainsi qu'il est arrivé dans les « colonies anglaises à l'époque et depuis l'époque de leur « émancipation ;

« Émet le vœu que le Gouvernement propose une loi « pour l'abolition *prochaine et complète* de l'esclavage « dans les colonies françaises, mesure que réclament « tout à la fois la religion, l'humanité, la justice et les « intérêts véritables de l'État. »

Je n'insisterai pas auprès de vous, Messieurs, sur la question de principe. Elle est vidée pour la conscience nationale. — Personne aujourd'hui n'ose contester que l'esclavage ne soit une violation de toutes les lois divines et humaines. Les défenseurs même des colons avouent que c'est un crime, le crime de la métropole, le crime de tout le monde.

Mais il ne sera peut-être pas superflu de montrer combien il importe à la France, aux colonies, et aux maîtres comme aux esclaves, que l'émancipation soit accomplie dans le *plus bref délai.*

Avant tout il est incontestable que chaque année, chaque jour de retard est un déni de justice pour les Noirs. Ils ne sont point esclaves de leur plein gré, ni par aucun crime qu'ils aient commis, ni par aucun marché dans lequel ils soient intervenus : ils sont tout simplement victimes de la force matérielle.

Si l'un de vous, Messieurs, était réduit en servitude par la violence, il en appellerait, devant Dieu et devant les hommes, à l'inviolabilité de sa liberté personnelle, et tiendrait pour une odieuse iniquité la prolongation de son état d'esclavage. Telle est la position des Noirs de nos colonies. Ils appartiennent comme tous les hommes à la race humaine ; ils sont du même sang, de la même famille que nous, et leurs droits sont parfaitement égaux aux nôtres.

Ajourner leur émancipation pour quelque motif que ce soit c'est donc manquer à un devoir, au devoir le plus direct et le plus évident. C'est commettre envers les Noirs un acte qui nous inspirerait la plus légitime indignation, s'il était commis envers nous.

Quand on invoque un intérêt quelconque pour se dispenser d'affranchir les esclaves, on pose une maxime que doivent désavouer tous les honnêtes gens. Sacrifier un devoir à un intérêt, c'est une immoralité. Un particulier qui agirait de cette manière serait couvert de mépris, et les nations n'ont pas plus que les individus le droit de violer les immuables lois de la conscience.

Il est vrai qu'on allègue ici en désespoir de cause le désir de faire du bien aux esclaves mêmes. C'est pour les préparer à la liberté, dit-on, que l'on retarde leur affranchissement ! Esprits sérieux, hommes sincères et droits, ai-je besoin de vous signaler le grossier sophisme qui se cache sous cette objection ? Quoi ! c'est par humanité, par amour pour l'esclave qu'on persiste à le retenir en esclavage ! — Mais n'est-il pas de toute évidence que si l'on ne retirait aucun profit de son travail on l'affranchirait demain ? Il y a quelque chose de plus odieux que de commettre une iniquité, c'est de la déguiser sous le masque de la philanthropie !

Ce premier point est donc au dessus de toute contestation raisonnable. Les esclaves doivent être émancipés *sans délai*, parceque le devoir nous l'ordonne.

Mais je dis plus, l'intérêt même, l'intérêt du pays nous conduit à poser la même conclusion.

Quel est le plus grand intérêt de la nation ? Le maintien de sa force d'opinion, de son honneur. La France est puissante dans le monde par sa réputation d'équité et de générosité plus encore que par le nombre de ses citoyens et par le courage de ses soldats. Ce qui nous place à la tête des peuples, ne l'oublions jamais, c'est que l'on voit en nous une nation disposée à se dévouer aux nobles causes, aux grandes idées de la civilisation moderne.

Or, dans la question de l'abolition de l'esclavage, l'Angleterre nous a devancés. La Suède est venue après l'Angleterre. Le Danemarck et la Hollande se préparent à suivre le même exemple. Si nous tardons nous resterons donc en arrière, sur le continent européen, avec l'Espagne et le Portugal ! Est-ce là une place qu'il nous convienne d'accepter ? Et de quel droit élèverions-nous alors la voix contre l'asservissement de la Pologne ? Les souverains du Nord ne seraient-ils pas autorisés à nous répondre qu'avant de les accuser nous devons nous condamner nous-mêmes, puisque nous imposons à deux cent cinquante mille êtres humains une oppression plus dure et plus absolue que la leur ?

On répondra peut-être que les Polonais sont plus civilisés que les Noirs. Mais qu'importe dans une question de droit ? Enchaîner des hommes sous prétexte qu'ils sont ignorants, c'est l'excuse de toutes les tyrannies.

Pesez cette considération, Messieurs, et décidez si l'honneur de la France n'exige pas que les Noirs soient émancipés *sans délai*. Une nation qui mettrait une affaire d'argent au dessus d'une question d'honneur serait une nation perdue.

Ce qui est encore d'une extrême gravité, Messieurs, c'est que la possession même de nos colonies est compromise par la prolongation de l'esclavage. Si la guerre venait à éclater entre l'Angleterre et la France, (et qui pourrait dire que cela n'arrivera pas de longtemps ?) il faudrait prononcer, au milieu de l'effervescence de la lutte, un affranchissement brusque, tumultueux, sans garanties suffisantes pour le maintien de l'ordre, car les Anglais attaqueraient nos colonies à esclaves avec des régiments de Noirs émancipés, et il serait impossible à nos soldats de se défendre à la fois au dedans et au dehors.

L'œuvre de l'affranchissement deviendrait alors aussi dangereuse qu'elle le serait peu aujourd'hui; elle pourrait amener d'affreuses catastrophes, tandis que dans l'état de paix, comme l'avouent les colons eux-mêmes, elle s'accomplirait sans la moindre insurrection.

Prenons donc garde de sacrifier à une petite difficulté du moment la sécurité de notre avenir. La France a déjà bien assez perdu de ses possessions coloniales : elle ne doit pas s'exposer légèrement à être dépouillée du peu qui lui reste.

Observez d'ailleurs que cette condition précaire de nos colonies est une entrave de plus pour notre politique générale. La liberté de nos mouvements en est gênée; car on sait trop bien, hors de la France comme en France, qu'une guerre maritime serait dangereuse pour nous. Si quelqu'un voulait la paix à tout prix, même au prix de la honte, il pourrait s'en applaudir; mais il n'y a personne en France qui soit descendu jusque là.

Certes, quand on se met en face de ces graves nécessités de notre politique générale, on doit comprendre combien sont faibles et vains les obstacles qu'on oppose encore à la prompte émancipation des noirs.

Mais je vais jusqu'au bout; l'intérêt même des colons, s'il est considéré de sangfroid et avec intelligence, n'est-il pas d'accord avec celui de la métropole? Sans doute les propriétaires des colonies se soulèvent contre la pensée d'une prochaine émancipation; mais ils sont de mauvais juges dans ce débat. Leurs préjugés, leurs passions, leurs habitudes héréditaires, les trompent. Jamais une aristocratie, et surtout l'aristocratie de couleur, ne s'est dépouillée volontairement de ses priviléges. Elle aime mieux, à choisir, faire une perte d'argent que de voir son orgueil humilié.

Rappelons-nous ce qui est arrivé pour l'abolition de la traite. Les colons soutenaient alors, et avec une obstination, avec une violence inouïe de langage, que, sans la traite, les colonies seraient perdues. Eh bien ! la traite a été supprimée, et maintenant ils reconnaissent que rien de ce qu'ils craignaient ne s'est réalisé. Au contraire, ils s'applaudissent de cette suppression. Assurément, après s'être si complétement abusés sur un point, les colons sont peu recevables à être si affirmatifs sur un autre. Encore une fois, le préjugé les égare et l'orgueil les trompe sur leurs véritables intérêts.

Il est certain qu'ils sont aujourd'hui dans la situation la plus fausse, la plus violente, la plus contraire au bon ordre et à la nature des choses. L'opinion de la métropole marche en sens inverse de la leur. Les esclaves aussi, par la proximité des îles anglaises, sont travaillés d'un besoin croissant d'émancipation ; il faut tendre outre mesure tous les ressorts de l'autorité. Il faut augmenter les garnisons, multiplier les croisières, grossir le budget des colonies, subir enfin des dépenses énormes : et pourquoi ? pour faire durer péniblement quelques années de plus un système qui s'en va.

Ne serait-il pas tout ensemble et moins coûteux et plus moral d'en finir une bonne fois que de jeter millions sur millions dans ce gouffre du vieux régime colonial, en ayant toujours devant soi la perspective d'une inévitable émancipation ? Nous agissons, à l'heure qu'il est, comme un particulier qui a recours à des expédients transitoires et ruineux, parcequ'il ne sait pas prendre la résolution de régler définitivement ses affaires.

Les colons sont exposés à des restrictions continuelles dans l'exercice de leur pouvoir. Ils s'en plaignent, et peut-être avec raison ; mais ils devraient accepter franchement la seule conséquence logique de cette situation anormale : l'affranchissement des esclaves moyennant indemnité. Leurs amis devraient en faire eux-mêmes la proposition ; car ils ne peuvent pas espérer que la conscience nationale recule ; elle ne veut plus que l'homme soit une simple chose, un animal domestique ; elle réclame des garanties de plus pour l'esclave, et le législateur obéit. De là des tiraillements sans fin. Les maîtres sont malheureux et les esclaves aussi, parcequ'on ne prend que des demi-mesures, parcequ'on s'obstine à rester au dessous des idées et des besoins de l'époque.

La commission coloniale, dont M. le duc de Broglie était président, avait bien compris qu'il fallait, pour l'avantage de tous, fixer une limite précise à la durée de l'esclavage, et elle avait proposé pour dernier terme le 1er janvier 1853. La minorité même demandait que l'on commençât immédiatement à émanciper les enfants. Le gouvernement ne l'a pas fait ; mais ce n'est pas sa faute, c'est la nôtre. Nous devions parler, nous devions exprimer les vœux de l'opinion, et nous avons gardé le silence. A continuer de la sorte, il y aura dommage et perte pour tout le monde.

Quelques-uns disent qu'il faut organiser d'abord le travail libre dans les colonies ; mais à côté du travail esclave, cette organisation est impossible. Ce sont deux choses qui s'excluent absolument. Le travail est réputé vil dans nos possessions coloniales : on ne pourra le réhabiliter que par l'émancipation.

Un dernier point nous reste à exposer, et non le moins important pour les colons. M. le duc de Broglie a démontré dans son rapport que, l'abolition de l'esclavage étant le retour au droit commun, l'indemnité n'est pas due nécessairement. La majorité de la commission a maintenu ce principe, malgré les réclamations réitérées de la minorité. L'indemnité sera donc une transaction à l'amiable, une mesure de bienveillance, une affaire de simple équité, si l'on veut, mais ce n'est pas une affaire de nécessité légale ; ce n'est pas un droit absolu ; la propriété de l'être humain est un privilége créé par la loi et non antérieur à la loi ; elle n'a jamais pu être assimilée à la propriété de la terre ou d'un établissement industriel. Le seul droit absolu, c'est la liberté de l'esclave.

Les colons feront bien d'y réfléchir. Plus ils opposeront de résistance à l'émancipation, plus leurs chances d'indemnité iront en diminuant. La France serait disposée à être généreuse envers eux, s'ils donnaient sincèrement les mains à l'émancipation. Qui sait si elle le sera toujours ?

Je n'ai rien dit, Messieurs, des projets d'*adoucissement*, de *mitigation*, de *préparation à la liberté*, qui ont souvent occupé nos pouvoirs législatifs. C'est qu'au fond, et de l'aveu commun, tout cela est provisoire et inefficace. Ce sont des palliatifs, non des remèdes. Le droit de rachat partiel ne produira jamais l'émancipation complète. L'instruction religieuse, morale, élémentaire des Noirs continuera d'être une vaine utopie ; car les colons ne travailleront pas à diminuer eux-mêmes la valeur de *leur propriété*, et ils savent bien que plus les Noirs seraient instruits, moins ils vaudraient comme esclaves. La justice enfin, (et les délégués des colons l'ont dit plus froidement que nous) la justice est impossible sous le régime actuel. Il n'y a pas, il ne peut pas y avoir d'égalité devant la loi, quand le maître est d'un côté et l'esclave de l'autre. Cela est contradictoire, et il serait insensé de l'espérer. L'inégalité dans les conditions entraîne nécessairement une illégalité proportionnelle dans les jugements.

Il n'existe donc, en réalité, qu'un seul remède contre l'injustice et les misères de l'esclavage : c'est l'émancipation complète. On n'organise pas le désordre ; il faut le remplacer par l'ordre. On ne réglemente pas l'iniquité : il faut l'abolir.

C'est pourquoi, Messieurs, au nom de la justice, au nom des plus grands intérêts du pays et des colons eux-mêmes, je viens vous supplier d'émettre le vœu d'une prompte émancipation des esclaves dans les colonies françaises. Vous accomplirez ainsi votre devoir d'hommes de conscience et de bons citoyens.

J'ai l'honneur d'être avec respect,

Messieurs,

Votre très humble et très obéissant serviteur,

BISSETTE.

Paris, le 25 août 1847.

A MES COMPATRIOTES DE LA MARTINIQUE.

Paris, le 10 juin 1848.

Plusieurs d'entre vous ont bien voulu songer à moi et m'annoncent qu'ils me portent candidat à l'Assemblée Nationale.

Ce témoignage de confiance et de fraternité me touche plus que je ne saurais l'exprimer; c'est une noble récompense des faibles services que j'ai pu rendre à la sainte cause de la liberté.

Mon passé étant connu, je ne crois pas avoir besoin de faire ici une profession de foi.

Mais pour rassurer, sur mes principes et mes opinions, ceux que l'ancien système colonial et le régime de l'esclavage me condamnaient absolument à combattre, je vais expliquer en deux mots, non par des phrases étudiées, mais par un langage sincère et loyal l'ardeur et la persévérance que j'ai montrées dans la lutte.

J'ai toujours eu l'esclavage en horreur; car l'esclavage est la source de tous les malheurs dont les colonies ont eu à souffrire et souffrent encore à l'heure qu'il est. Même dans les anciennes Colonies affranchies depuis longtemps, l'esclavage a engendré des plaies qui se cicatrisent difficilement.

Il y a vingt-quatre ans, j'avais juré, en présence de Dieu, de travailler de toutes mes forces à l'affranchissement de mes frères.

Ce vœu, formé dans le malheur, alors que j'étais martyr de mon dévouement, je ne devais pas l'oublier au jour de la délivrance; je ne le pouvais pas sans trahir ma cause, sans mentir à ma conscience, sans outrager Dieu, en présence duquel je l'avais fait.

Je n'ai reculé devant aucun sacrifice, même celui de ma vie.

L'émancipation est proclamée maintenant, l'œuvre est accomplie; je n'ai plus désormais à combattre, mais à réédifier avec le concours de mes compatriotes, sans acception de personnes.

Vous savez quel a été mon passé; laissez-moi vous dire quels seront les principes généraux qui guideront ma conduite future dans les discussions et les votes de l'Assemblée Nationale, si j'obtenais l'honneur d'y être l'un de vos représentants.

Je soutiendrai invariablement le dogme imprescriptible de la souveraineté du Peuple, exercé par le suffrage universel et direct, tel que l'a proclamé la révolution du 24 Février.

Je demanderai sans cesse toutes les garanties qui doivent assurer la liberté individuelle, ce premier besoin des peuples.

Plus de législation exceptionnelle, plus de tribunaux arbitraires; il faut qu'un citoyen ne puisse plus perdre sa liberté que lorsqu'un jury, largement organisé, aura décidé qu'il en fait un usage nuisible à ses concitoyens en violant les devoirs de la morale ou les lois de son pays.

Je réclamerai la liberté de la pensée; la liberté de la discussion publique; la liberté de la presse, sans lesquelles toutes les autres libertés seraient un mensonge; la libre manifestation de toutes les opinions, par les écrits, par la parole, sans autres limites que les lois communes de salut public et de moralité.

Je demanderai constamment l'organisation du travail industriel et agricole; la liberté des associations dans les grandes exploitations; la protection la plus efficace pour le commerce et l'abaissement des tarifs de douane sur les sucres et autres produits coloniaux. Je réclamerai sans cesse le respect pour la Religion et pour les droits sacrés de la famille; l'indépendance entière de la conscience; la liberté des cultes. Je demanderai aussi la liberté absolue de l'enseignement, et je soutiendrai le principe de l'éducation publique et graduée, donnée gratuitement par l'Etat à tous les citoyens.

Comme la liberté de l'homme est pour moi le seul droit absolu, le principe dominant, j'ai combattu l'indemnité alors qu'on voulait faire dépendre la liberté de l'esclave de cette indemnité qu'on ne paraissait pas disposé à accorder. Toutefois, ainsi que j'ai dit d'ailleurs, comme le droit rigoureux ne doit pas être seul consulté, et qu'évidemment l'émancipation appauvrira les ex-maîtres, je réclamerai une sage transaction comme nécessitée par l'intérêt général. La France est assez riche pour payer ses fautes et réparer une grande iniquité soufferte et encouragée par elle; je soutiendrai qu'elle doit régler amiablement tous les intérêts, sous l'inspiration d'une mutuelle bienveillance.

Tels sont les principes que je voudrais faire prévaloir.

Pour ce qui est de mes souffrances personnelles, il y a longtemps que j'ai banni de mon cœur tout ressentiment. Mes compatriotes n'ont pu oublier que le 14 janvier 1824, dans une lettre qui fut brûlée malheureusement pour la mémoire de celui qui crut ne devoir pas la laisser à ma femme, je recommandais à ma famille le pardon et l'oubli. Depuis cette époque, je n'ai jamais eu d'autres sentiments, ayant puisé les miens dans les principes religieux que j'ai reçus de ma mère. C'est dans l'Evangile que j'ai appris à détester l'esclavage ; c'est là aussi que j'ai appris à pardonner, non pas par générosité seulement, non pas par faiblesse, mais par devoir, et pour être fidèle à ce dogme de la Liberté, de l'Egalité et de la Fraternité, qui est la devise de la République française.

BISSETTE.

TABLE DES MATIÈRES.

www.ingramcontent.com/pod-product-compliance
Ingram Content Group UK Ltd.
Pitfield, Milton Keynes, MK11 3LW, UK
UKHW020444200726
13857UKWH00002B/570